法|学|研|究|文|丛
——环境法学——

中国环境法
现代调整机制研究

陈　倩◉著

知识产权出版社
全国百佳图书出版单位
—北 京—

图书在版编目（CIP）数据

中国环境法现代调整机制研究／陈倩著. —北京：知识产权出版社，
2025.6. —（法学研究文丛）. —ISBN 978－7－5130－9177－0

Ⅰ. D922. 684

中国国家版本馆 CIP 数据核字第 2025XB7753 号

责任编辑：彭小华　　　　　　　　　责任校对：潘凤越

封面设计：智兴设计室　　　　　　　责任印制：孙婷婷

中国环境法现代调整机制研究

陈　倩　著

出版发行：知识产权出版社 有限责任公司	网　　址：http：//www. ipph. cn
社　　址：北京市海淀区气象路 50 号院	邮　　编：100081
责编电话：010－82000860 转 8115	责编邮箱：huapxh@ sina. com
发行电话：010－82000860 转 8101/8102	发行传真：010－82000893/82005070/82000270
印　　刷：北京建宏印刷有限公司	经　　销：新华书店、各大网上书店及相关专业书店
开　　本：880mm×1230mm　1/32	印　　张：10. 75
版　　次：2025 年 6 月第 1 版	印　　次：2025 年 6 月第 1 次印刷
字　　数：260 千字	定　　价：88. 00 元

ISBN 978－7－5130－9177－0

序　言

　　环境法调整机制与环境法调整方法密切相关，都揭示了环境法对其调整对象所施加的法律影响。从本质内容来看，行为模式和法律后果共同构成环境法调整方法的核心，对应环境法最具特色的风险预防和生态修复。但由于环境法调整方法的静止性、被动性、分散性、技术性和工具性，环境法调整方法的最终演化只能是线性增加的模式，只有诉诸更系统的机制研究才能揭示环境法律调整的全貌。正是在环境法律调整的意义框架内，环境法调整机制可以被看作是环境法调整方法的有机综合，环境法调整方法则成为环境法调整机制的外显方式，各环境法的调整方法通过动态运作对环境社会关系进行调整的整个过程构成环境法的调整机制，以环境法律规范、环境法律关系和环境法律秩序为基本机制要素，包含现代规范创制机制、现代规范实施机制和现代监督保障机制三个主要机制环节。因此，环境法调整方法与环境法调整机制之间存在一种进阶关系，在此基础上，我们称过去单一线性的环境法调整方法为"传统"模式，而称综合系统的环境法调整机制为"现代"模式。

环境法传统调整方法具有明显的片面性和时代局限性，早已无法适应现代社会的发展，在新时代、新问题、新情势、新要求面前颇为困窘。首先，在内容上，环境法传统调整方法的行为模式以单向度的命令控制为主导，肯定性环境法律后果不足且对环境违法行为的处罚力度不大，导致环境法传统调整方法过于单一。其次，由于环境法传统调整方法的调整能力有限，环境保护长期让位于经济发展，环境法传统调整方法中的法律目的存在偏差；环境法所调整的环境社会关系的范围也过于狭窄，片面强调污染防治而忽视生态保护、片面注重保护环境的经济价值而忽视生态价值；环境法律调整的整体效果并不显著，环境问题依然严峻，环境法的功能难以有效发挥，法律秩序失序倾向明显。最后，受制于环境法传统调整方法的解释力，环境法律规范的创制欠缺立法理性，环境立法沦为机械的补缺式立法和应激性立法；环境行政管理体制和权力配置上的错位问题也使环境执法深受质疑；此外，司法对环境公共利益的保障并不充分，再加上环境司法水平差、能力弱、专业化程度低，更令环境法的功能受到钳制。

随着人类认知水平和认识能力的不断提高，环境道德观念和环境保护理念持续进步，经济发展与环境保护的关系逐渐明朗，人与自然、社会与生态的共同体联系越发受到重视。在社会结构性变迁的背景下，环境社会关系更加复杂，为回应多元的环境诉求，国家环境治理任务开始转变，经济结构逐步转型，社会环保力量也开始崛起，环境法现代调整机制具备了客观层面的形成条件。在主客观动因的双重作用下，我国环境法律体系日益健全，环境行政管理体制逐步建立，专门的环境资源审判机构全面发展，环境法现代调整机制在环境法治发展中逐渐形成。可以看到，环境法现代调整机制并非主观臆构的概念，而是发轫于客观实践并向着现代化方向迈进的实际景象。

环境法作为新兴学科，虽然在时程划分上具有与生俱来的"现代性"，但在理论层面，环境法现代调整机制之"现代"是指脱胎于传统并相对于传统，最终超越传统模式的"现代性"，既是对传统价值观念的解构，也是对环境法传统调整方法的反思。要素和环节是环境法现代调整机制的核心。从机制要素来看，环境法治条件影响着环境法律规范的供求、环境法律关系的实现和环境法律秩序的形成；从机制环节来看，环境立法、执法和司法活动与环境法调整机制的各个环节完美契合。环境法现代调整机制由文明理性、系统复合的机制要素和运行流畅、环环相扣的机制环节构成，与环境法传统调整方法形成了鲜明对比。在机制要素上，生态面向的环境法律规范增多，环境法的调整重心向生态保护转移；现代的环境法律事实随着社会复杂性的增加而增长并逐渐累积，环境法现代调整机制所调整的环境法律关系就是由这种复合的环境法律事实引起的，因此范围更广、复杂性更高；环境法的现代调整机制以生态文明为指向，力求建立人本、共治、和谐、科学的生态秩序，实现自然秩序与社会秩序的统一、实然秩序与应然秩序的统一。在机制环节上，现代规范创制能力增强，地方环境立法权扩张；环境行政执法体制逐渐被理顺，权责统一的环境执法体系形成；环境司法专门化推动了环境民事公益诉讼、检察环境公益诉讼、生态环境损害赔偿诉讼的全面发展；环保督察制度和检察建议对权力的监督成为环境法现代调整机制中的重要手段。

环境法现代调整机制并未脱离环境法传统调整方法，从二者的关系来看，调整方法的发展体现于现代机制当中，刻画着机制最根本的特征。以禁止性规范、义务性规范、授权性规范和肯定性法律后果、否定性法律后果为内容的环境法传统调整方法成为环境法现代调整机制的基本单元，决定着环境法现代调整机制的动态过程；而以集中的（集权的、管制的、行政的）调整方法和非集中的（分权的、平等的、民事的）调整方法为特征的环境法传统调整方法架起了环境法现代调整机制的调整网络，决定着环境法现代调整机制的整体架构。在现代环境法治的发展进程中，作为环境法现代调整机制的外显方式的调整方法也呈现出多元化特征，不仅出现了兼备集中与非集中特征的综合调整方法，市场机制在调整方法上的作用也越来越突出，而且环境责任承担方式更加多样。环境法现代调整机制为增进整体环境福祉，在时空双维度下重新诠释了环境损害行为与损害结果、环境危险与环境风险，连通了前代人与当代人、当代人与后代人，打通了生活空间、生产空间和生态空间，整合了种际、国际、区际、城乡间的不同环境利益；将系统性理念贯穿于环境法治全过程，由专门的流域立法、综合联动的环境行政执法、环境行政与司法间的实质性协作缓解着人与人、人与自然、社会与自然的利益冲突；以科学与民主的环境决策、党领导下的四类多元主体强化着对环境公共利益的保障合力，并将司法对环境公共利益的保护时间提前，使预防性环境公益诉讼制度成为预防原则新的时代注脚。

但是，环境法现代调整机制的"现代性"尚未发展完全，体系化的环境法律规范尚未定型，新的时代焦虑产生了新的利益冲突，环境社会关系在适应社会发展客观要求的过程中不断变化和发展，应然秩序与实然秩序之间仍有较大差距。环境法是现代特定环境社会关系的产物，生态文明是环境法现代调整机制力图达到的结果，环境法现代调整机制的运行是朝着现代生态秩序的方向稳步前进的过程。在新的时代背景下，只有将生态文明内化于环境保护实践，在规范创制机制中实现政策与法律的规范互动，在规范实施机制中保证严格执行、公正司法，以监督保障机制纠偏过正运行，保障环境法律秩序，探寻更具统筹度和执行力的环境法治路径，才能使环境法所赋予的权利被充分行使、所规定的义务被积极履行、所作出的禁令被严格遵守、所倡导的行为被有效实施，才能通过源自多渠道、多方向的法律信息反馈提升环境法现代调整机制的运行质效。

在调整方法上，一方面，要重视权利的正激励效果，通过允许性、授权性规范或法律倡议和肯定性法律后果激发人们发挥自觉性的能力和程度，积极引导市场经济激励、转变政绩激励方式、加强声誉激励，在环境法律规范的内部结构上实行以正激励为导向的优化策略。另一方面，对于以集中和非集中为特征的调整方法，按照"嵌合"原理，在既有环境法调整方法的基础上以嫁接、吸收、新设三种模式实现方法上的创新。在机制要素上，环境法典化是形成体系化的环境法律规范的金科玉律；以多元共治体系适时回应变动中的环境法律关系是环境法现代调整机制的关键；坚持推动全球共治体系，建立更广泛的环境法律秩序是环境法现代调整机制的永恒课题。在机制环节上，不仅要通过严格施行环境政策的备案审查制度、信息公开制度加强环境政策的规范性，在及时将环境政策法律化的同时注重加强对环境权力的监督，保留环境政策的"自留地"，避免过度法律化，坚守环境法治、保持政治定力，为环境立法注入新的活力，实现现代规范创制机制上的更新；还要加强府际环境协议的规范化，为切实解决环境跨界问题、协调整合不同环境利益提供依据，推进整体、系统的新型治理模式，实现现代行政执行机制上的实质性合作；更要通过事实集成和利益集成有效识别环境案件并对其进行分流和整合，区别不同类型的环境案件并根据不同事实构成和利益关联逻辑，让环境诉讼进入环境法庭的过程回归理性。此外，还要根据环境法调整机制中法律信息的输入和输出过程及其正负反馈效应，凸显监督保障机制对环境法现代调整机制运转过程的回溯和评价作用，这不仅在于纠正现代创制机制和规范实施机制中的偏轨行为，发挥监督保障功能，更在于强调监督保障机制推动现代规范创制机制实现自我完善的功能，即总结、抽象在监督保障过程中发现的普遍性、共性问题，将之规范化、制度化或对既有的规范制度进行优化，以此扩充环境法调整对象的范围、扩展环境法影响社会关系的方法、完善并改进环境法律制度，体现现代监督保障机制的纾困能力，助力环境治理水平和治理能力的现代化发展。

导　论

一、问题缘起

　　工业革命以来出现的环境问题严重制约着社会发展，对人类生存、生产造成了极大威胁，为积极应对环境问题，环境法将环境社会关系纳入其调整范围，以动态的法律过程作用于社会生活，施加法律影响。但随着客观情势的变化，环境法传统调整方法展现出越来越多的不适应性，甚至与某些现代发展理念相冲突。近年来，我们可以很真切地感受到，环境保护越来越受到人们的重视，从国家环境战略到社会环保观念，从环境法治发展到社会环境共治，环境法律调整过程正在发生翻天覆地的变化。这不禁引人思考，环境法究竟如何调整社会生活？环境法律制度的内在机理究竟如何？到底是何原因导致了环境法传统调整方法的局限性？能否依靠环境法现代调整机制纾困？将来又会向着何种方向继续发展？

　　环境法调整机制的概念来源于法律调整机制，在人的实践活动和社会生活中必然伴随着人之主体性的不断展开与丰富而发生变化，环境法调整机制在历史进程中的每个阶段，都以社会主客体相互作用的不同性质为参照，适时地改变自身存在的方式和内容，以获得自身的具体规定性。生态文明为现代环境法治发展提供了理论依据，但环境法学界对与环境法理相关问题的研究仍有待推进，环境法调整机制就是一个需要深入论证和研究的重要问题。

二、研究意义

研究环境法调整机制，对于充实、完善环境法学理论体系及其方法，提高法律调整效能，实现法律价值都具有一定的积极意义。深入研究现代环境法的调整机制，不仅是中国特色社会主义法治体系建设的需要，也是生态文明建设、构建人与自然生命共同体的必然要求，因此具有重要的实用价值：

首先，法的生命在于运行，法的价值在其运行中体现和实现，法治智慧也彰显于法的运行之中。法的运行是一个从法的制定到法的实施的过程，也是一个从法的效力到法的实效的过程，还是一个从凝聚法的价值共识到法的价值实现的过程。❶ 研究环境法的现代调整机制，就是对环境法的运行进行剖析，从其结构、功能着手，研究各部分的运作原理和联系，是对法的制定、实施等动态运作过程相关理论的梳理和提炼，对环境法调整机制各个部分及其相互之间的协调、沟通提供方法论上的指导，探讨的核心是如何使环境法律规范真正落实到社会和人的行为中，即将可能的秩序转化为现实的秩序，进而使其适应生态文明的时代需求，因此，研究环境法的调整机制具有重要的理论价值。

---

❶ 张文显主编《法理学》（第五版），高等教育出版社，2018，第 223 页。

其次，在生态文明建设的背景下，党和国家都从不同角度提出了绿色发展、环境友好的政策与法律措施，从近几年的实践效果来看，这些措施对我国生态文明建设发挥了重要的作用。然而，在社会全面转型阶段，国家层面的制度安排在某些地方已经开始显现出对于现代环境问题应对无力的现象。环境法的现代调整机制重点关注的是新时代环境法从环境立法开始到环境法的适用是如何影响为它所调整的社会关系的，通过研究环境法调整机制的构成之间的核心逻辑和相互作用，探究它们之间最佳的运作方式并外化为理性的制度选择，对环境法功能的发挥具有重要意义。总的来看，某些地方的环境法治在事实上过度依赖行政处罚、行政强制和司法的末端救济，阻碍了环境法的价值和目标的实现。在科学的不确定性、环境风险必然存在的前提下，如何优化环境法调整机制、寻求环境法调整机制中各个要素间的平衡，必须从已有实践中寻找答案，而现有研究很少触及这一问题。因此，对环境法调整机制的研究有助于探求环境法治的协调策略，达到应有的环境实效。

三、研究现状

"机制"的概念本身具有多义性，其所涉范围又具有广泛性和模糊性，因此适应性极强。不同学者在研究环境法调整机制时，可以基于不同的侧重点和视角，在极大的解释空间内对环境法调整机制予以界定，这导致对环境法调整机制的理解和运用容易流于形式、走向泛化，这也是环境法调整机制研究近年来"遇冷"的主要原因。究其根源，在于长期以来，学界对与环境法调整机制相关或相近的概念及其相互关系认识不清，使环境法调整机制的相关研究深受桎梏。

（一）国内研究现状

我国学者对法律调整机制相关问题的探讨早在 20 世纪 80 年代就已经出现。自范健 1987 年在《南京大学学报》发表《论法律调整机制》一文以来，法学基础理论研究领域便开始使用"法律机制""法律调整机制"等概念，研究逐渐遍及各部门法，主要集中于经济法和环境法，目前这一概念已成为一个专门的法律术语。许多学者未将"法律调整机制""法律调整方法""法律调整""法律机制"等概念加以区分，故其他概念均作为法律调整机制的参考。

1. 机制与法律调整机制

1998 年宋瑞兰在《论法律调整机制》中指出，"机制"一词来源于古希腊文"mechare"，原意为工具、机械，即人们为达到一定的目的而设计的装置。该词最早在工程学中使用，指的是工具或机器的构造方式和工作原理。自从 19 世纪"人是机器"的观念流行以来，这个词被运用到生理学和医学中，用于表示生物机体的各个器官如何有机地结合在一起，通过它们各自的变化和它们之间的相互作用，产生特定的机能。以往人们对事物的认识遵循这样的思维模式：先分析该事物由哪些部分组成，各个部分有什么功能、特征，只要把各个部分研究清楚了，对该事物的整体认识任务就完成了。这种"整体等于部分之和"的简单、机械、孤立、静止的认识方法显然不利于完整、全面、准确地认识事物本身。随着认识的不断深化，人们意识到，了解事物各组成部分及其功能、特征对认识事物是非常必要的。由于"机制"一词反映了人们对事物的认识已从孤立的现象描述到整体的本质说明的深化，清晰地展现了事物的整体性、运动性以及事物内各环节、要素之间的多元联系性、有序性特征，有助于人们认识事物内部结构本质及其功能的发展规律，因此它的使用突破了原先自然科学、生物科学的狭义界限而扩大到包括社会科学在内的广泛领域。这里所说的"机制"，实质上就是系统内部一种协调各个部分，并使之按一定的方式运行的结构体。❶

　　早在 1987 年，范健在《论法律调整机制》中就对什么是法律调整机制作了深刻论述。他认为，机制本身是一个动态的概念，法律调整是一个动态的过程，机制与法律的结合主要是通过法律调整实现的，从而形成了法律机制的概念。宋瑞兰也认为只有在调整的基础上，法律整体才能正常运转，法律机制实质上就是特指法律调整机制。还有学者认为，如果仅从静态的视角来认识法律调整行为的内在机制，法律只是写着人们权利义务的文件，那么法律就失去了它存在的价值和意义。实质上，法律是一种动态的社会活动，包括法律调整行为的要素、法律调整行为的条件、法律调整行为的内在机制。❷

　　因此，关于"法律调整机制"的定义，有学者认为"法律机制"或者"法律调整机制"是指法律规范的形成、实施到产生调整社会关系效果的整个运行过程的综合原理。❸ 该观点与孙秀平在《论宏观经济调控法律机制的结构和功能》中讨论的法律调整机制概念类似，他认为法律调整机制即法律机制，其结构是各要素间形成的稳定联系和构成方式，法律机制结构的合理程度，对法律机制的总体功能和各部分功能有着极大影响。从法律调整自身系统看，就是法律调整系统中诸要素彼此间相互联系、相互作用的功能问题。法律调整机制的三个阶段包括法律规范的制定、法律

❶　万斌、王学川：《社会调节机制论》，社会科学文献出版社，2011，第 2 页。
❷　黄捷：《法律调整行为的内在机制》，《法商研究（中南政法学院学报）》1996 年第 2 期。
❸　王启富、陶髦：《法律辞海》，吉林人民出版社，1998，第 1063 页。

规范的实施、法律效应的产生。法律规范的创制是法律调整机制的首要部分和最初环节，形成立法机制；法律规范的实施是法律调整的主要过程，分为自觉遵守和具体适用，分别构成守法机制、行政执法机制和司法机制；法律效应的产生包括法律关系的形成、法律秩序的确立、法律效益的实现，其中，法律效益形成法律监督机制和法律信息反馈机制。范健认为，法律调整机制是指统治阶级在对社会发展客观规律进行认识和利用的基础上，运用国家政权的理论，通过彼此间相互联系和相互制约的各种法律实践手段，作用于社会关系的有机序列系统。法律调整机制可以从部分、层次、阶段三个角度进行分解，具有整体性、层次性、多元联系性和动态性，其环节主要包括法的创制、法律关系的形成、法律秩序的建立和法律信息的反馈。同样，宋瑞兰认为，法律调整机制是统治阶级按照一定的社会目的，通过一系列彼此间相互联系和制约的实体、职能性的法律手段作用于一定的社会关系，从而使法律功能得以发挥的有机过程。也就是说，法律调整机制是法律手段运动的结果和产物，从本质上讲，它是一个过程的集合体。

也有学者认为法律调整机制是指整个法律调整系统的结构、功能、各个组成部分之间的关系及其相互作用的过程和方式，包括法律调整的方法、法律关系主体权利义务确定的方式和方法、权力的确信程度和权力主体的自主性程度、法律事实的选择、法律关系各方主体的地位和性质、保障权利的途径和手段等。❶ 2017 年，房香荣、樊珊珊在《环境行政法调整机制解析》一文中，在法律调整机制概念的基础上对环境行政法律调整机制进行了详细探讨，认为环境行政法律调整机制是内部联系与外部实现的统

---

❶ 沈宗灵：《法理学》（第四版），北京大学出版社，2014，第 282 页。

一，环境行政法律调整机制在内部结构上包括调整主体（环境行政主体和相对人）、调整对象（主体有目的的行为引发的社会关系）、调整行为（各调整手段的总称）；动态运作过程包括环境行政法成立机制、环境行政法实现机制、环境行政法监督制约机制；在功能上，环境行政法律调整机制体现为环境行政法管理机制、环境行政法制约机制、环境行政法激励机制。外部实现包括作为前提的立法、作为实现方式的调整手段以及作为运行保障的程序三个方面。

此外，刘正峰从法律后果的强制性对人产生影响所形成的法律秩序的角度定义了法律的调整机制是法律功能发挥作用的结果。他认为法律就是以各种法律后果作为其调整手段，尤其是通过对各类违法行为相应否定性法律后果的规定与各执法机构对其落实的强制性，将与各类违法行为对应的法律责任作为违法成本纳入行为主体的效用函数，改变行为人各种目标或效用在其利益集合内的权重，进而影响个人偏好的产生和形成，即影响个人的行为动机，进而实现法律秩序，此即法律的调整机制。法律通过法律后果激励和诱导个人行为，但该定义无论是从否定性法律后果还是从肯定性法律后果来看，都只是经济性、人身性的利益杠杆，无法调整精神性利益，因此，他提出对现有法律调整机制的改革应着力于创设新的调整手段、完善立法技术、改革违法信息获取机制、建立健全执法机构内部工作制度等。❶ 2004 年，强昌文在《论利益的法律调整机制》中援用了范健对法律调整机制所下的定义，但他从利益的角度对法律调整机制作了详细阐述，强调权利和义务是法律调整机制中的核心内容，法律本身内在的组织性、

---

❶ 刘正峰：《法律的调整机制及其缺陷分析》，《浙江学刊》2005 年第 5 期。

秩序性及法律调整功能归功于具有自我调节与应变功能的权利和义务两大手段。权利本位是贯穿整个系统的精义。2000 年，庞正在《当代中国法律调整运行机制概览——改革开放 20 年法制建设成就回顾》中指出，法律调整作为现代文明国家社会调整的主要手段，是由立法、执法、司法、法律监督等诸要素有机构成的一个大系统，其各个构成要素即各个子系统的现代化即为整个法律调整系统现代化的逻辑解剖。他认为，当代中国法律调整运行机制包括立法、执法、司法、法律监督、法律服务等环节，法律调整系统的运作呈现出不断科学化、规范化、理性化的发展样态，凸显了法律发展的法治目标选择。魏清沂在《试论法律调整机制》（1997）中指出，法律调整主要描述法在社会中的具体运作及最后实现调整职能的这一系统过程，其主体是国家及其机关，对象是需要法律调整的社会关系，通过多样化的方法或手段设定权利义务进而调整人的行为，具有目的性和结果性。法律调整系统包括四个子系统，分别是法律规范系统、法律关系系统、权利义务实现系统和法律适用系统，前三个是常态机制，最后一个特指司法机关、执法机关适用法律，因而是非常态机制。除了内部运作的专门法律机制，法律调整机制还受到外部社会环境的影响，即法律调整的社会机制和心理机制，社会机制从法、法的运作与社会环境的联系分析法律调整系统，而心理机制则从三个层次（自觉遵守、被动遵守、国家强制）影响着法律的调整。

2003 年，谢晖在《论法律调整》中指出，法律调整机制是讨论法律规则何以将事实世界纳入其中，事实世界何以能够受制于法律规范调整的问题，指法律规范作用于事实世界的根据、原理、程序和方式等。根据指事实世界本身的客观规律以及法律之于事实世界的同构性；原理是法律对事实世界的可规范性和人们对法律内容的可接受性；程序包括法律规定、法律事实及由此引申的法律关系、法的实现，司法是其最终阶段；方式包括对权利规范的放任性调整，对义务规范的导向性调整，对道义规范的奖励性调整和对越轨行为的强制制裁。此外，他还在《社会有序：法律调整的正当目的》中论述了法律秩序是法律调整下的人类社会的条理化状态，是法律规范下的主体生活模式，是任何人类社会法律所共同追求的目的。法律秩序是价值性概念，需要法律调整这种技术手段来处理，而法治是法律秩序的一种状态，是目的之目的。他在《论法律秩序》中进一步对法律秩序的概念、内在特征做了系统论证。2013 年在《论法律调整与社会管理创新》一文中，他又从既有法律调整论面对社会管理的难题出发，认为现行的法律调整在组织架构、文化传统、现实观念三方面难以对社会管理发挥应有功效，进而提出契约论的法律理念，表明法律是主体间相互指令的规范结构模式，让法律直接和主体的日常生活连接起来，通过"两对四维理论"进行社会管理，进一步明确法律是对"高级道德"的调整。

蒋春华在其 2019 年发表的《法律调整机制的认知分歧与弥合——一个人工系统功能实现视角下的思考》中归纳总结了目前学界对法律调整机制的不同认识，包括责任实现论、规范运行论、逻辑基础论、结合论、正义实现论和泛化论。他认为，法律调整机制是描述和解释法的动态运行、功能实现的理论范畴，广义的法律调整机制论即规范运行和逻辑基础结合论的观点相对合理。从法哲学的角度来看，学者对法律调整机制认识不同的原因不仅在于机制本身的含义具有多义性，更源于人们对法的本质的认识不同，从而导致不同学者在理论建构的哲学基础和方法论上存在差异。而观念弥合的根本在于确定法律调整机制的系统边界，即法的规范运行及功能实现，并对法律调整机制系统内部构成要素和结构特征予以准确把握。法的人工创制性决定了实践理性下的法律调整机制就是法律规范系统及其调整对象之间相互作用的过程和结果，法律调整的直接作用对象只能是人的行为，其外显的调整机制通过设立本部门法所特有的权利义务体系，借助国家公权力，以法律关系的运行方式来实现。2019 年，贾建军在《论法律调整理论的时代流变》中将法律调整理论的发展和演变分为三个阶段：革命时代、改革时代和新时代。他认为法律调整是当代社会调整的主导机制，法律调整理论正在发生深刻转变：在研究立场上，正在由传统国家统治立场向现代依法治理立场转变；在功能定位上，正在从社会调整一般机制理论向社会调整主导机制理论转向；在调整机制上，正在从注重秩序建构的单向功能研究向秩序建构与正义实现并重的双向功能研究推进。

关于法律调整机制，学界基本认可法律调整机制的动态性、系统性、多元联系性，认为法律调整机制是建立在法律手段或调整方法之上的过程性概念，通过直接调整人的行为而间接调整社会关系。总体来看，学界关于法律调整机制的讨论都集中于法理学界，虽有些许差异但大多殊途同归，具体而言，有权利义务配置论、狭义的法律系统机制论、广义的社会系统机制论之分。狭义的法律系统机制论将法律调整放置于法律系统运行的视角下，认为法律调整机制的主要环节包括法的创制、法律关系的形成、法律秩序的建立、法律信息的反馈、法律功能的实现等；另有一些学者则从法的运行的视角认识法律的调整机制，包括立法、执法、司法、守法、法律监督等。权利义务配置论认为法律调整机制除了包含狭义的法律系统机制论中的内容外，还强调权利和义务是法律调整机制中的核心内容，法律本身内在的组织性、秩序性将法律调整功能归功于具有自我调节与应变功能的权利和义务两大手段。广义的社会系统机制论也承认法律调整机制是系统过程，但该种观点在狭义的法律系统机制论、权利义务配置论的基础上进一步发散，一些学者除了结合上述两种观点，还认为法律调整机制不仅受到内部运作的专门法律机制的影响，还受到外部社会环境的影响，包括法律调整的社会机制和心理机制；另有一些学者则将狭义的法律系统机制论中的主要内容视为法律调整机制的程序，认为法律调整机制还应当包括法律调整的根据、原理和方法。

2. 什么是环境法调整机制？

公丕祥在其于 1987 年发表的《论经济法律调整及其方法》一文中认为经济法律调整具有国家意志性和客观必然性，虽然并未提及"调整机制"，但介绍了经济法律调整方法，具体包括调整水平关系的自律式民法方法和调整垂直关系的他律式经济行政法方法。

从现有的资料来看，20 多年前，环境法学界就有对环境法调整机制的研究。2002 年，黄开智在中国环境资源法学研讨会上发表的论文《环境法律调整机制初探》中指出，作为社会控制工具的法律本身必须是系统的、有秩序的，他将法律机制的研究范式归结为方法论、运行论、功能论和以法律程序为基础的弹性结构论四种，并认为法律必须是功能互补、协调配套、运转畅通的系统，这一运转系统就是法律机制。他认为，环境法调整机制是目的和手段的桥梁，是环境法调整利益关系的一系列过程，研究环境法的调整机制对协调环境利益冲突、弥补环境法体系缺陷、补充环境法理论都具有重要意义。

2003 年，蔡守秋在《调整论——对主流法理学的反思与补充》

一书中从组织制度角度出发，将环境法调整机制分为行政调整机制、市场调整机制、社会调整机制。2004 年，蔡守秋在《第三种调整机制——从环境资源保护和环境资源法角度进行研究》中进一步强调第三种调整机制即社会调整机制以公民社会为基础，是整治政府危机和市场危机的产物，是第三部门即非政府非营利组织兴起和治道变革的产物，是民主运动和绿色运动的结晶。第三种调整机制在环境资源法中的具体体现为：环保组织的兴起和发展；环境治理的建立健全和法治化；流域综合管理、社区建设和社会生态化以及生态区建设。2005 年，蒋天雪、尤娜受魏清沂观点影响，在《关于我国环境法调整机制的思考》中将环境法调整的法律机制分为建立环境法规、产生环境法律关系、环境法中权利义务得以实现三个阶段，认为环境法在实现其调整功能的系统过程中，既受到自身法律机制的约束，又受到社会条件、法律意识和社会成员心理状况的影响。2006 年，成红、张辉在《论循环经济法律调整机制》中也采用广义的社会系统机制论的观点，认为法律调整机制不同于法律调整，"法律调整不是只靠专门法律机制就能完成的过程，只有综合运用法律调整的专门法律机制和法律调整的社会机制、心理机制，才能更好地完成法律调整过程，实现法对社会的调整职能"。将法律调整机制的主要特征总结为整体性、运动性、层次性，认为其核心是法律手段。2020 年，丁霖在《论环境法典化背景下环境法调整范围的再次厘定——以法律调整机制为视角》中认为，从法律调整对象出发无法厘清环境法的调整范围，因此需要从现有法律规定出发，以法律调整机制为视角，考察我国环境法的调整范围。文章从环境法律规范中归纳总结了国家调整机制、市场调整机制和社会调整机制，并对各种机制进行了细致详尽的划分，国家调整机制分为国家干预机制和国家服务机制，国家干预机制又分为国家直接干预机制和国家间接干预机制，其中，国家间接干预机制包括国家间接外部干预机制和国家间接内部干预机制；市场调整机制分为市场主导机制和市场调节机制；社会调整机制分为直接参与机制和间接参与机制。从而得出以下结论：环境法的调整主体是国家、企事业单位、社会公众，客体是各主体行为及环境与自然资源，内容是主体的环境权利义务，环境法直接调整人的行为，调整对象是人与人之间关于环境的社会关系。

随着研究的不断深入，我国学者对环境法调整机制的研究以蔡守秋教授的论述为基础走上了变革的道路。如有学者认为，环境法调整机制变革即政府环境义务的嬗变。政府环境义务在性质上由物文主义到人文主义的嬗变，明确了环境法调整机制变革的"人的利益保护最大化"的价值追求；政府环境义务在内容上由消极义务到积极义务、由保护义务到给付义务的嬗变，满足了环境法调整机制变革对政府环境职能拓展的要求；政府环境义务在履行方式上由一元型到多元分散型的嬗变，适应了环境法调整机制多中心变革对发展政府环境治理手段的需要。❶

钭晓东指出，环境法作为"工业文明向生态文明"演进进程中的重要利益调整工具，其利益调整机制之运行自然成为当前凸显的重要理论与现实问题。就现实境况而言，环境法调整机制在运行中却面临诸多现实挑战，其中最为明显的是环境法调整机制运行过程中的"双重失灵"问题，即"市场失灵"与"政府失灵"。❷

❶　刘耀辉、龚向和：《环境法调整机制变革中之政府环境义务》，《法学杂志》2011年第 5 期。

❷　钭晓东：《环境法调整机制运行双重失灵的主要症结》，《河北学刊》2010 年第6 期。

他还在 2010 年与欧阳恩钱等人合著的《民本视域下环境法调整机制的变革——温州模式内在动力的新解读》一书中详细论述了制约环境法调整机制的五大中心主义思维惯性，即以末端应对为中心、以命令控制为中心、以制定法为中心、以利益限制为中心、以个体主义方法论为中心，并提出了解决之道。他在 2013 年的一篇文章里也提炼了这一观点，认为市场与政府的"双重失灵"是当前环境法调整机制面临困境的最集中体现，而"以末端应对为中心、以命令控制为中心、以制定法为中心、以利益限制为中心、以个体主义方法论为中心"的"五大思维倾向"则是其中的主要症结，从根源而言，环境问题归因于人类的"原罪"，因此困境的解除仍需从人类自身找动力点。在民本思想指引下唤醒民间力量，培植民间资源。以"民立、民意、民智、民富、民用"为核心的民本思想将为环境法调整机制运行中"五大思维倾向"的突破提供指引，为环境法调整机制实现多中心变革开拓路径，从而促进环境法调整机制从"单一政府定位—多元社会选择"的改良，推动"自上而下"与"自下而上"互动，实现环境治理从"统治—治理—善治"的转型。❶

蔡守秋教授定义的环境法调整机制在环境法学界影响深远，自他提出环境法的调整机制包括行政调整机制、市场调整机制和社会调整机制之后，学界基本都是援用该观点、遵循此种研究路径进行研究，如 2006 年姬兆芬的《环境保护问题的法律调整模式分析》一文，其核心也是主张以市场调节和政府干预手段的综合运用来解决环境问题。三种调整机制的提出体现了理论结合实际并逐渐发展的过程，近年来的研究大多着眼于对环境法调整机制

---

❶ 钭晓东、Su Guimei：《Citizen – Oriented Reforms of Environmental Law's Working Mechanism》，*China Legal Science* 2013 年第 3 期。

变革的讨论，趋向落脚于多中心的综合性调整。但以主体分类为基础的机制划分方法，各主体间的序列性和各机制运行的有机配合与连贯程度不高，仅能依靠持续的互动和强调多中心的方法进行整合，是分裂的环境法调整机制，具有相当的局限性。"多中心"从根本上说意味着"无中心"，以政府为主导的环境法治，社会调整机制和市场调整机制与行政调整机制协同发展的动力不足，而只能转向对行政调整机制的相对弱化，从实践来看，理论上的理性分析最终只能表现在限制国家环境权力、优化环境行政管理等方面。学界鲜有根据法律调整机制的动态性、系统性特征，从现代环境法治发展的根本要求出发，从法的适用的角度全面研究环境法调整机制的文献和著作。

3. 环境法治与环境法调整机制

1999 年，刘保国在《从法制走向法治——论我国国家与社会关系法律调整模式的重大转换》一文中提到社会结构中国家与社会关系从合二为一逐步走向分离与并立的过程，这就必然要求二者的法律调整模式从改革开放前的法律工具主义转换为法治主义。因此，环境法律调整模式由强调法律调整方法走向强调法律调整机制的过程，是一个由环境法律工具主义走向环境法治的过程。1998 年，蔡守秋在《论党的环境法学的发展》中强调，当代环境法律的发展作为当代环境法发展的领域之一，就表现在环境法的体系日益完备、环境法的调整机制日益健全、环境法在社会生活中的作用日益突出等方面。

2009 年，常纪文在《中国环境法治的发展历程》中总结了我国自改革开放以来环境法治发展的特点、成就和经验，将其分为改革开放初期、可持续发展和市场经济转轨期、贸易全球化与科学发展时期三个阶段。同年，汪劲在《中国环境法治三十年：回顾与反思》中指出中国 30 年的环境法治既有成功的经验，也有失败的教训。公权力运作过程中的体制与机制因素是影响和制约环境立法、行政与司法的关键因素，提高执政能力和改变执政方式是推进环境法治建设的主要途径。2012 年，孙佑海在《中国环境法治》上发表《中国环境法治"十一五"回顾、评价与"十二五"展望》一文，文章梳理了"十一五"时期我国的环境立法、环境法的实施、环境司法状况，并对该时期的环境法治作了简要评价和展望。立法上，我国制定并修改了与环境保护相关的法律、法规、行政规章和地方性法规，制定了相关司法解释及指导性意见；执法上，初步形成了完善的环境执法体制，环境执法综合手段进一步加强；司法上，环境法司法体制逐步建立；人大加大了检查监督力度。2018 年，郑少华在《中国环境法治四十年：法律文本、法律实施与未来走向》中从法律文本出发，认为改革开放以来，中国的环境立法从少到多、环境执法从弱到强、环境司法从消极到积极、环境守法从被动到主动，中国环境法治发展的四十年是各种因素共同作用的结果，既有国际社会的外在影响又有政府的主动回应，既有政府自上而下的推动又有民众自下而上的努力。实践中的环境法在环境执法和环境司法方面既有成就也有困境，未来的环境法将着力于环境宪法时代的环境宪制、大数据时代背景下的环境法制革新、气候变化时代个人环保义务的落实以及中国特色的检察公益诉讼的构建。

吕忠梅认为中华人民共和国成立以来，中国环境法治建设从无到有，从紧跟世界环境法前行的步伐到引领世界环境法治建设实践，探索出了一条适合中国国情的环境法治道路，取得了巨大的成就。中国环境法治建设历经在艰难时期起步、在改革开放中健康发展、迎来新时代三个历史阶段，留下了环境立法凸显中国理念、环境执法探索中国道路、环境司法体现中国制度、环境治理弘扬中国文化的鲜明轨迹，未来实现建设美丽中国目标的任务依然任重道远，需要从实现环境权"入宪"、启动环境法典编纂、完善环境与发展综合决策机制等方面予以积极回应和妥善安排。❶

还有学者认为历经 40 年的大量环境立法，促成了我国环境法律制度体系框架的生成，然而，当前部门利益主导的分散式环境立法，造成环境资源保护立法碎片化。需要根据环境法规范的属性特征和环境法的生成演进历程，明确污染控制法、自然资源法和循环再利用法为环境法领域的主要范围。具体而言，近期先以现行的污染控制法、自然资源法、循环再利用法为基础，理顺和完善相关环境法律规范；中期环境立法规划是制定环境法总则，最大限度地统合相关环境法律规范；后期以环境法的法典化作为终极环境立法目标，遵从社会的实际需要，循序渐进地完善环境法体系，以解决当前环境立法的重叠、冲突等不协调问题。❷ 也有学者从传统工业社会向风险社会转型的角度出发，对环境法治理念的更新与实践进行论述，认为在这样的社会背景下，中国环境法要在立法理论与实践方式上自觉更新与转换，具体应包括：提升环境法在法律体系中的地位；把预防作为环境法首要的调整方式；强调国际合作在环境法治中的作用等方面。❸

有些学者认为，中国环境法已经由第一代发展至第二代。2010年，欧阳恩钱发表《环境法功能进化的层次与展开——兼论我国

❶ 吕忠梅、吴一冉：《中国环境法治七十年：从历史走向未来》，《中国法律评论》2019 年第 5 期。
❷ 鄢德奎：《中国环境法的形成及其体系化建构》，《重庆大学学报（社会科学版）》2020 年第 6 期。
❸ 李拥军、郑智航：《中国环境法治的理念更新与实践转向——以从工业社会向风险社会转型为视角》，《学习与探索》2010 年第 2 期。

第二代环境法之发展》，认为第二代环境法是环境法功能进化过程与结果的统一，其具有"超回应型法"的特征，追求经济利益与环境利益共赢，以互助为基本运行机制。各种利益在斗争中谋求承认是环境法进化的动因，需要重视全过程治理，从利益限制演变为利益增进是环境法功能进化的基础层次；重整环境责任机制，从利益衡量演变为倾斜保护是环境法功能进化的递进层次；在增长的基础上实现再分配正义，从利益分享发展到利益普惠是环境法功能进化的至善层次。2017 年，郭武在《论中国第二代环境法的形成和发展趋势》中认为，第二代环境法的形成和发展既是法律代际演替的必然逻辑，也是环境法自足性在特定社会历史阶段的彰显。从当代环境立法的宗旨、任务以及环境法治实践的特殊要求来看，中国第二代环境法的形成具有历史必然性和正当性。在整体"外观"上，中国第二代环境法已初步具备了迥异于第一代环境法的诸多显著特征：环境伦理观从个体主义转向整体主义；价值目标从代内关怀转向代际关怀；实践功能从被动抑制转向主动增益；治理机制从单向的行政命令模式转向双向的主体合作和规则共治模式。基于第二代环境法的发展性，中国第二代环境法的未来发展将呈现出整体主义视角下的域际法拓展、基于增益功能的独立性和自足性发展、治理机制转向中的系统开放性发展以及愈加显著的本土化发展等趋势。

但是戚建刚对中国第二代环境法的形成持怀疑态度，他认为研究中国环境法发展问题所持的学术立场应当与法学研究方法相勾连，在规范、实证和价值层面的研究均需要遵循相应规则。他对郭文的研究方法、论证过程、主要观点和结论逐一进行分析，力证全球范围内可持续发展战略，以及国内环境法治和生态文明建设的制度诉求，不能说明中国第二代环境法的形成具有历史必然性。他认为郭文由于误用比较法进行研究，在与中国第一代环境法进行"比较"的基础上归纳的中国第二代环境法的显著特征缺乏说服力；因虚构假设条件与曲解立法原意，郭文主张中国第二代环境法向域际法拓展的观点是错误的；因将自我发展演化机能与基于该机能的结果相混淆，郭文得出中国第二代环境法向独立性、自足性发展的观点是不足信的；由于无视行政主导治理机制是贯穿中国环境法发展的"红线"之事实，郭文主张主体合作和规则共治的治理机制作为环境法体系开放性发展前提的观点是不符合实际的；由于没有新证据来证明环境法要解决的根本问题是人与自然的冲突，因而郭文是在重复一个已经被经典马克思主义作家否定了的观点。❶

　　有学者在分析了我国生态环境法治现状的基础上，指出目前存在立法有待完善、地方本位主义、公众参与程度有待提高等问题。提出要以科学发展观为指导，在提升生态环境法治地位、加强生态环境立法工作、严格生态环境执法、培养公众的环境法制意识等方面进一步加强建设。❷江国华在《"生态文明"入宪与环境法治新发展》中论述了"生态文明"入宪对我国经济转型、国家治理、环境保护和人权保障都将产生重要的法治意义。他认为"生态文明"入宪宣告了我国法治发展正式迈向绿色法治的现代化治理之路，我国环境法治事业也将迈向新的历史阶段，即环境发展模式逐渐向绿色发展、精细发展、协同发展转型，环境治理结构得到全面改善，环境法律体系日渐完善，环境责任日渐明确，多元化环境治理格局日渐形成，环境人权理念也随着"生态文明"

---

❶　戚建刚、兰皓翔：《"中国第二代环境法的形成和发展趋势"之反思》，《中国地质大学学报（社会科学版）》2019 年第 5 期。

❷　周瑞林：《关于加强我国生态环境法治建设的思考》，《林业经济》2007 年第 10 期。

的入宪而得以形塑，生存权、发展权与代际人权的观念在法治体系中进一步彰显。还有学者认为生态文明对我国环境法治建设提出了与以往文明迥异的要求，需要加强与完善环境法治建设，运用各种有效的环境法治方法与手段贯彻落实生态文明的要求，包括完善环境教育法、完善转变经济增长方式的各种法律制度、完善保护环境的经济激励法律制度、完善环境事务领域中的公众参与制度等。❶ 钭晓东指出，在建构美丽中国与生态文明的过程中，环境问题的复杂性与环境法的自身特性，决定了环境法治进程中势必面临"普适性"难题，必须正视环境法律规则的"普适性不能"与"普适性不宜"现实，充分培育成文环境法律规则与环境民间规则互助与共生的土壤，在以退为进的简约战略中，实现不同的规则相互填补、试错与契合，推进与优化环境法治。❷ 钭晓东还认为新时代我国社会的主要矛盾、环境法治客观条件与话语体系发生了深刻变化，环境法学研究须予以适时因应，作为环境法学研究逻辑起点和环境法律现象认知的中介概念——核心范畴及其建构须对新时代的转型需求予以回应，从一元的权利或义务本位走向二元的"权利—义务"范畴。环境法治客观条件的变化凸显了环境法律制度的体系化需求，这意味着环境法学研究方法须对环境法律制度体系化予以关照，环境法学方法本身也应走向科学化与层次化。中国环境法学研究要走出西方话语的禁锢，实现话语自觉，建构中国学术话语权，必然需要回归中国环境法学话语的主体性特征，走向中国环境法治问题的田野，充分理解和利

---

❶ 李俊斌、胡中华：《论生态法治视域下生态文明实现之路径》，《山西大学学报（哲学社会科学版）》2010 年第 3 期。

❷ 钭晓东：《从规范冲突到协同共生：环境法治进程中的普适性难题及破解》，《中国高校社会科学》2014 年第 2 期。

用中国环境法治资源，坚持兼收并蓄的话语立场。❶

2010 年，李伟权在《参与式回应型政府建设问题探讨》中对参与式回应型政府作了详细介绍，文中指出政府回应是政府与公众关系的核心环节，指政府积极地对社会民众的需求作出反应，并采取积极的政策措施公正、有效地实现公众的需求和利益的公共管理过程，就是政府回应，在这个回应过程中，各要素间的相互关系、内在机能和运转方式，就是政府回应机制。强调建立以公众为核心的政府与社会的互动关系。他认为参与式回应型政府建设是当前政府发展的重要方向，必须以整体型政府合作共治作为基础理念，以权利性社会的增量发展作为体制转型的基础，以参与作为增加政府回应的主要手段。文章还提出参与式回应型政府建设的模式主要有：审议式民主决策模式，强调进行公众议程的参与设置；政策网络模式，强调政策利益与资源的互动；政策可控模式，建立健全以公众为核心的权利性参与制度。蔡守秋认为，综合性的环境法律应以规范政府环境行为为主，从确认公众（主要是自然人）的环境权出发，规定国家的环境保护义务和环境公益诉讼制度。❷谭冰霖认为环境规制的重要症结在于传统规制模式对"命令—控制"路径的依赖，忽视了法律系统认知能力的有限和其他社会子系统的独特运行逻辑，并从法社会学上的反身法理论出发，认为反身法承认了法律认知能力的局限，强调受规制的自我规制，为突破环境规制的"瓶颈"提供了一个新路向。文章提出立足反身法框架下的理念更新和规范调整，可综合运用组织型规制、程序型规制、信息型规制、商谈型规制和授权型规制

---

❶ 钭晓东：《论新时代中国环境法学研究的转型》，《中国法学》2020 年第 1 期。
❷ 蔡守秋：《从环境权利到国家环境保护义务和环境公益诉讼》，《现代法学》2013 年第 6 期。

等法律策略形成半自主的社会系统，以弥补传统模式之亏空。❶ 还有学者从正当行政程序出发论证我国环境法治的实现路径，利用"权利制约权力"路径，通过确立公民环境权、发展"程序上环境权"解决"政府失灵"的问题。❷

王树义在《生态文明建设与环境法治》中对推动和保障生态文明建设、转变环境法治运行思路、充分利用现代环境保护科学技术、加强环境法治等方面作了系统论述，其中，着重分析了把生态文明建设落到实处的具体、可行、定型化的生态文明法律制度的基本状况和更新路径。他还指出生态文明建设的关键在于环境保护，而环境保护是生态文明建设的主战场或主阵地，其抓手为环境法治，切入点为环境司法。因此，深入推进环境司法改革是生态文明建设的助动力和基本保障，不仅需要树立现代环境司法理念，而且要实行环境司法专门化，最后以环境公益诉讼制度保护社会的环境公共利益。❸ 郑少华认为生态文明社会调节机制的法律体系是一个纷繁复杂的法律系统，包括从中央到地方的法律、法规和其他规范性文件。而生态文明法律机制建设是一个庞大的涉及社会生活方方面面的系统工程，包括生态文明的政府调节机制、市场调节机制、社会调节机制，也包括生态文明的立法机制、执法机制、司法机制以及法律责任实现机制各方面。他还从生态文明建设的司法机制入手，为中国生态文明建设的制度化提供可供选择与操作的具体方案，提出健全与完善中国的环境法院（法庭）体系、环境公诉制度和"私人检察官"制度，以健全与完善

---

❶ 谭冰霖：《环境规制的反身法路向》，《中外法学》2016 年第 6 期。
❷ 谢海波：《论我国环境法治实现之路径选择——以正当行政程序为重心》，《法学论坛》2014 年第 3 期。
❸ 王树义：《论生态文明建设与环境司法改革》，《中国法学》2014 年第 3 期。

我国的司法机制。❶

郭武在《论环境行政与环境司法联动的中国模式》中认为，环境行政与环境司法的联动对于当下中国生态文明法治建设目标的实现具有现实必要性，环境行政与环境司法联动机制可被类型化为点式合作联动机制和递进式整体联动机制，前者在本质上体现为国家行政权与司法权之间的"组合拳"，后者则反映出现代环境法调整机制的融合和环境法法权结构的形成、完善，标志着一国环境法治的发展水平。徐忠麟从环境法治的软法规范出发，讨论了软法规范在环境法治建设中的积极作用，通过以国家环境制定法为主导的"自上而下"和以环境软法规范为主导的"自下而上"的互动，推动环境软法规范内部及其与国家环境制定法的有机整合。❷ 刘国涛在《从环境保护到环境保健——论中国环境法治的趋势》一文中指出中国环境法治的发展趋势应当从环境保护走向环境保健，因为中国经济发展的历史阶段以及国内外环境法制建设的经验均要求中国环境法体系需要从环境保护走向环境保健。环境污染第三方治理、生态补偿、生态恢复等都可以看作环境保健时代的曙光，而拟人化的环境保健具有理念升华、理论深入、实践操作三方面的综合优势和特色。刘国利在《当代中国环境法治的实践转向》中提到，随着社会的转型，环境法在实践上应当借助利益引导机制调整人的生态行为；通过利益补偿机制来实现环境治理；通过自然物权利保护机制实现"生物圈的和谐"；通过抑制有害于生态的需求来实现人与自然的和谐；重视乡土文化的

---

❶　郑少华、齐萌：《生态文明社会调节机制：立法评估与制度重塑》，《法律科学（西北政法大学学报）》2012 年第 1 期。郑少华：《生态文明建设的司法机制论》，《法学论坛》2013 年第 2 期。

❷　徐忠麟：《环境法治的软法规范及其整合》，《江西社会科学》2016 年第 10 期。

功用，减少环境污染。还有学者以大数据为背景研究中国环境法治问题，认为大数据时代的环境治理具有环境信息获取"多元化"与环境治理实现"智慧化"的特征，大数据应用于中国环境法治研究的主要价值，在于其对完善国家环境治理战略目标，对构建与完善国家与地方互动合作的环境法律法规体系，对环境法基本理念的实现及基本原则的规则化设计，对构建与完善环境法基本制度有着重要的作用。在大数据时代，中国环境法治研究在方法样态上将是一个多元并存的格局，而且目前已基本形成环境"智理"的新框架，环境"智理"实践也会带来相应的环境法治变革。但是在肯定环境大数据带来积极影响的同时，也不能忽视环境大数据带来的加剧环境非正义、导致环境不公平、导致环境决策失误和侵犯隐私等问题对环境法治带来的挑战。● 柯坚认为要在法律上回应当代环境问题，应当是整个法律体系的不同法律部门之间在针对环境问题的对话、沟通与互动基础之上形成的协同性回应，需要建立面向环境问题、以解决环境问题为共同目的的跨部门协同机制。❷

可以看到，学者对我国环境法发展的研究从环境法史的时代梳理到社会变迁和环保理念新发展背景下的转型，再到现代环境法治的新发展，大都集中于环境立法、环境行政执法和环境司法等方面。随着环境法治的发展，环境法律调整过程中的立法机制、执法机制和司法机制体现出了联系、协同的趋势，原来线性的法律调整方法已经无法适应现代社会发展的需要，环境法律机制已

● 方印、徐鹏飞：《大数据时代的中国环境法治问题研究》，《中国地质大学学报（社会科学版）》2016 年第 1 期。郑少华、王慧：《大数据时代环境法治的变革与挑战》，《华东政法大学学报》2020 年第 2 期。

❷ 柯坚：《当代环境问题的法律回应——从部门性反应、部门化应对到跨部门协同的演进》，《中国地质大学学报（社会科学版）》2011 年第 5 期。

经产生和形成。学者在总结环境法治发展的成就和经验的基础上，立足于现代环境理念、文明转型和科技高度发达的社会现实，已经将研究重心转向新时代对环境法调整机制提出的挑战，以及生态文明背景下环境法调整机制如何优化和发展的问题。但是，环境法调整机制作为描述和解释环境法的动态运行与功能实现的基本而重要的理论范畴，目前学界对环境立法、环境行政执法、环境司法及其相互间的有机联系，很少有运用环境法调整机制进行理论分析的系统性成果。

（二）国外研究现状

国外鲜有对于"Adjust mechanism of environment law"或"adjust mechanism of law"的专门研究。苏联和俄国学者有对"法律调整机制"的专门讨论，本书以具有代表性的 C. C. 阿列克谢耶夫和 B. B. 拉扎列夫的相关论述为主进行分析。

阿列克谢耶夫认为，"某一法律体系的诸因素，是在法律调整中、在法律调整的机制中实际显示出来的"。❶ 由此将法律调整机制与法律调整联系起来，对法律调整机制的认识就前溯到对法律调整的认识。进而指出，在定义"法律调整"时，必须将其与"法律作用"作一区分，法律作用的概念更为广泛、更注重应然性，揭示的是法对社会生活产生影响的各种形式和各个方面，法律作用有时带有法律调整的痕迹，但作为法律作用的某些影响因素对法律调整来说往往并不具有特殊性或者不能为法律调整所涵摄（如教育因素的影响），法律调整更加强调作为制度化规范的法对社会生活所起到的特殊作用，以此区别于道德等其他调整。因

❶　［苏］C. C. 阿列克谢耶夫：《法的一般理论》（上册），黄良平、丁文琪译，法律出版社，1988，第 300 页。

此，所谓"法律调整，是按照经济基础的要求、按照某一社会制度的社会需要，为了调整、保护、发展社会关系，运用一系列法律手段（法律规范、法律关系、个别性规定等）对社会关系所施加的有成效的、规范性、组织性作用"。❶

谢晖在《法学范畴的矛盾辨思》中指出了该定义的三个缺陷：其一，将法律规范、法律关系、个别性规定全部作为法律手段并不妥帖；其二，以"作用"指称"法律调整"容易使两者混淆；其三，强调经济基础和社会需要对法律调整的先导性并不完全符合某些实然情形。❷

针对上述观点，首先，在阿列克谢耶夫的定义中，所称"法律手段"是指法律作用手段（第七篇、第九篇多次提及），而非法律调整的手段；其次，在《法的一般理论》的章节标题中就已将法律作用和法律调整予以区分，且在书中明确指出通过法律作用的概念说明法律调整时，需要对两者进行区分，并无混淆之嫌；最后，对于第三点，笔者基本持赞同态度，但结合苏联学者的研究背景和当时的社会发展现实来说，作一般情形理解即可。《法的一般理论》（下册）专设一篇研究法律调整机制，重申了"法律调整机制的概念，是从法律调整的概念中派生出来的"。❸ 据此，他给出了"法律调整机制"最一般的定义，即法律调整机制是"用来保证对社会关系实现有效法律影响的各种法律手段的统一体系"。❹

---

❶ ［苏］C. C. 阿列克谢耶夫：《法的一般理论》（上册），黄良平、丁文琪译，法律出版社，1988，第 300 页。
❷ 谢晖：《法学范畴的矛盾辨思》，法律出版社，2017，第 248—249 页。
❸ ［苏］C. C. 阿列克谢耶夫：《法的一般理论》（下册），黄良平、丁文琪译，法律出版社，1988，第 371 页。
❹ ［苏］C. C. 阿列克谢耶夫：《法的一般理论》（下册），黄良平、丁文琪译，法律出版社，1988，第 371 页。

他将法律调整机制分为三种：法起作用的工具性机制，即专门法律的机制；心理机制；社会机制。❶ 这种观点对我国学界产生了深远影响。❷

而拉扎列夫则采用了"国家法律调整机制"的概念，他认为国家法律调整机制是帮助法和国家履行基本社会职能、实现目的的机制，并指出这是一个包容性强且容量极大的范畴。在概念上，国家法律调整机制包含五个层次：（1）将法律上层建筑的所有部分和对法律上层建筑有影响的因素都集中在一起；（2）将法律上层建筑的部分和其影响因素分配在各自的位置上；（3）看到法律、社会、心理和其他因素在法律调整过程中，也就是在法律履行职能的过程中所起的基本职能；（4）理解法律原则和规范向行为（合法行为和违法行为）的转变过程及法治与法律秩序或法律虚无主义的基本职能；（5）证明有必要完善社会中的法律调整、提高法律实施效益和质量及所有居民法律文化与护法机关所有工作人员的职业文化水平。❸ 拉扎列夫还认为，在阶段上，国家法律调整机制包括法律规范的形成和普遍作用阶段；在法律实施的基础上，具体的权利主体产生权利和义务的阶段；权利和义务的实施阶段。

---

❶ ［苏］C.C. 阿列克谢耶夫：《法的一般理论》（下册），黄良平、丁文琪译，法律出版社，1988，第 373 页。

❷ 如宋瑞兰、魏清沂、成红和张辉认为法律调整不是只靠专门法律机制就能完成的过程，只有综合运用法律调整的专门法律机制和法律调整的社会机制、心理机制，才能更好地完成法律调整过程，实现法对社会的调整职能。社会机制从法、法的运作与社会环境的联系分析法律调整系统，而心理机制从三个层次（自觉遵守、被动遵守、国家强制）影响着法律的调整。宋瑞兰：《论法律调整机制》，《法律科学（西北政法学院学报）》1998 年第 5 期。魏清沂：《试论法律调整机制》，《甘肃政法学院学报》1997 年第 1 期。成红、张辉：《论循环经济法律调整机制》，《社会科学》2006 年第 4 期。

❸ ［俄］B.B. 拉扎列夫：《法与国家的一般理论》，王哲等译，法律出版社，1999，第 364 页。

在因素上，国家法律调整机制包括法律规范、个别的国家权力规定或法律适用活动、法律关系、权利和义务的实施活动四个因素。❶ 基于此种基本认识，他将整个法律活动以剖面切片的形式展开分析，着重强调了在国家法律调整机制运作过程中法律调整手段的作用方式，国家的作用根据法律调整手段的独特性而具有自己的特点，主要存在中央集权式和分权式两种调整方式，以禁止、运行和要求进行组合变化，对社会关系进行调整。此外，拉扎列夫也认为国家法律调整机制离不开社会现实因素和心理方面的影响，尤其是国民法律素养和法律教育水平、法律秩序、公正裁判和国家工作人员的职业化水平。❷

上述学者对"法律调整机制"的认识均从法理学的规范视角出发，描述了法律对其所调整的对象产生影响的过程，将法律规范、法律行为、法律关系、法律秩序集合在一起，反映法律现实的动态构造，将法起作用的工具性机制分为专门的法律调整机制和社会性效力机制、心理机制，全面揭示了影响法律规范要求转变为法律主体行为的社会和其他因素的整个体系。不仅如此，法律调整方法还贯穿于整个法律发生作用的过程和实现的过程，使允许性规范、禁止性规范、义务性规范在最深层次相互结合，渗入法律调整机制的各个要素和环节。

四、研究思路阐述

（一）逻辑主线

本书研究思路在宏观上遵循"环境法调整机制是什么，为什

---

❶ ［俄］B. B. 拉扎列夫：《法与国家的一般理论》，王哲等译，法律出版社，1999，第 365 页。

❷ ［俄］B. B. 拉扎列夫：《法与国家的一般理论》，王哲等译，法律出版社，1999，第 366—367 页。

么要讨论环境法现代调整机制，环境法现代调整机制怎么发展"
这一逻辑主线，具体见图1。

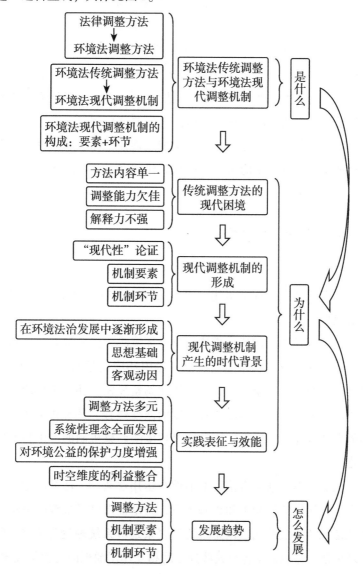

图1　研究思路和研究框架示意图

（二）三条线索

本书以"环境法的调整方法""环境法调整机制的构成""环境法治"为三条主要线索贯穿各章节，分别对应"行为模式、法律后果（肯定式、否定式）"，"机制要素（法律规范、法律关系、法律秩序）、机制环节（规范创制机制、规范实施机制、监督保障机制）"，"立法、执法、司法（守法）"等子项。三条线索在环境法传统调整方法中的体现与环境法现代调整机制形成对比，据此对环境法现代调整机制的内容、构成、特征、优势展开分析，并根据环境法调整机制的历史演进和时代转变，总结出环境法现代调整机制未来的发展趋势。

五、研究方法与创新点

（一）研究方法

本书在研究过程中运用了多种方法，进行了多维度的分析，主要包括：

（1）环境史学的研究方法。对于环境法调整机制的产生和形成，通过翻阅查找大量资料文献，运用环境史学的历时性视角，厘清法律调整由法律调整方法到法律调整机制，环境法律调整由环境法调整方法到环境法调整机制的演变过程，并对我国环境法治的发展状况作一梳理，从中探寻环境法调整机制的产生和形成脉络。

（2）跨学科研究方法。本书综合运用法哲学、法社会学、经济学、自然科学的相关知识和工具，为论证提供了多维的思路框架和多元的方法视角。以系统论和复杂适应系统理论为工具，研究环境法调整机制中各组成部分之间相互作用涌现的特性与规律，探索其主要构成和运行原理。

（3）实证分析方法。通过实践数据来表明环境法治发展的现状并说明问题，这种方法具有直观性、真实性和可靠性，也是分析法律对策的重要现实依据。本书以全面依法治国、生态文明和人与自然生命共同体为背景进行分析，探究新时代环境理论下现代环境法调整机制的效能和发展方向。

（二）创新性尝试

（1）概念创新。目前学界对于"法律调整机制"的认知存在分歧，是法律的调整机制还是通过法律的调整未有区分，导致研究路径大相径庭，无统一的对话语境。对于"法律调整机制"与其他相近概念的混用和拿来主义使用现象的屡见不鲜，导致概念泛化，对具体制度的研究根基不牢。因此本书将法律调整机制定义为严格法律的调整机制，从而得出环境法调整机制的概念，即环境法的调整机制是指环境法对其调整的社会关系从环境立法到执法、司法全过程施加的法律影响，强调整个环境法系统内部结构的协同和互动，实质是从整体、动态的角度探讨环境法律规范作用于事实世界的过程，并以其规范运行及功能实现为目的的综合性法学理论范畴。

（2）研究方法和视角的创新。本书尝试将系统论、复杂适应系统理论、嵌合理论综合转化后应用到我国现代环境法调整机制的论证当中。从多个角度出发，综合采用实证分析、史学分析、跨学科分析等多种研究方法对现代环境法的调整机制展开论证，从环境法调整机制的基本范畴出发，探究对基本概念认知分歧的根源，对环境法调整机制的本体性认识和操作性解释进行详细论证，从而掌握环境法调整机制系统内各部分的构成和运行原理。同时运用法哲学、法社会学等多学科的研究方法，弥补运用单一学科知识和方法研究这一问题时存在的诸多缺陷。

第一章

环境法传统调整方法与环境法现代调整机制理论概述

环境法调整方法至今仍是一个尚未受到足够重视的理论课题，诸多学者在描述环境法调整机制时，都使用了环境法调整方法的概念。显然，环境法调整机制与环境法调整方法有着密不可分的联系，但二者的关系始终处于模糊不清的状态，学界对此着墨甚少。目前，环境法调整方法更多地在论述环境法是独立法部门的场景中出现，虽然在一定程度上凸显了环境法调整方法的地位，但并未清晰揭示环境法调整方法的本质。环境法调整方法与环境法调整机制究竟是何关系？二者的联系和区别是什么？为何要以"传统"和"现代"将之进行区分？要回答上述问题，就必须从基本法学理论入手展开研究。

第一节　法律调整方法与环境法调整方法

法律调整方法在各部门法当中是共通的法学理论问题，环境法调整方法是法律调整方法的下位概念，对法律调整方法的理解决定了对环境法调整方法的基本认识。要谈环境法的调整方法必须从法律调整方法的基本原理出发，将环境法学中的理论问题提到一般原理的层次，使之能够被纳入法的一般理论的统一体系当中。

一、法律调整方法的概念及其理论分歧

一般认为，法律调整方法是指法律作用于调整对象的一系列方式、途径、手段、措施。根据不同分类标准可以将法律调整方法作不同划分，如公法调整方法、私法调整方法；❶ 权威性调整方法、自治性调整方法；❷ 事前调整方法、事后调整方法；❸ 民事法律方法、行政法律方法和刑事法律方法；❹ 放任性调整方法、强行性调整方法、提倡性调整方法、制裁性调整方法；等等。❺ 上述分类虽然视角不同，但都具有普遍适用性，本质上都是法律对其所调整的对象施加的不同法律影响。法律调整方法的性质和内容主要取决于法律调整的对象，调整强权性法律关系的方法多属于公法方法、权威方法、行政或刑事法律方法，调整平权性法律关系

---

❶　杜群：《环境法融合论》，科学出版社，2003，第46页。
❷　《中华法学大辞典》（法理学卷），中国检察出版社，1997，第121—122页。
❸　徐国栋：《对民法的调整对象和调整的方法的再认识》，《法学》1993年第9期。
❹　顾功耘、刘哲昕：《论经济法的调整对象》，《法学》2001年第2期。
❺　谢晖：《论法律调整》，《山东大学学报（哲学社会科学版）》2003年第5期。

的方法多属于私法方法、自治方法、民事法律方法，因此，法律调整方法与法律调整对象常被人们一并作为划分法律部门的标准。❶

近年来，各种法律调整方法相互融合的趋势越来越明显，再加上新兴法律学科的出现和兴起，使得将法律调整对象与法律调整方法结合起来作为划分法律部门标准的传统路径不断受到质疑，❷更有学者认为这种划分方式只是人们认识和研究法学的有意识的活动，是为了符合理论和实践需要对现有法律以特定标准进行的分类整理而已，不具有绝对的客观性和普适性。❸除了法律调整对象之外，还有学者从法律调整的角度出发，将法律调整方法与法律调整相关联，对法律调整方法作出不同分类，如宏观调整方法、微观调整方法；一般调整方法、个别调整方法；应然调整方法、实然调整方法；强制性调整方法、自主性调整方法；等等。❹

---

❶ 罗玉中认为划分法律部门的主要标准是法律所调整的社会关系，凡是调整同一社会关系的法律规范，便划归同一法律部门。法律调整社会关系的方法对法律部门的划分不是没有意义的，但不是一个重要因素。罗玉中：《法律：社会关系的调整器》，时事出版社，1985，第67—68页。汪劲认为划分我国法律部门一般通过法所调整的社会关系或法在调整社会关系时所适用的方法来判断，但主要标准是法的调整对象。汪劲主编《环境法学》，北京大学出版社，2006，第123页。韩德培认为，部门法的划分主要是根据所调整的不同社会关系进行，调整方法在划分部门法中是次要和派生的标准。韩德培主编《环境保护法教程》，法律出版社，2015，第53页。张文显则认为法律规范所调整的社会关系是划分法律部门的重要标准，但它不能解释同一社会关系需由不同法律部门来调整这一法律现象，因此，还需将法律规范的调整方法作为划分标准。张文显主编《法理学》（第五版），高等教育出版社，2018，第103页。

❷ 徐澜波：《论宏观调控法的调整方法——从经济法的调整方法切入》，《法学》2020年第7期。

❸ 张继恒：《范式转型与理论拓掘：经济法"地位之争"再评论》，《人大法律评论》2013年第1辑。

❹ 谢晖：《法学范畴的矛盾辨思》，法律出版社，2017，第253页。

　　整体来看，学界对法律调整方法的基本概念并无异议，只是在研究路径上有所不同，大体可分为两种：一种将法律调整方法作为划分部门法的依据之一，实质上研究的是"法律的调整方法"，即法律以何种方法作用于事实世界进而实现对社会关系的调整；另一种则从法律调整的角度出发，研究的是"法律调整的方法"，即法律调整这个过程性活动的具体表现方式。表面看来两种研究路径并无二致，都是对法律调整方法的讨论，但根据认识角度的不同，性质亦应有所差别，前者的描述对象是"法律"，涉及对法律的定性问题，后者描述的对象是"法律调整"，涉及对法律调整过程的识别，也正是在这个层面，法律调整方法和法律调整机制才能从根本上联系起来。

　　在"法律调整"的使用语境中，"法律本身的调整"和"通过法律的调整"是两个不同的层次，有学者将二者的分歧看作是规范法学和自然法学关于基本问题的分野，这取决于对人在法律调整中的地位和作用的不同理解。❶ 在法治时代，将法律视为主体已经越来越容易为人们所接受，但还是面临一个"主体一般为人"的哲学常识问题。黑格尔关于主客体辩证统一的观点联系了"目的的自身内反思"与"目的的向外反思"两方面因素的"行动"概念，使第二自然作为机械过程的消极性也成为主体自身意志的组成部分，❷ 绝对观念因异化产生的客体化趋势不断复归于自身，实现主体性的重建。❸ 谢晖教授引入了两个概念予以说明："客体

❶　蒋春华：《法律调整机制的认知分歧与弥合———一个人工系统功能实现视角下的思考》，《广东社会科学》2019 年第 5 期。

❷　周阳：《论黑格尔的"Handlung"与马克思的"Praxis"———"在我的物象 - 世界中行动"与"在物象 - 世界中我的行动"》，《现代哲学》2021 年第 5 期。

❸　张明：《毛泽东与卢卡奇阶级意识理论的比较研究》，《思想教育研究》2020 年第 8 期。

主体化"和"良性异化",简单来讲,法律为法律调整之主体就是将形式客体化的法律,注以活的精神实体之后主体化的结果,法律是规范化的人的精神,是人之主观能动性的表现形式,人在法律的规范下行为,人们容易正确接受并产生良性异化的效果。❶ 而"通过法律的调整"将国家及其机构或者人民视为主体,将法律调整的过程视为国家运用法律的过程,照此逻辑,法律调整的方法就是国家在运用法律的过程中所产生的方法,国家利用法律所达到的目的不同,法律调整方法也不尽相同。可以看出,即使不将该问题上升至学派之争,法律调整方法也是一个非常复杂的问题,在并不统一的讨论语境中,很难给出绝对的定性解释,但可以肯定的是法律调整方法是由法律调整对象决定的,而且与法律调整的目的密切相关。

二、"主体说"导致环境法调整方法走向泛化

从逻辑上来看,法律调整方法的主体或为法律或为国家,但是为了避免引起难以解决的理论思辨上的混乱,关于法律调整方法的主体问题还是遵循学界的一般共识,在强调法律至上的前提下视国家为主体,把法理学中尚存争议的问题留在哲学层面讨论。因此,这里的"主体"讨论的是法律调整方法所作用的社会关系的参加者,即对象的主体。

根据法律所调整的社会关系参加者的地位不同,法律调整方法无外乎两种,即调整管理者与被管理者之间关系的方法和调整平等主体之间关系的方法,可称其为中央集权式调整方法(集中式调整方法)和分权式调整方法(非集中式调整方法),或行政法

❶ 谢晖:《法学范畴的矛盾辨思》,法律出版社,2017,第251—252页。

律调整方法和民事法律调整方法。无论称谓如何，本质上都是依据主体之地位所作的分类，前者优先运用于公法部门，后者优先运用于私法部门，故为"主体说"。有学者认为我国公认的法律调整方法主要是民事法律调整方法和行政法律调整方法，❶ 就是典型的以主体地位为标准对法律调整方法所作的区分，苏联有学者甚至只承认民事法律调整方法和行政法律调整方法。❷

但仅以"主体说"来考察环境法的调整方法，极易导致对环境法调整方法的认识走向泛化。由于环境问题的特殊性，环境领域的特定问题处于交叉地带，不仅涉及环境私益的保护，也涉及环境公益的维护；不仅包含平等主体间的环境法律关系，也包括环境行政管理法律关系；调整环境社会关系的法律并不统归于哪一个法律部门，环境保护法律规范不仅体现为宪法中的国家环境保护义务，还散见于刑事立法、自然资源物权等领域。在人类活动与自然资源的物质交往过程中，环境介质的作用场域十分广泛，这使环境法的发散性极强，无法从任何一个单一的传统法部门中派生演绎，而只能是一种综合性的法律规范，环境法调整方法也必然具有综合性，这是由环境法的本质特征决定的。有观点认为一个法律部门可以同时具有多种法律调整方法，❸ 无论是否承认环境法是独立的法律部门，环境法在事实上都是兼备多种法律调整方法的。因此，有学者认为每个法律部门的调整方法都具有"多

---

❶ 蔡守秋：《调整论——对主流法理学的反思与补充》，高等教育出版社，2003，第556页。

❷ 俄罗斯学者姆·姆·布林丘克和恩·弗·库兹涅措娃认为，在法律科学中只承认两种调整方法，即行政法律方法和民事法律方法（任意方法）。转引自王树义：《俄罗斯生态法》，武汉大学出版社，2001，第44页。

❸ 俄罗斯学者伊·弗·帕弗洛夫在《论苏维埃社会主义法的体系》中认为，一个法律部门同时具有几种法律调整的方法。转引自王树义：《俄罗斯生态法》，武汉大学出版社，2001，第43页。

方面性""通用性""超部门性",这些方法并不专属于哪一个法律部门,而是各法律部门通用的,所有法律共用一套具有"超部门"性质的法律调整方法。❶

从"主体说"切入研究环境法调整方法,只能将其归为多元的调整方法,无法揭示环境法调整方法的内涵和本质,环境法调整方法的特殊性只能落于"综合性"上,并无新意。

这种观点还很容易将本属于行政法或民法调整的事项与环境法的调整范围混同起来,错误地认为行政法或民法中涉及环境要素的调整方法都是环境法调整方法。如有学者认为,"民法调整环境社会关系的方法主要适用于平等主体间的具有环境资源内容的关系或私人之间的具有环境内容的关系"❷,上述观点的误区在于:其一,环境社会关系是环境法的调整对象,而非民法,若传统部门法能调整环境社会关系,环境法存在的必要性将受质疑;其二,即便民法能够调整平等主体间具有环境内容的关系,这种关系也不一定是环境社会关系,民法中的相邻权、地役权,自然资源法中的产权交易等均是所谓具有"环境内容"的关系,如果不是出于环境保护,而以合同法上的交易或者以物权上的所有、使用、收益、处分为目的,那么相关行为及由此产生的社会关系就属民法调整,而非环境民事调整方法所涉对象。

无论是环境法的一元目的论还是二元目的论,都强调环境法对生态环境和人体生命健康的保护,环境民事调整方法和民事法

---

❶ 俄罗斯学者弗·恩·亚柯夫列夫在《农业保险法律关系》中认为,每一个法律部门的调整方法都具有"多方面性""通用性"和"超部门性"。转引自王树义:《俄罗斯生态法》,武汉大学出版社,2001,第43—44页。

❷ 梁剑琴:《环境法调整方法研究》,硕士学位论文,武汉大学,2005,第30页。

律调整方法在保护私主体的人身利益和财产利益方面高度重合，这是人们往往难以区分二者或忽视环境民事调整方法最特殊的功能的主要原因。那么，《中华人民共和国民法典》（以下简称《民法典》）中的"绿色原则""绿色条款"是否属于环境法调整方法的范畴？

根据上文，将环境法调整方法作"环境法的调整方法"理解时，需要对环境法进行定性。现代人们对法律性质的认识已经不再局限于非此即彼的公法或私法之分，学界对公法私法化的广泛讨论以及对"社会法""领域法"的研究，早已超出了公私二分的传统领域。相比之下，认为环境法当属领域法学的观点更为合理。❶ 领域法与传统部门法应当是并列而又相互独立的关系，二者是相互同构、并存的。❷ 部门法和领域法都是法律规范的集合，关于领域法学与部门法学之间的关系，有学者认为应当把传统部门法学作为第一层次的部门法，而把环境法、经济法等法律部门作为第二层次的部门法，❸ 也有学者认为应将现有的部门法转型为基础法学，构成"基础法学知识体系"，与"领域法学知识体系"共

❶ 阮莹茜认为环境法属于领域法的范畴，环境法"以解决环境问题为导向"的学科宗旨，以及研究方法上的多元融合证明了其领域法之属性。（阮莹茜：《"领域法学"视角下环境法学研究路径之转型与未来——从法学研究格局的立场展开》，《研究生法学》2018 年第 6 期。）吴凯认为，环境法是典型的领域法，其发展得益于强烈的问题意识以及对环境保护领域本体性的正视与尊重。文中指出"环境法学科是新兴学科，不是传统学科，是领域法学，不是部门法学。"转引自武汉大学环境法研究所"环境法学科在高校学科发展中面临的挑战"讲座记录，http://www.riel.whu.edu.cn/index.php/index – view – aid – 10346.html. 2017 – 10 – 18. 吴凯、汪劲：《论作为领域法的环境法：问题辨识与规范建构》，《辽宁大学学报》（哲学社会科学版）2019 年第 1 期。

❷ 阮莹茜：《"领域法学"视角下环境法学研究路径之转型与未来——从法学研究格局的立场展开》，《研究生法学》2018 年第 6 期。

❸ 侯佳儒：《环境法学与民法学的对话》，中国法制出版社，2009，第 147 页。

同构成"总体法学知识体系",❶ 还有学者将环境法与其他部门法的关系归结为纵向的重叠关系，认为各法律部门在同一事实问题领域发生了层次结构叠加意义上的规范投射重叠。❷ 总的来看，与倾向于将环境法认定为一个独立的法律部门的学者一样，❸❹❺ 将环境法视为领域法的学者只是在让环境法成为一个新法律部门的重重挑战面前，❻ 采取了表现形式不同但本质并无差别的迂回策略。

　　原有部门法在法学理论的研究中处于垄断地位，新兴部门法的出现将改变原有部门法所享有的学术资源分配格局，因此传统部门法并不乐于接受新部门法的构建，而在传统部门法研究范式的强大影响下，环境法必须不遗余力地争取独立部门法的地位，以获得环境法理论研究的话语权，但在部门法的研究范式下环境法具有明显的不适应性，对环境法独立性的极力论证会使其自身陷入理论研究的两难境地，环境法是独立的部门法是一个无法证成的命题。❼ 因此对领域法的论证也只是权宜之计，无法解决环境

❶ 梁文永：《一场静悄悄的革命：从部门法学到领域法学》，《政法论丛》2017 年第 1 期。

❷ 郭武：《层次性重叠，抑或领域性交叉？——环境法与其他部门法关系省思》，《社会科学》2019 年第 12 期。

❸ 史学瀛主编《环境法学》，清华大学出版社，2006，第 15 页。

❹ 韩德培主编《环境保护法教程》，法律出版社，2015，第 53 页。

❺ 汪劲认为环境法律规范原本分散于各传统法律部门之中，在传统部门法学学科看来，环境法律规范的确立不过是各类法律部门的变通措施和例外方法，但这并不能全面调整环境问题导致的既定社会关系改变的状况，承认环境社会关系的特殊性是全面、专门地关注环境问题的必然要求，环境法的公益性和技术性也使得环境法在综合运用传统法律部门的理论、原则和方法上具有特殊性，结合我国环境资源保护法律实践，环境法是一个独立的法律部门。汪劲主编《环境法学》，北京大学出版社，2006，第 123 页。

❻ 郑少华、王慧：《环境法的定位及其法典化》，《学术月刊》2020 年第 8 期。

❼ 张璐：《部门法研究范式对环境法的误读》，《甘肃政法学院学报》2009 年第 3 期。

法调整方法的特殊性问题。

　　本书不再纠结于学理之争，仅将环境法区分为狭义环境法和广义环境法，使问题尽可能简化。除了环境法律法规以外，广义的环境法还包括其他法律部门中涉及的环境保护事项、以环境保护为目的的法律规范，那么《民法典》中的相关规定当然属于广义的环境法的调整方法，是环境民事调整方法体系的组成部分，这对于理解环境法调整方法的演化和发展大有裨益。但是如果将环境法调整方法理解为"环境法律调整的方法"，则很难得出相同结论。

三、"对象说"消减了环境法调整方法的规范性

　　无论采取何种认识路径，法律调整方法的作用对象都是人与人之间的社会关系，人类在社会活动中的社会性联系形成社会关系，环境社会关系在人与人之间的关系的基本构造中添加了一个特殊的生态环境媒介，环境法调整方法关注到了传统法律未能关注的人与自然之间的关系，这是它区别于其他法律调整方法最重要的特征。

　　正是这个特殊性引发了学界关于环境法调整对象的激烈讨论。学界支持环境法能够调整人与自然的关系的学者认为，环境法不仅能够调整人与人之间的环境社会关系，还能够调整人与自然的关系，其主要理由是人的行为能够影响环境，他们认为调整人与人的关系是环境法作为法的共性，调整人与自然的关系是其特性。环境法能否调整人与自然的关系，与自然能否成为主体无关，人与自然关系的重要性以及人对自然权利的反思与保护，这种发展和演变动向最终关系到对整个法律关系的重新认识，使环境法也能够调整人与自然的关系。他们还指出，环境法调整人与自然的

关系并不是否认环境法调整人与人的关系，二者是密不可分的。[1]
反对者认为上述观点忽视了法律关系的相互性、双向性、对称性
和可逆性，法律直接体现的是对人的行为的规范和限制，承认环
境法能够调整人与自然的关系否定了人的主观能动性，自然物是
无法行使权利并履行义务的，即便是解决了生态自然之"意识"
而诉诸代履行制度，也难以厘清此时的法究竟是调整人与人的关
系还是调整人与自然的关系。环境法能否调整人与自然的关系实
质上是对以人为中心还是以自然为中心的探讨，但基于生态伦理
学的讨论在现实中将面临难以将伦理关系法律化的问题。[2]

环境法调整对象决定了环境法调整方法，对环境法调整对象
存在认知分歧必然使人们对环境法调整方法的认识出现分歧。法
律是国家实现社会调整职能的手段之一，在依法治国的要求下，
法律具有至上地位，这点毋庸置疑并且已经成为共识，脱离了法
律至上这个先决条件，就会消减环境法调整方法的规范性，与之
相关的其他问题也将丧失规范的基础。

人与自然的关系无论被强调到何种程度，本质上都是自然原
因下人的行为，其他物种的利益和后代人满足其需要的能力只是
现代人的主观推测或拟制的利益，尽管不容忽视，但只能无限接
近而始终难以以法律的形式加以明确，我们无法真切知晓这种利

---

[1] 蔡守秋：《调整论——对主流法理学的反思与补充》，高等教育出版社，2003，第
580 页。郭红欣：《环境保护法能够调整人与自然的关系——兼与李爱年教授商
榷》，《法学评论》2002 年第 6 期。李挚萍：《试论法对人与自然关系的调整》，
《中山大学学报》（社会科学版）2001 年第 2 期。

[2] 李爱年：《环境保护法不能直接调整人与自然的关系》，《法学评论》2002 年第
3 期。李艳芳：《关于环境法调整对象的新思考——对"人与自然关系法律调整
论"的质疑》，《法学家》2002 年第 3 期。王树义、桑东莉：《客观地认识环境法
的调整对象》，《法学评论》2003 年第 4 期。周训芳：《对"人与自然关系"进
行法律定位的若干思考》，《华东政法学院学报》2004 年第 3 期。

益的法律边界在哪里、需要受保护的程度如何，也无法进行权利义务上的利益分配。有的国家承认宠物的继承权，❶赋予动物主体资格，但无法从法律层面解决主体能动性的问题。也有学者提出自然代理人制度，虽然解决了主体能动性的问题，但代理人资格的取得及其合理性饱受质疑。

我们赞同环境伦理在道德层面的生态关怀，但是也不能因此消减法律的谦抑性和逻辑规范性，法律在技术上的处理最终只能落脚于当代人的环境行为上，最多将伦理要求作为考量因素之一，环境法可以要求人们在遵循自然界客观规律的基础上、在可持续发展原则的指导下、在环境承载范围内活动，而人与生态环境的自然关系本质上还是得依靠人与人之间的环境关系来解决。无论环境法调整方法在道德伦理上的旨趣如何，其法律性一定是其首要的、最主要的前提。

四、"特殊方法说"对环境法调整方法的无价值

环境法之所以产生，根本原因在于传统法律部门无力调整环境社会关系，对环境公共利益的保护具有极大局限性，环境法的特殊性决定了环境法调整方法的特殊性，目前环境法学者大多承认环境法调整方法的特殊性，但对为何特殊有不同见解。

有学者认为，环境法调整方法的特殊性在于环境标准、环境技术性准则、污染物排放的总量控制、排污收费、缴纳生态补偿

---

❶ 2005 年 6 月，美国夏威夷州州长琳达·林格尔签署一项法令，允许宠物继承主人的遗产，提出该法案的艾米丽·加德纳律师说："我查阅了美国各州的相关法律之后，竟发现已有 20 个州都有宠物可以继承遗产的规定。夏威夷州为什么不能这么做呢？而现在大家的愿望终于实现了。"该法令还规定法庭在保证宠物的生活费、健康开支等必需花销的前提下，有权根据实际需要减少宠物可使用的遗产金额。

费等方法的运用，这是环境法实现其目标所不可缺少的，也是其他部门法所不具备的。❶ 显然，这里混淆了环境法的技术性标准、规范在环境法调整机制方面与环境法调整方法的区别，国家制定的标准和收费依据等，在对法律关系的调整上仍然属于管理者与被管理者之间的环境行政管理法律关系的范畴，是环境法行政调整方法的具体运作形式，调整方法上的展开不能作为论证环境法调整方法独特性的依据。也有学者认为，行政法律方法和民事法律方法的广泛应用并不能否认各法律部门有特有的调整方法，全球性环保任务对法律调整在各个领域的渗透就是生态法在两种传统的法律调整方法之外特有的生态化方法，即将环境利用行为生态化的调整方法。❷

还有学者从生态化调整方法是环境法特有的调整方法出发，进而认为生态化的调整方法就是环境法调整人与自然关系的方法。❸ 对于上述观点提到的生态化调整方法，有学者归纳了六大具体内容，❹

---

❶ 常纪文、王宗廷主编《环境法学》，中国方正出版社，2003，第48页。

❷ 弗·弗·彼德罗夫和布·弗·叶罗费耶夫认为，生态法作为俄罗斯联邦法律体系中的一个独立的法律部门，不仅具有单独的调整对象，而且具有自己特殊的调整方法，这种调整方法绝不是各法律部门"共用"或"通用"的调整方法，而是生态法所特有的调整方法。转引自王树义：《俄罗斯生态法》，武汉大学出版社，2001，第45页。

❸ 蔡守秋：《调整论——对主流法理学的反思与补充》，高等教育出版社，2003，第556页。

❹ 生态化调整方法的六大具体内容：将自然生态系统中那些具有重要生态功能和经济意义的自然环境要素与自然资源列为国家法律保护的对象；将对自然资源的利用、保护和环境保护实施监督管理的机构在国家现行立法中确定下来，明确其法律地位；将生态利用人的范围在现行立法中确定下来，明确规定他们的法律地位；将生态利用人进行生态利用活动应当遵守的规则在现行立法中确定下来；将违反生态利用规则所应当承担的法律责任在现行立法中固定下来；实现各法律部门立法的生态化。转引自王树义：《俄罗斯生态法》，武汉大学出版社，2001，第46—49页。

整体来看，所谓生态化的调整方法，不过是通过立法对环境法的主体、监管部门及其权利（力）义务以及环境法的对象等所作的规定，本质上是传统法律调整方法根据生态自然的客观规律，在价值、理念、原则、规则、责任上的"绿化"。按照这种逻辑，在如今新兴科技和互联网迅猛发展的背景下，法律对科学技术的关涉也在法律调整中得到综合体现，能否称科技化的调整方法是科技法独有的调整方法？

以"特殊方法说"论证环境法调整方法既无法揭露环境法调整方法的实质特征，亦不能展现环境法调整方法的核心内容，并无太大价值，对于什么是环境法调整方法还需要作进一步阐述。

五、环境法调整方法的本质内容：行为模式与法律后果

以法律责任为划分标准的民事、行政、刑事法律调整方法，因其外显形式明晰且实践性和操作性强，是最常用的分类方法。❶但问题是，民事责任实现的目的在于补偿，行政责任实现的目的在于强制，刑事责任实现的目的在于惩罚，但法律责任的实现方式并不等同于三种法律责任的形式，实际上，在任何一个部门法体系中，法律责任的实现都会表现为补偿、强制和惩罚。❷环境法律责任既包含民事责任，也有行政责任和刑事责任，甚至还包括政治责任。从责任角度片面理解环境法调整方法忽略了构成环境法调整方法的行为模式要素，一个环境违法行为有可能需要同时承担多种不同性质的法律责任，多种责任之间是轻重衔接的关系，而非不能共存的排斥关系。在环境保护领域，法律调整与传统的惩罚、强制、补偿相比，更重要的是预防环境损害和生态环境修

❶　王树义主编《环境法基本理论研究》，科学出版社，2012，第56页。
❷　曹明德主编《环境与资源保护法》，中国人民大学出版社，2008，第98页。

复，分别对应环境法调整方法的行为模式和法律后果，即在行为模式上以预防为主，在法律后果上以生态修复为主，这是环境法调整方法异于其他法律调整方法的最特殊之处。

"就法律调整方法的内容看，其本质就是法律部门的全部规范中所反映出来的行为模式，是产生该部门法律所调整的特定社会关系的原因，经过归纳、抽象提炼后可反映该法律部门所调整的社会关系的路径和程式。"❶ 所谓环境法调整方法，即环境法调整环境社会关系的方法，实质上是环境法律规范对环境社会关系经过模式化提炼后，以特定程式反映出的对环境权利义务的类型化安排，需要从环境法律规范的逻辑结构出发进行分析。

根据法学基本原理，从规范属性上可以将法律规则和法律原则进行区分，亦可在内容与形式上将法律规则与法律条文相区别。法律调整方法是法律调整的外显形式，具有工具性和应用性，即法律调整方法必须是相对具体的、动态的，是不同规范因素相互作用的结果，应当从法律规则严密的逻辑结构中归纳出法律调整的方法。法律规则的逻辑结构有"三要素说""二要素说""新三要素说""新二要素说"之分，❷ 有学者从三要素说出发，认为假定明确了法律调整社会关系的范围，处理和法律后果为法律的调整方法，❸ 也有学者支持二要素说，认为法律调整方法所涵摄的主要是处理和制裁。❹ 本书赞同"新三要素说"，即法律"以行为模

❶ 徐澜波：《论宏观调控法的调整方法——从经济法的调整方法切入》，《法学》2020 年第 7 期。

❷ 雷磊：《法律规则的逻辑结构》，《法学研究》2013 年第 1 期。

❸ 刘鹏：《论经济关系的法律调整方法》，《湖南农业大学学报（社会科学版）》2004 年第 4 期。

❹ 徐澜波：《论宏观调控法的调整方法——从经济法的调整方法切入》，《法学》2020 年第 7 期。

式为逻辑结构核心"，❶ 通过授予法律主体权利，为主体设定法律
义务来调整人们的行为。"假定"要素虽然能够独立存在，但对于
法律调整方法而言，仅提供了法律适用的条件，构成对准用对象
的筛选，对法律调整方法并不起实质性的制约作用。环境法律规
则中的行为模式和法律后果共同构成了环境法调整方法的结构性
内容，包括义务性规范、禁止性规范、允许性规范对环境行为的
模式化抽象概括及其招致的法律后果。这种观点较其他研究路径
更能体现环境法调整方法的本质特征和内容，也更符合法学理论
的规范性要求。据此，环境法调整方法是由行为模式和法律后果
共同构成的规范结构，其在事前预防、事中管控、事后救济的适
用中寻求对环境利益的协调方式。

除此之外，环境法律调整的目的也是决定环境法调整方法的
重要因素。法律目的有"一元论""二元论""多元论"之分，在
环境保护领域，环境法律一元目的论认为环境法的目的是保护和
改善环境、保护人群健康；二元目的论指在一元目的的基础上，
环境法还应当有保障经济社会可持续发展的目的。法律目的不仅
是对特定时代国家治理任务的具象表达，更是国家意志的集中体
现，经历了从理念共识到价值选择再到目的形成的过程。"理念"
"价值""目的"同属于主观意识范畴，"理念"指"一种理想的、
永恒的、精神性的普遍范型"，❷ 与观念相关联，是思维活动的结
果，观念上升到理性高度时即为理念。"如果我们把注意力从事物
的表象转向事物的理念（真正的本体），我们就能认识真理"，❸ 理

❶　赵树坤、张晗：《法律规则逻辑结构理论的变迁及反思》，《法制与社会发展》
　　2020 年第 1 期。
❷　《中国大百科全书·哲学》，中国大百科全书出版社，1987，第 465 页。
❸　［英］韦恩·莫里森：《法理学——从古希腊到后现代》，李桂林等译，武汉大学
　　出版社，2003，第 35 页。

念是对思维形象的抽象概括。在康德哲学中，理念被视为理性所产生的概念，"理念虽不能用范畴加以规定，却是理性必须设定的理想，是一种原理的能力，原理是终极的，而不依赖于其他命题"。❶ 史尚宽先生认为，"法律之理念，谓'法律应如何'，而法律理念与法律目的的区别则在于'法律之理念，为法律的目的及手段之指导原则'"。❷ "法律理念就是对法律的本质及其发展规律的一种宏观的、整体的理性认知、把握和建构"。❸ 法律理念是所有法律活动的根本所在，也是推动法律进化和文明进步的精神信仰。"价值"推演自"理念"，离开了理念就无所谓价值，如果说理念是最普遍的认知共识，那么价值就是个体追求理性的聚合性范畴。德国哲学家施莱尔马赫价值论所讨论的价值以个人目标与普遍目的为媒介，指出理性对自然所采取的措施，在自然完全成为理性的体现与象征后，当个体性与普遍性趋于平衡时，才能达成最高价值。不同的价值之间有时会有高低之分，在价值出现冲突时，需要对各种价值进行选择和整合，"我们成为价值判断的主体之际，也就是我们成为对个别价值自由选择立场的主体之际"。❹ 价值追求只有通过法律的制度化才能具有实效，法律的稳定性、普适性、规范性和可操作性是保障价值观念现实化的工具和载体。"法律价值是指同时体现主体的主观需求与法律客观属性的价值名

---

❶ 李双元：《法律理念的内涵与功能初探》，《湖南师范大学社会科学学报》1997 年第 4 期。

❷ 史尚宽：《法律之理念与经验主义法学之综合》，载刁荣华主编《中西法律思想论集》，台湾汉林出版社，1984，第 260 页。

❸ 李霞：《法律理念：法律的社会化进路》，《齐鲁学刊》2005 年第 3 期。

❹ 李凯尔特的价值系统的基础是客观世界与价值世界的划分在意义实现的世界中融合。[德] 彼得·昆兹曼、[德] 法兰兹－彼得·布卡特、[德] 法兰兹·魏德曼、[德] 阿克瑟·维斯：《哲学百科》，黄添盛译，广西人民出版社，2011，第 175 页。

目体系的有机整体"。❶ 法律价值体系中通过主观过滤形成的价值目标即为法律目的，"社会成员为了自身的原因，来实现某些合理的目标，或者来理性地实现某些价值，而正因为这些价值的原因，他们才有理由在一个社会中彼此合作"。❷ 人们对价值的权衡和甄别往往有所侧重，具有明确的指向性，由此形成的价值目标就体现为目的，目的是对价值的进一步筛选，以形成人之行为的具体指引，体现着人们为使价值实现而欲达成的某种追求。"法律目的是主体在特定的法律理念的指导下，根据其对特定的法律部门和法律规范的功能需求，从可供选择的法律价值名目体系中，为特定的法律部门和法律规范所选择并设定的价值目标"。❸ 立法目的直接源于人的法律需要，每条法律规则的产生都源于一种目的，即一种事实上的动机，哲学目的论经由神学目的论、本体目的论、认识目的论向实践目的论发展，❹ 与理念、价值不同，"目的"具有未来面向，为"发生"指明方向，理念和价值以认识和解释为基础，目的不是对本体之认识，而是从实践中的"实在"出发，是想达到、欲追求的期望和企图。因此，目的不是被设立的，而是目的设立了一切，耶林的名言"目的是全部法律的创造者"，也是从这个意义上出发的。

　　环境法律调整主体力求通过法律达成或实现的目的，就决定了他对方法的设置、选择和使用。以《中华人民共和国环境保护法》为例，从 1979 年、1989 年到 2014 年，法律调整目的各不相

❶ 竺效：《〈环境保护法〉修改中的法律目的条款探究》，《河南大学学报（社会科学版）》2005 年第 3 期。

❷ [荷] 鲍琳·韦斯特曼：《法律手段和法律目的》，赵波译，《学习与探索》2006 年第 3 期。

❸ 竺效：《论经济法之法律目的》，《西南政法大学学报》2002 年第 3 期。

❹ 曾明生：《西方法哲学中的目的论探析》，《江西社会科学》2007 年第 2 期。

同，环境保护方面的目的从"保证在社会主义现代化建设中，合理地利用自然环境"到"为保护和改善生活环境与生态环境"再到"为保护和改善环境"；在污染防治方面，从"防治环境污染和生态破坏"到"防治污染和其他公害"；在环境权益保障方面，从"为人民造成清洁适宜的生活和劳动环境，保护人民健康"到"保障人体健康"再到"保障公众健康"；在保障经济发展方面，从"促进经济发展"到"促进社会主义现代化建设的发展"再到"促进经济社会可持续发展"。不同的环境法目的从根本上决定了国家在不同历史时期着重使用的环境法调整方法存在差异，环境法调整方法也必然随着环境法律调整目的的变化而变化，其根源就是国家对保护环境在理念和价值层面的认识不断深化。

第二节　从环境法传统调整方法
到环境法现代调整机制

只有在环境法律调整的意义框架中，才有讨论由环境法调整方法向环境法调整机制进阶的余地。"法律调整机制的概念，是从法律调整的概念中派生出来的"。[1] 环境法调整机制是环境法律调整的技术性派生概念，可以作广义的环境法调整方法理解，此时"环境法律调整的方法"既可以解释为传统意义上的环境法调整方法，也可以解释为本书所指称的环境法调整机制。环境法调整方法始终以"行为模式—法律后果"的内部规范视角为起点，研究环境法律调整的具体作用手段、方式；而环境法调整机制是对环

---

[1]　[苏] C. C. 阿列克谢耶夫：《法的一般理论》（下册），黄良平、丁文琪译，法律出版社，1988，第 371 页。

境法律调整活动的系统性概括，描述的是环境法律对社会生活施加法律影响、对其对象进行调整的整体系统运作过程，内容更加丰富，理论触地更为广泛。因此，我们说环境法调整方法是传统的，而环境法调整机制是现代的。

一、环境法传统调整方法的线性演化的局限

将环境法调整方法分为民事调整方法、行政调整方法或强制指令方法、授权任意方法、引导激励方法都能从不同层面说明环境法律调整对环境社会关系发挥作用的形式，但无论是哪种认识角度，环境法调整方法的演化和发展都只能是线性的，这是由环境法调整方法的理论特质所决定的，也是环境法传统调整方法之为"传统"的根本原因。

"方法"本身内含了一种静止力，具有被动特性。如果没有主体有意识地使用，"方法"就会因缺少推动力而流于静止，任何能够起作用的方法，都始于方法使用者出于特定目的的运用。因此在形式上，环境法调整方法由静态到动态的过程，依赖于主体活动，而且需要以主体活动的目的为中介。环境法调整方法的设置必然涉及规范要素的表达，体现对环境法律关系、环境法利益的调整，但这些方面仅在静态层面展现了环境法调整方法的内容，环境法调整方法的动态运作只有与目的相关联才能表现出来，如通过在法律实施环节对环境法调整方法有意识地使用，才能使国家意图达到的环境法目的具有秩序指向性。严格来讲，环境法调整方法的动态运作只能说明它的运行形式，而不能构成环境法调整方法本身的内容，主体意图使用此种方法而不用彼种方法，或者准备同时使用多种方法时，方法始终处于被选择的地位，环境法调整方法只需要提供对权利（权力）和义务关系的模式化安排

即完成了使命，环境法调整方法自身无法关照环境法律的实施或实现，更不能统摄环境法律秩序。我们不能说法律设置的某种环境法调整方法表达了法律实施的真义，包含了法律秩序的内容，而只有全部环境法调整方法体系化的动态运作才能被赋予此种意涵，这恰恰是环境法调整机制之所指。

正因为环境法调整方法的静止倾向，所以可以散见于不同环境法律规范中，或分散在同一环境法律规范的不同环境法律制度当中，而无法从整体上联结整个环境法律调整活动，与环境法调整机制相比解释力较弱，故谓之为"传统"。

一方面，各种环境法调整方法之间并不存在相互依存的关系，每种方法都是独立存在的，分别具有不同的运作逻辑和功用。环境行政调整方法不会因为环境民事调整方法的缺失而无法发挥作用，引导激励性调整方法也不会因为强制指令性调整方法的存在而丧失其本身的价值。另一方面，动态运作的环境法调整方法虽然能够贯穿整个环境法的调整过程，但即便同是对环境法调整方法的使用，主体和对象的不同也会使同一种环境法调整方法以不同形式呈现。

环境法传统调整方法的静止性、被动性和分散性与环境法是传统的还是现代的无关，属于环境法调整方法的内在缺陷，从根本上决定了环境法调整方法线性演化的特征。而这种内在缺陷也决定了环境法传统调整方法对社会发展等外部影响的弱敏感性，环境法传统调整方法只着眼于微观层面的技术性和工具性，对环境法律调整综合系统的运作过程回应有限。自环境法出现以来，行政强制就一直占据主导，即便经济发展观念和社会环保理念已经出现巨大转变，平权式环境法调整方法的体量依然十分有限，所谓新的环境法调整方法不过只是在原有调整方法基础上的变形或对不同调整方法的综合使用，环境法调整方法的演进最终只能走向条块化的线性增加，难以在理论上解释近年来环境法迅猛发展的客观实际。因此，必须寻求更为系统的学理表达——环境法现代调整机制。

二、环境法现代调整机制的系统性优势

根据《法律辞海》的定义，"法律调整机制"又称"法律机制"，指的是法律规范从形成、实施到产生调整社会关系效果的整个运行过程的综合原理，以动态视角从法律各个方面的联系考察法律对社会关系的调整及其运行过程。[1]这里的法律调整机制不仅包含法律规范的形成，还包括法律实施、法律实效，从上述定义中就能看出法律调整机制的特性，即联系性、动态性、有序性、综合性。但是"法律机制"是否能与"法律调整机制"等同值得商榷。

与"方法"不同，"机制"本身是一个动态的概念，不仅指某一研究对象的具体构造及其组成部分之间的相互关系和作用过程，如协作机制、管理机制，也指某一机体的运作原理、功能、规律等，如市场机制、竞争机制等。而法律对社会的影响往往是通过调整一定的社会关系来实现的，法律调整本身也是一个动态的、有机联系的过程，只有在调整的基础上，法律整体才能正常运转，机制与法律的结合在这个意义上，法律机制才特指法律的调整机制。但是法律机制更关注法律作用的广泛性、法律运行的整体性以及法律功能的发挥、法律效力的实现等问题。法律调整机制强调法律的运作过程和机制中的各个要素以及各要素之间的相互联系。一方面，机制的效果和功能必须依靠机制的整体运行来表达，

---

[1]　王启富、陶髦主编《法律辞海》，吉林人民出版社，1998，第 1063—1064 页。

另一方面，机制的性质和发展规律需要借助机制内部要素及其内在联系来考察。显然，与环境法调整方法相比，环境法调整机制对事实世界受制于环境法律调整的解释力更强，也更加全面、系统。

苏联法学家 C. C. 阿列克谢耶夫在《法的一般理论》（上册）中指出："某一法律体系的诸因素，是在法律调整中、在法律调整的机制中实际显示出来的。"❶ 法律调整属于现象性和职能性概念，是上层建筑的范畴，与法律调整机制相比更侧重价值性。阿列克谢耶夫认为在定义"法律调整"时，必须将其与"法律作用"作一区分，法律作用的概念更为广泛、更注重应然性，揭示的是法对社会生活产生影响的各种形式和各个方面，法律作用有时带有法律调整的痕迹，但往往作为法律作用的某些影响因素对法律调整来说并不具有特殊性或者不能为法律调整所涵摄（如教育因素的影响），法律调整更加强调作为制度化规范的法对社会生活所实现的特殊作用，以此区别于道德等其他调整。因此，他认为："法律调整，是按照经济基础的要求、按照某一社会制度的社会需要，为了调整、保护、发展社会关系，运用一系列法律手段（法律规范、法律关系、个别性规定等）对社会关系所施加的有成效的、规范性、组织性作用。"❷

《法的一般理论》（下册）专设一篇研究法律调整机制，指出："法律调整机制最一般的定义可以是：用来保证对社会关系实现有效法律影响的各种法律手段的统一体系。"❸ 阿列克谢耶夫将法律调整机制，即法起作用的工具性机制，分为三种：专门法律的机

---

❶ ［苏］C. C. 阿列克谢耶夫：《法的一般理论》（上册），黄良平、丁文琪译，法律出版社，1988，第 300 页。

❷ ［苏］C. C. 阿列克谢耶夫：《法的一般理论》（上册），黄良平、丁文琪译，法律出版社，1988，第 300 页。

❸ ［苏］C. C. 阿列克谢耶夫：《法的一般理论》（下册），黄良平、丁文琪译，法律出版社，1988，第 371 页。

制、心理机制、社会机制，❶ 我国也有学者持类似观点。❷

　　国内对法律调整和法律调整机制的研究大多集中于法理学领域，如王天木、吕世伦、公丕祥、宋瑞兰、范健、谢晖等，❸ 均从某种程度上揭示了法律调整、法律调整机制的本质，诸观点在论述上虽有些许差异，但大多殊途同归。最具代表性的是公丕祥对法律调整机制的认识，他认为："法律调整机制，简言之，是指调整在社会活动中所形成的社会关系的各种法律手段或方式、阶段的总和，是运用各种法律手段调整社会关系的有机过程。"❹

　　环境法学界近 20 年前，就有对于环境法调整机制的专门论述。如 2002 年黄开智就指出，环境法调整机制作为环境法律调整的目的和手段的桥梁，是环境法调整利益关系的一系列过程。❺ 到 2003

---

❶　[苏] C. C. 阿列克谢耶夫：《法的一般理论》（下册），黄良平、丁文琪译，法律出版社，1988，第 373 页。

❷　如宋瑞兰、魏清沂、成红和张辉认为法律调整不是只靠专门法律机制就能完成的过程，只有综合运用法律调整的专门法律机制和法律调整的社会机制、心理机制，才能更好地完成法律调整过程，实现法对社会的调整职能。社会机制从法、法的运作与社会环境的联系分析法律调整系统，而心理机制从三个层次（自觉遵守、被动遵守、国家强制）影响着法律的调整。宋瑞兰：《论法律调整机制》，《法律科学（西北政法学院学报）》1998 年第 5 期。魏清沂：《试论法律调整机制》，《甘肃政法学院学报》1997 年第 1 期。成红、张辉：《论循环经济法律调整机制》，《社会科学》2006 年第 4 期。

❸　王天木主编《法理学》，中国政法大学出版社，1992，第 181—182 页。吕世伦、公丕祥：《现代理论法学原理》，黑龙江美术出版社，2018，第 151、178 页。《现代理论法学原理》有三个版本，最早一版于 1996 年由安徽大学出版社出版，但对该定义并无修正。且该定义与公丕祥所撰专门文章中的论述一致，公丕祥：《法律调整》，《江海学刊》1989 年第 1 期。宋瑞兰：《论法律调整机制》，《法律科学（西北政法学院学报）》1998 年第 5 期。范健：《论法律调整机制》，《南京大学学报》1987 年第 4 期。谢晖：《论法律调整》，《山东大学学报（哲学社会科学版）》2003 年第 5 期。谢晖：《法学范畴的矛盾辨思》，法律出版社，2017，第 250、256 页。

❹　吕世伦、公丕祥：《现代理论法学原理》，黑龙江美术出版社，2018，第 178 页。

❺　黄开智：《环境法律调整机制初探》，载《适应市场机制的环境法制建设问题研究——2002 年中国环境资源法学研讨会论文集》（上册）。

年，蔡守秋教授在《调整论——对主流法理学的反思与补充》中从组织制度角度出发，将环境法调整机制分为行政调整机制、市场调整机制、社会调整机制，又从克服外部不经济性出发具体论述了四种调整机制。❶ 自他提出环境法的调整机制包括行政调整机制、市场调整机制和社会调整机制之后，学界基本都是援用该观点、遵循该种路径进行研究。❷ 但这种观点及其论证方式并未遵循

---

❶ 四种调整人与自然的关系和人与人的关系的方法和机制包括：第一，直接的市场交易形式，通过产权界定和交易使外部性内在化，即通过市场机制和制度克服或降低外部不经济性；第二，企业内部交易形式，通过兼并使原来的外部性成为联合企业的内在成本，即通过企业机制克服或降低外部不经济性；第三，通过公共财政支出的形式，通过共有财产、公共品的方式克服市场失灵以降低个别厂商和个人面临的外部性，即通过政府经济政策克服或降低外部不经济性；第四，通过国家立法禁止、限制和控制，即通过环境资源法律机制和制度克服或降低外部不经济性。蔡守秋：《调整论——对主流法理学的反思与补充》，高等教育出版社，2003，第542—545页。

❷ 丁霖从环境法律规范中归纳总结了国家调整机制、市场调整机制和社会调整机制的实践表现，并对各种机制进一步作了细致详尽的划分。丁霖：《论环境法典化背景下环境法调整范围的再次厘定——以法律调整机制为视角》，《中国地质大学学报（社会科学版）》2020年第2期。刘耀辉认为环境法调整机制的变革即政府环境义务在性质上、内容上和履行方式上的嬗变。刘耀辉、龚向和：《环境法调整机制变革中之政府环境义务嬗变》，《法学杂志》2011年第5期。钭晓东认为环境法的调整机制即利益调整机制，目前面临市场与政府"双重失灵"的问题，"以末端应对为中心、以命令控制为中心、以制定法为中心、以利益限制为中心、以个体主义方法论为中心"的"五大思维倾向"是其中的主要症结，而以"民立、民意、民智、民富、民用"为核心的民本思想将为环境法调整机制运行中"五大思维倾向"的突破提供指引，为环境法调整机制实现多中心变革开拓路径，从而促进环境法调整机制"从单一政府定位→多元社会选择"的改良，推动"自上而下"与"自下而上"的互动，实现环境治理的"从统治→治理→善治"的转型。钭晓东：《环境法调整机制运行双重失灵的主要症结》，《河北学刊》2010年第6期。钭晓东：《民本视域下环境法调整机制的变革——温州模式内在动力的新解读》2010年版。Tou Xiaodong, Guimei S. Citizen-Oriented Reforms of Environmental Law's Working Mechanism. *China Legal Science*. 2013, pp. 52–75.

法学研究的基本理路，不是严格的法律的调整机制。❶ 也就是说，依据当代社会组织制度的形成逻辑来划分环境法的调整机制，脱离了法律的规范性，既不具有环境法的特殊性，也未能反映环境法调整机制这个命题本身的价值。无论环境法调整机制中的市场调整机制、社会调整机制的内容是市场性的还是社会性的，法律性一定是其首要的特征，即认识到政治、经济系统和法律系统以及法律系统与社会系统的不同运作逻辑。对某一概念的使用和推崇不应使每种合乎逻辑的联系都成为确定概念的依据，从而使原本就宽泛的概念丧失了原本的法学内涵，而需要让环境法调整机制重新回归法律调整机制的逻辑体系之中。但是如果把本属于法律调整机制的内容与之并列，如将行政调整机制、经济调整机制与法律调整机制并列，就会给人以这些内容不属于法律范畴的错觉，也是不可取的。

　　所谓环境法现代调整机制，简单来讲，就是环境法对其所调整的对象施加全部法律影响的环节和要素的有机统一。具体而言，环境法调整机制，是国家制定或认可的环境法律规范，从规范创制阶段起，为实现环境法律秩序，利用各种环境法调整方法（手段）对其所调整的环境社会关系施加全部法律影响的系统过程，其不仅将环境法律实在的各种现象集合起来加以描绘，而且以系统化的形态说明环境法律调整的效果和功能，从而揭示某种环境法律现象在环境法律体系中发挥的特定职能及其与其他环境法律现象之间的联系。

<hr />

❶　蔡守秋：《第三种调整机制——从环境资源保护和环境资源法角度进行研究》（上）、（下），《中国发展》2004 年第 1 期、第 2 期。文章从当代社会形成的不同特征的组织制度出发，详细论证了行政调整机制、市场调整机制和社会调整机制的形成过程，并延伸到环境法领域。

环境法律调整是人类有目的、有意识的调整活动，借助于动态的机制范畴体系，可以把环境法律调整的各个方面以概括的形式，用合乎逻辑的统一链条，反映于作为环境法律调整方法的环境法调整机制当中，使环境法律调整过程中内含的价值目标得以实现。因此，环境法调整机制是环境法律调整所含价值目标得以实现的技术性作用装置，是"为什么"和"怎么做"的概念，解释环境法如何调整其所能够调整的对象，进而讨论怎么做才能使事实世界更好地为环境法所调整。而且环境法调整机制建立在各要素之间、要素与整体之间、整体与环境之间的有机联系的基础之上，以环境社会关系为调整对象，并随着社会生活的变化而变化，环境法律关系的发展和扩充会使环境法对现实社会的调整逐步更新，从而引起环境法调整机制的变革，实现从一种动态平衡到达另一种动态平衡。

三、环境法现代调整机制产生于各传统调整方法的动态运作

环境法调整机制要描述的是一个由行为引起的环境社会事实在人与人之间形成了环境社会关系，经过环境法调整机制这个"装置"的"黑箱运作"后，产生特定的、为人们所追求的理想环境法律秩序，从而达到环境法律调整目的的过程。其中的"黑箱运作"就是环境法传统调整方法通过一定法律作用直接对环境行为进行调整，使引起环境社会关系的社会事实转化为法律事实，再借由法律事实所承担的权利行使或义务履行任务对环境法律关系进行符合秩序目的的间接调整。如果说环境法律调整是环境法现代调整机制的表达内核，那么环境法传统调整方法就是环境法现代调整机制的外显方式。

环境法传统调整方法对行为进行调整所形成的行为模式并不

是行为本身，而是经过抽象的法律公式，被规定于义务性规范、授权性规范和禁止性规范当中，以允许和禁止的方式为人们设定肯定式和否定式的法律后果，每一套行为模式和法律后果构成一种基本调整方法，实现对环境社会关系的调整。苏联法学家弗拉基米尔·拉普捷夫将法律调整方法分为强制性指令方法（包括命令和禁止的方法）、自主决策方法（包括协商方法和认可方法）、建议方法。❶ 其中，强制性指令方法来源于义务性规范和禁止性规范，自主决策方法来源于授权性规范，建议方法来源于宣示提倡性规范，由此，环境法调整方法可分为强制指令方法、授权任意方法、引导激励方法三种。

义务性环境法律规范在环境法中最为常见，但是只有在积极型环境法律关系中，环境义务才会被赋予独立的意义，严格义务才能突破硬性联系与权利人的环境利益直接相关。严格来讲，义务应当是无条件的、严格的，只能依照环境法律的要求或严格命令，并以国家强制手段作为保证，而不是遵循某种规律或习惯。实际上，环境法律中存在着大量的义务性规范，表示的并不是严格意义上的义务，而是合乎法律规定的行为能够满足人们的某种法律期待，或者是这种行为能够在事实累积的层面产生一定的法律后果，需要法律强调该行为的规定性和从事该行为的必要性。因此，环境义务可以分为三种类型：其一，是否履行义务与环境法律后果无关，如公民有积极保护环境的义务，违反该种义务并不产生相应的法律后果。其二，不履行或不完全履行环境义务将产生一定的法律后果，但与国家强制无关，如企业优先使用清洁

---

❶ ［苏］弗拉基米尔·拉普捷夫、吴长福：《经济法的对象和方法》，《经济问题》1985 年第 4 期。吴长福节译自苏联《社会科学》1984 年第 3 期。В. В. 拉普捷夫、赵玉龄：《经济法：方法、目的、原则》，《环球法律评论》1984 年第 6 期。

能源的义务，不遵守此类义务并不意味着产生不利的法律后果，仅代表权利的实现受到妨碍，权利人的利益无法得到满足或无法充分得到满足，环境法律效果受到影响而已，并不具有处罚内容，只有对该项义务的违反进一步发展为违法行为时，环境法才能对其进行否定性评价。其三，不履行或不完全履行环境义务将产生严格的不利法律后果，这种义务属于严格的环境法律义务，也是环境法中占比最大的义务类型，经常与责任相联系，义务的绝对性就体现在这种环境义务当中，法律对严格环境义务提出了最严格的履行和遵守要求。

权利和义务是不容分割的，但权利和义务的具体内容被包含在不同的规范结构中，即授权性规范和禁止性规范。授权性规范与禁止性规范常结合在一起，授权性规范赋予人们作出积极行为的权利，以一般允许的模式允许被授权的权利人完成一定的积极行为，禁止性规范则以一般禁止的模式为义务人设定不为一定行为的义务。授权性规范和禁止性规范中的一般允许与一般禁止是环境法中最基本、最核心的关系状态，包括积极内容的权利和消极内容的义务。积极内容的权利规定在授权性规范当中，表现为"有权""享有……的权利""可以"等规范形式；消极内容的义务规定在禁止性规范当中，以"严禁""禁止""不得"等规范形式表示。除此之外，援引性规则对于正确处理行政处罚和刑罚的关系也有重要意义，如"构成犯罪的，依法追究刑事责任""尚不够刑事处罚的，依法给予行政处分"等。❶

强制指令方法是行使国家权力的结果，当然指涉禁止性规范，以国家强制力为保障，除此之外，还包括第三种义务类型，即与

---

❶ 《中华人民共和国草原法》第 61 条、第 62 条、第 66 条，《中华人民共和国电力法》第 70 条至第 74 条等。

不利法律后果相联系的环境义务性规范。授权任意方法是协调属性的方法，不具有强制控制的性质，是不完全的去权力化的调整方法，有很强的约束弹性，以促进环境社会交往、调节环境利益关系为主旨，具有自愿性、互利性。引导激励方法是鼓励授益性的调整方法，通过获益诱导或提倡鼓励以最小的成本促进环境法律主体积极守法，依赖于自我价值实现的自觉和自律，与肯定性法律后果相关，以物质奖励、精神奖励为表现形式，包括奖金、奖品、晋升、减免税征、表彰嘉奖、荣誉标识等。各种调整方法具有不同的调整功能，环境法调整方法对对象的有机调整过程共同构成环境法调整机制，但是环境法调整机制并不是环境法调整方法的简单相加，各种环境法调整方法之间的协调和配合使环境法调整机制在功能上"整体大于部分之和"。

从环境法现代调整机制的外部实现来看，环境法现代调整机制是通过环境法传统调整方法对外表现的，几乎所有在环境法律调整过程中起作用的调整工具都涵括在环境法现代调整机制当中，"法律调整机制是通过法律手段予以实施并发挥作用的。法律手段是构成法律调整机制的'建筑材料'。没有法律手段，就没有法律系统的运行，从而也就没有法律调整机制"。❶ 可以说，环境法的现代调整机制就是环境法传统调整方法之综合，是由各种环境法传统调整方法所构成的巨系统，是环境法传统调整方法运动的产物。

环境法在长期理论和实践的沉淀中已经发展出了许多新的调整措施，这些措施在调整方法上有可能表现为单一的调整方法，也有可能是多种调整方法的综合运用，这些方法的有机运作共同构成环境法现代调整机制中最基础的制度单元。

---

❶ 宋瑞兰：《论法律调整机制》，《法律科学（西北政法学院学报）》1998 年第 5 期。

第三节　对环境法现代调整机制的基本认识

一、基本要素：环境法律规范、环境法律关系、环境法律秩序

在直接论述法律调整机制的文献资料中，有学者将法律调整机制的要素、部分、环节作同一概念使用，认为从法律调整的过程来看，法律调整的基本要素包括：法律规范的创制、实施法的活动和行为、形成一定的法律关系、法律信息反馈、法律秩序的形成。上述要素反映了法律调整过程的不同发展阶段，并将法律调整机制分为法的创制、法律关系的形成、法律秩序的建立、法律信息的反馈四个环节。❶ 有学者认为，法律调整机制的主要环节包括法律规范的创制活动、法律关系的形成、法律规定的实施活动，还包括连接各个环节的法律信息反馈。❷ 也有学者认为法律调整机制的要素（即环节）包括调整社会关系的法律规范、在调整社会关系中形成的法律关系、法律秩序的建立、法律信息的反馈。❸ 还有学者认为法律调整机制的环节包括法律合理性的设定——法律的创制及法律调整的效力、法律合理性的展开——法律运行及法律调整的实效、法律合理性的个别实现方式——法律关系、法律

---

❶　范健等：《法理学——法的历史、理论与运行》，南京大学出版社，1995，第238—246页。

❷　王天木：《法理学》，中国政法大学出版社，1992，第183—187页。

❸　吕世伦、公丕祥：《现代理论法学原理》，黑龙江美术出版社，2018，第179—184页。

合理性的一般实现方式—法律秩序。❶

　　要素与环节、环节与过程、过程与程序是截然不同的几组概念。要素作为最微观的单元，是阶段或环节的"汇合点"，起连接作用，如果环境法律规范的创制活动和环境法律规范的实施在顺序上是环境法调整机制的两个相邻阶段，那么环境法律规范就可以是连接这两个阶段的要素。环境法现代调整机制的要素是保证环境法现代调整机制能够正常运作的根本，也是环境法这个规范装置的重要组成"部件"。为避免增加问题的复杂性，这里所讨论的要素是指能连接环境法律调整各阶段或环节的最重要要素，这并不是否定其他要素的重要性，而是仅列举了具有结构性联系的最低限度的基本要素，这些要素更能够说明机制的内部构造及其运行原理。

　　（一）首要要素：环境法律规范

　　环境法律规范是沟通法律创制和法律运行的重要因素，只有完成了创制活动，环境法律规范才明确有效，环境法的运行才能启动，因此环境法律规范是环境法现代调整机制的首要要素。

　　环境法作为一个规范体系与事实世界必然存在复杂性落差，虽有一定的呼应关系但并不完全一致。环境法现代调整机制中的环境法律规范是初始要素，这意味着要使事实世界能够被纳入环境法调整机制的装置当中，首先应由环境法甄选需要被调整的事实，被环境法过滤性选择调整的事实就是环境法律事实，其他社会事实及其后续行为则无须或无法由环境法调整，"在这个意义上讲，所谓法律事实其实就是指被装置于法律规范体系，或者被法

---

❶ 谢晖：《法学范畴的矛盾辨思》，法律出版社，2017，第 257—261 页。

律所过滤过的事实"。● 因此，环境法律规范在环境法现代调整机制中首先起到筛选的作用。而有效的环境法律规范是一种应然的法律关系状态，其还具有一定的秩序指向性（见图 1.1）。

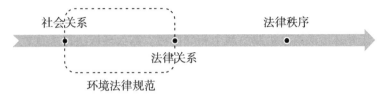

图 1.1 环境法律规范要素的作用

环境法律事实中的心理事实导向最一般化的社会共识，当一种社会共识被认为具有法律意义时，体现为心理事实的环境法律事实就一定处于围绕主体展开的关系体系语境当中。主体的心理事实以主体的交往活动为前提，其不仅具有自由属性，还需要符合普遍的社会共识。当主体与客体间的关系事实以某种时代价值为指引投射进主体的交往中时，环境法就会根据主体新的环境需要及其与客体的关系来界定环境权利（权力）和义务，由此使环境交往关系具有法律上的可调整性。如果环境主体与客体间的单纯关系事实对其他环境主体或者生态环境不产生任何影响，环境法则无用武之地。由此，环境法律调整通过环境法律规范实现阶段性过渡，以环境法律关系的形成和保障为桥梁，从规范创制阶段进入实施阶段。

（二）核心要素：环境法律关系

法律调整机制中的法律关系是使法律规范转换到个别化联系的手段，法律调整机制中的法律关系具有三种基本职能：确定法律规范对人起作用的主体范围；规范人们应该做的或可能做的具

● 谢晖：《论法律调整》，《山东大学学报（哲学社会科学版）》2003 年第 5 期。

体行为；为权利和义务的法律作用提供保证性的条件。❶ 一般认为，法律关系是根据法律规范产生的、以法律权利和法律义务为内容的、由国家强制力保障实施的人与人之间的社会关系。综合各路学者的观点，法律关系按照不同的标准可以分为基本法律关系与普通法律关系、调整性法律关系与创设性法律关系、纵向法律关系与横向法律关系、双边法律关系与多边法律关系、第一性法律关系与第二性法律关系，❷ 以及一般法律关系与具体法律关系、抽象法律关系与具体法律关系、相对的法律关系与绝对的法律关系、调整性法律关系与保护性法律关系、积极的法律关系与消极的法律关系、平等的法律关系与隶属的法律关系、原生法律关系与派生法律关系等。❸

　　为方便描绘环境法律关系的特殊性，本书对法律关系的分类如下：按权利和义务主体是否特定可以将环境法律关系分为绝对法律关系和相对法律关系；按环境法律规范对环境法律关系作用的基本方式可以将环境法律关系分为调整性法律关系和保护性法律关系；按环境法律赖以存在的环境法律规范种类可以将环境法律关系分为积极型法律关系和消极型法律关系。

　　如果说环境法律规范构成环境法律调整的根据，那么环境法律关系的作用就是把环境法律规范的具体要求在人们的行为中加以贯彻和体现。环境法律关系是环境法律规范作用于社会生活的

❶　［苏］C. C. 阿列克谢耶夫：《法的一般理论》（下册），黄良平、丁文琪译，法律出版社，1991，第461—462页。
❷　张文显主编《法理学》（第五版），高等教育出版社，2018，第153—154页。
❸　王天木主编《法理学》，中国政法大学出版社，1992，第213—214页。沈宗灵主编《法理学》（第四版），北京大学出版社，2014，第326—327页。范健主编《法理学——法的历史、理论与运行》，南京大学出版社，1995，第346—348页。周永坤：《法理学——全球视野》，法律出版社，2010，第118页。吕世伦、公丕祥：《现代理论法学原理》，黑龙江美术出版社，2018，第320—323页。

具体过程，能够作为衡量主体行为的具体尺度。环境法律关系作为法律关系的一种，具有以下特征：

首先，环境法律关系是人与人之间特殊的社会关系。环境法律关系具有社会性、意志性、权利与义务一致性。社会性是指环境法律关系受社会生活条件的制约；意志性是指环境法律关系不仅是国家意志的体现，也是当事人意志的体现；一致性是指权利和义务是相互统一的一对范畴，有权利必有义务，赋予一个人权利，必然意味着另一个人有与之相对应的义务。

其次，环境法律关系是根据环境法律规范产生的法律关系。环境法律规范是形成环境法律关系的依据，环境法律关系是根据环境法律规范产生的权利和义务关系，这体现了环境法律关系的法律性。该属性似乎是不言自明的，但这里的法律性主要指环境法律关系是受国家强制力保证的、具有法律强制性的社会关系。上文提到，环境法律规范对社会生活中的社会关系具有筛选作用，经过法律调整后的社会关系才是法律关系，所有环境法律关系都需要由环境法律规范预先规定一种具体的生活情况，能够纳入环境法调整框架的环境法律事实才能在环境法调整机制中发挥作用。

最后，环境法律关系与环境法律规范都以权利和义务为基本内容，差别就在于环境法律关系是现实的、实际存在的法律联系。这里用"法律联系"是正确的，因为存在一种特殊情况，即环境法律规范在设定了一种权利和义务模式后，存在可能发生但尚未发生的环境法上的权利和义务关系，需要根据环境法（适用法的过程）先创设一个事实关系，将该事实根据环境法解释为法律事实之后才能形成以权利和义务为内容的环境法律关系（如环境税，原理同破产法律关系一致）。即便在该种情形中，法律事实仍然是连接环境法律规范和环境法律关系的关键。

(三) 目的性要素：环境法律秩序

有学者对关于法律秩序的不同观点作了较为全面而细致的归纳总结：（1）"静态规则说"，将规则作为常量，把法律秩序抽象为法律规范或制度，代表人物有亚里士多德、博登海默、凯尔森、庞德等，但只限于描述强制规范的逻辑正确和建构意义上的理性。（2）韦伯、哈耶克的观点属于"动态规则说"，强调规则对法律秩序的动态完善，但却忽视了秩序的实现过程。（3）尚巴、C. 雅维茨的观点属于"调整状态结果说"，这种观点在我国较为普遍，认为法律秩序是法律规则在调整人的行为基础上形成的最终状态或结果，注重法律实施之实然效果而忽视了应然秩序。（4）李晓安等所持的"秩序结构说"注重对社会结构的重塑，强调秩序建构和形式合理而忽视了主体人的作用。❶

本书基本支持"调整状态结果说"，但需要在此基础上，以法律规范结构的正当性和现代秩序的价值诉求补强应然的秩序样态。因此，本书的基本观点是，环境法律秩序应当包括应然秩序和实然秩序两个部分，应然秩序是在认知共识和反思理性的作用下，法律规范应当具有的价值指向，是反映特定目标的环境法秩序；实然秩序是在规则化、模式化行为支配下的和谐有序的生活状态，是实现了的环境法律秩序。

将环境法律秩序视为环境法现代调整机制的要素，旨在说明环境法现代调整机制的秩序功能，即增进社会共同体个人自由、维护环境正义、降低个体环境行为的外在成本、维护民主政治、促进经济实现绿色发展。❷ 在社会生活中，法律秩序是最稳定的规

---

❶ 李晓安、杨宏舟：《寻找法律秩序正当性基础——和谐社会的法律供给》，《政治与法律》2006 年第 3 期。

❷ 于华江：《现代法律秩序的功能评述》，《法学》1995 年第 11 期。

则性秩序，法律调整的目的就是形成一定的法律秩序，"法律秩序是法律调整下的人类社会的条理化状态，也是法律规范下的主体生活模式，它是任何人类社会法律所共同追求的目的"。❶ 以环境法实现对社会关系的调整，最终预防或消除无序的状态是环境法的基本功用，环境法律秩序以规范准则的方式为社会生活中的人类活动提供了明确的行为预期，降低了人们的交往成本，提高了行动效率，既能够有效避免错误行为出现，也能反映不同主体的环境诉求，促进整体环境利益的最大化。如果环境法律秩序能够最终形成，生态环境秩序也能得到保障，这是环境法现代调整机制的终极价值追求。

环境法现代调整机制运作的终点就是环境法律秩序的形成，如何形成稳定的、合理的环境法律秩序？要回答这个问题，就需要重新回到环境法律关系的问题中去。"在一定意义上，法律秩序就是各种法律关系的总和"，❷ 无论是实然秩序还是应然秩序，环境法律关系首先是一种社会关系，在行为博弈和实践经验中被维持、延续，一种生活化的秩序状态开始生长，当能够促成这种秩序的环境行为模式在生活中获得正当性时（正当性的获得源自生活中人们自生自发的内心遵守，获得正当性的外在表现是被环境法规定或被国家认可），就会形成具有普遍一致性的环境法律关系，衍生出"权利—义务"的理性构造，而这种构造服务于环境法律秩序的形成，包括应然秩序的建构和实然秩序的实现。因此，环境法律关系是环境法现代调整机制的核心要素，而环境法律秩序是其目的性要素（见图1.2）。

---

❶ 谢晖：《社会有序：法律调整的正当目的》，《比较法研究》2000年第4期。
❷ 张文显主编《法理学》（第五版），高等教育出版社，2018，第151页。

图1.2　环境法调整机制中的要素

过去的神治、人治都能生成特定的秩序，且在当时的时代背景下具有正当性，选择法治就是选择了一种秩序，❶ 但即便同样是法律秩序也具有极强的差异性，选择怎样的发展道路就是选择了怎样的秩序模式，也就是选择了环境法现代调整机制的运转模式，正是因为环境法现代调整机制以环境法律秩序为目的要素，我们才能说环境法调整机制是"现代"的。

二、运行环节：规范创制机制、规范实施机制、监督保障机制

法律调整机制是由各个环节构成的，各环节的有机统一构成法律调整机制整体，在这个意义上，"环节"与"阶段"同义。法律作为规范文本，对社会交往主体产生规范作用的具体过程是通过法律调整所表达的内在机制完成的。❷ 环境法律调整是一个持续的动态过程，这个过程的连续性由许多阶段保证，过程是环节的集合，许多环节有机地构成了环境法律调整的整个过程。

环境法现代调整机制是在现代环境法治发展中逐步产生和形成的，构建环境法的现代调整机制必须以环境法治的逻辑着力推进，如果只关注环境法现代调整机制这样的宏观论断，脱离了环

---

❶　李晓安、杨宏舟：《寻找法律秩序正当性基础——和谐社会的法律供给》，《政治与法律》2006 年第 3 期。

❷　黄捷：《法律调整行为的内在机制》，《法商研究（中南政法学院学报）》1996 年第 2 期。

境法律规范的创制、实施和监督保障,就无法区分环境法的传统调整方法与现代调整机制。

(一)环境法的现代规范创制机制是环境法现代调整机制的首要环节

严格来讲,法律创制活动本身是指在法律调整过程开始之前就已经开展的国家权力性活动。但这里所指的环境法现代调整机制中的规范创制机制,并不是在法的形成意义上讨论环境法的设立、修改和废止或者立法机关的法律创制活动,也不是在程序意义上讨论环境法律草案的制定、审议和颁布过程,而是将环境法律规范创制机制视为环境法律现代调整过程的一部分,把它作为可以纳入环境法现代调整机制当中的环节或要素,考察规范创制机制中对环境法起作用的过程发挥影响的部分。也就是说,环境法的现代规范创制机制研究的是,环境法作为环境法律调整的前提和基础,其中的权利和义务关系体系在环境法律调整时反映出的法律现实的规范结构和力图型构的秩序目标,以及对整个环境法现代调整机制的性质、过程、效果产生的关键性影响。这种影响并不止于静态状态的作用发挥,因此,环境法的现代规范创制机制还涉及环境法律规范在实施过程和监督保障中体现出来的自我调整与自我更新,而这一过程又离不开以特定时代的社会价值为指引。

(二)环境法的现代规范实施机制是环境法现代调整机制的中间环节

法律一经制定并生效,就会对社会生活发挥各种各样的影响,将法律规范以各种形式运用到社会生活中的过程即为法的实施,法律通过法的遵守、法的执行、法的适用得到实现。对法律规范的实施主要是指国家机关积极实现法的组织活动，通过个别性的国家权力调整使法律对社会关系发生作用的过程得到保证。与法律规范的创制不同，法律规范的实施机制本身就处于法律的调整过程之中。国家行政机关和司法机关依据职权与程序适用环境法律规范的活动是对公民环境行为根据法律在事实上进行规范的有力补充，以国家权力机关为主体的环境法律规范适用活动是为了保证达到环境法律调整的目的，对环境社会关系进行个别性调整的过程，主要包括环境行政执法过程中对环境法律规范的执行和环境司法活动对环境法律规范的适用。

（三）环境法的现代监督保障机制是环境法现代调整机制的最后环节

环境法的现代监督保障囊括了环境法律监督和环境法律保障双重意涵，是与规范实施机制联系最密切的下游环节，具有回溯法律实施过程的功效。现代监督保障机制一方面能够保证环境法调整机制整体向着现代环境秩序的方向稳步前进，另一方面能够回溯规范实施机制的运作效果，保证环境法律实施的公正、高效，推动规范创制机制的更新与完善，起到促进环境法律规范进行适应性调适的作用。由于环境法律的实施既可能出现正效应，也可能产生负效应，为了使实施机制能够指向正向后果，体现现代环境法的立法宗旨，形成环境法所预设的环境权利和环境义务状态，实现特定的环境法律秩序的目的，就必须以监督保障机制指示环境法的现代实施机制的运行，保障实施机制正确、有效地执行环境法律规范，达到环境法的创制目的，以社会生活中环境权利和义务的落实实现抽象意义上的环境法，保证环境法律规范由应然向实然转化，保证整个环境法调整机制的运作不偏离环境法律秩序目标。

　　要使环境法有效地调整社会关系，就必须以环境法的现代监督保障机制导向环境法调整机制整体及其各个环节的运行，监督保障机制既是保证环境法目的实现、环境法律秩序生成之要旨，也是整个环境法调整机制运作所倚重的关键。

第二章

环境法传统调整方法的现代困境

　　环境法的传统调整方法与传统落后的社会发展实际相互"成就"，旧有的客观条件和固有的僵化思维使环境法中的非理性因素走向绝对化。现代认识深化、价值转型以及生产生活方式的转变，对环境法传统调整方法产生了巨大冲击，以单一片面性、消极事后性为主要特征的环境法传统调整方法陷入了现代困境。对环境法的传统调整方法需要进行辩证分析，研究传统与现代的裂隙是为了重新重视并审视环境法律调整的相关问题，以摆脱环境法传统调整方法中的现代困境为目的，归纳分析最突出的矛盾、最明显的失范现象，将之从环境法传统调整方法的裹挟中剥离，才能为机制的形成打下基础。

第一节　环境法传统调整方法的内容过于单一

一、命令控制主导的行为模式

工业革命降低了人类对生态环境的依赖程度，同时也造就了人类的"自负"心理，在"成功"的硕果面前，生态环境的"牺牲"显得微不足道。煤炭、石油工业的迅速发展使污染源增多，污染范围不断扩大，公害事件层出不穷，因污染发病死亡的人数越来越多，放射性污染、有机氯化物污染将环境污染危机推向更加复杂多样的境地，环境污染由初期局部的小范围污染发展至区域性、多要素污染。为有效应对环境污染，权威行政组织的干预成为必然。

行政干预与以行政强制为主的调整方法是完全不同的两个概念。行政干预以国家权力为基础，通过层级式的行政机构采取各种形式的国家命令来解决特定领域出现的社会问题。庞德认为社会控制的主要手段包括道德、宗教和法律，在近代社会，法律是最重要的社会控制手段，"社会控制首先是国家的职能，并通过法律来行使。它的最后效力依赖于专为这一目的而设立或遴选的团体、机构和官员所行使的强力。它主要通过法律发生作用，这就是说，通过被任命的代理人系统地和有秩序地使用强力"❶。通过有秩序地、系统地使用强力来调整关系和安排行为，主要依靠的

---

❶ ［美］罗斯科·庞德：《通过法律的社会控制》，沈宗灵译，商务印书馆，2010，第 11 页。

就是法律对政治组织社会的强力依赖。❶ 在 16 世纪以后，西方社会政治组织在事实上就保持着一种对强力的垄断，"所有其他社会控制的手段被认为只能行使从属于法律并在法律确定范围内的纪律性权力"。❷ 而今，依托国家法律或政策处理环境问题不仅是一国的必然选择，且十分有效。

我国的环境保护工作基本与世界同步，1972 年我国派代表出席人类环境会议，时任国家环保局局长曲格平作为参会代表说道："尽管污染正在中国急剧蔓延，'但我们并无觉察，即或有点觉察，也认为是微不足道的'，甚至认为它是资本主义才有的'制度公害'然而，会议见闻令原本为'斗争'而去的代表们感到震惊：'通过对照分析，使我猛然间看到了中国环境问题的严重性，中国城市和江河污染的程度不亚于西方国家，而自然破坏的程度却远在西方国家之上。'"❸ 周恩来在听取了代表团的汇报后，立即组织了第一次全国环境保护会议，受国际环境保护风潮的影响，我国开始对新的环境领域出现的重大问题予以重视，犹如大梦初醒，我国逐步加强环境法治。

与其他国家应对环境问题的措施相比，由于体制的差异，在国家主治的制度惯性下，我国并未经历社会调整和市场调整不能的时期，始终以行政强制调整为主。这是由环境问题本身的特质和社会发展现实共同决定的，行政手段对公共领域的问题具有天然的调整力上的优势，自由主义经济发展带来的环境负外部性，

---

❶ ［美］罗斯科·庞德：《通过法律的社会控制》，沈宗灵译，商务印书馆，2010，第 9 页。

❷ ［美］罗斯科·庞德：《通过法律的社会控制》，沈宗灵译，商务印书馆，2010，第 11 页。

❸ 张玉林：《危机、危机意识与共识——"雾霾"笼罩下的中国环境问题》，《浙江社会科学》2014 年第 1 期。

必然会催化国家在环境保护领域的角色成长，而以命令管控为中心。在法律社会化阶段的发展趋势中，对于像自然环境一类的公共物品，"人们倾向于认为或经由立法规定它们为国家所有，或更为准确地说，人们倾向于认为或经由立法规定它们为社会资产——它们既不能为私人所占用也不能为私人所拥有，除非那些保护社会利益（即使用和保存自然资源中的那种社会利益）的规定允许私人如此行事"。❶ 当涉及社会公共利益的环境问题无法通过其他手段予以有效解决时，依靠行政强制力的法律调整就成为必然。

环境法律、政策较其他调整手段而言更能够统合最普遍的环境利益，将不同主体间相互交往的共同需求外在化，以强制性效力规范对环境行为提出模式化要求。政府是社会公益的维护机关，政府的组建本来就在于对国家之根本问题的维系，以行政主导的方式解决环境问题也是对环境公共利益最有力的保障形式，环境问题带来的潜伏性危险也能够通过强制性的政府干预有效降低长期权重，克服时间贴现的问题。正因如此，我国环境管理体制长期以来采取集中调整的模式，在环境法调整方法上主要依赖单向度的管理与被管理的命令控制性调整，环境行政调整或称强制指令性调整方法的地位是不容撼动的。根据动力学原理，物体的运动方向总是与力大的一方保持一致，以命令控制为主的环境法调整方法成为不少学者将环境法定性为行政属性的法的证据之一。

但环境法传统调整方法在行为模式的静态设置上大大偏离了规范意义上的均衡性和适度性的要求。所谓均衡是指各种调整方法的平均性，只有各种调整方法相互均衡才能产生平衡力，进而达到一种稳定的调整状态。强制指令性调整方法的重要地位决定

---

❶ ［美］罗斯科·庞德：《法理学（第一卷）》，邓正来译，中国政法大学出版社，2004，第 461 页。

了环境法调整方法在均衡性要求上不可能与其他调整方法完全对称、等量，但至少应当符合布局上的均衡性，即实现各种调整方法在诸领域上的均衡分布与延展。一方面，环境法调整方法应当在领域分布上实现均衡，各种调整方法在同一环境领域或不同环境领域中均得以共存，不可偏废；另一方面，各种环境法调整方法应当具有相同的发展条件和发展可能性。

受早期诸如"经济靠市场，环保靠政府"❶ 等观点的影响，我国环境法传统调整方法过于倚重命令控制式的单一管制模式，在政府主治的思维定式下，环境问题完全依赖于自上而下的立法予以解决，形成了政府强制性、习惯性行为模式，严重挤占了环境法其他调整手段的成长空间，在污染防治领域尤为典型。1984 年《中华人民共和国水污染防治法》通篇均有"应当""禁止""不得"等字样，丝毫不见"鼓励""提倡"等激励性条款，仅在第 5 条规定了一切单位和个人的监督检举权与受损赔偿请求权。授权任意性规范和引导激励性规范的严重缺失加剧了环境法调整方法在分布上的非均衡，更遑论其他调整方法综合发展的可能。1982 年《中华人民共和国海洋环境保护法》亦是如此。由此种单一环境法传统调整方法动态运作形成的环境法调整机制也必然深受桎梏，导致社会环保积极性严重不足，环境治理效果大打折扣。

此外，以命令控制为主导的环境法传统调整方法也违背了适度性要求。我国有些地方环境治理实效不佳一度被认为是因环境行政机关执法权力过小而影响了环境管理的效果，因此这些地方不断强化政府权力，特别是通过立法赋予环境主管部门更多的监管权能和处罚权限，环境行政管理逐渐以权力为本位，重企业环

---

❶　陈仁、朴光洙：《环境执法基础》，法律出版社，1997，第 9 页。

境义务、轻政府环境义务，重加强政府权力、轻追究政府责任。强制指令性调整方法的线性增长突破了质与量的统一，超"量"发展的行政调整方法不容易保持其自身"质"的特性，即对权力的过分推崇会相应地带来集权的后果，出现以经验代替理性的现象，从而产生集体非理性的结局，环境法治就会走向危机应对式的形式主义，环境行政权威遭遇挑战，环境法现代调整机制的正常运作难以得到保证。

二、对环境违法行为的处罚力度不大

对环境违法行为的处罚涉及环境违法行为和否定性环境法律后果两个要素，环境法传统调整方法在处罚力度方面表现出的局限性，首先需要归咎于落后的环境法律规范。受制于主观认知上的不足，人们过去对环境危害行为与后果的因果关系认识并不充分；客观上，环境要素的多样性、自然环境的复杂性以及环境问题的潜伏性，使得行为和结果之间的关系很难被发现。发生在日本熊本的水俣病被认为是人类史上最恐怖的公害病，据《水俣病裁判》介绍，日本一家 1908 年建立的氮肥厂持续向水俣湾直接排污，早在 1926 年，水俣湾渔民就因污水致鱼虾减产、死亡而集体投诉水俣氮肥厂，氮肥厂以一次性支付赔偿金的方式解决了渔民捕获量受损的问题，并继续扩大规模和产量。从当地动物、居民病发到流行病学研究调查期间，患者都以流行病为由被隔离。直到 1963 年熊本大学水俣病研究组宣布水俣病致病因素为氮肥公司排放废水中的有机汞，日本政府才承认该结论。

法律对某一环境违法行为设定否定性法律后果时，除了与人们的认识相关之外，还受社会经济发展客观条件的约束。环境法传统调整方法对环境违法行为的处罚多以罚款为主，以现在的视角回看当时对罚款数额的设定，当然不具适应性，但若固定时间剖面就能较为合理地揭示环境法传统调整方法在处罚力度上的疲软无力。以 2000 年为例，从国家统计局公布的数据来看，仅小型工业企业的实收资本一项就可达 11 530.92 亿元，小型工业企业单位数为 141 161 个，❶ 简单计算后可知，即便是小型工业企业，在 2000 年度平均可用来抵御风险的资金超过 800 万元。而 2000 年《中华人民共和国大气污染防治法》的最高罚款金额以 20 万元为限，对超标排污行为的处罚上限仅为 10 万元，对造成大气污染事故的企事业单位最高处罚不得超过 50 万元。可以看到，除了引致条款中停止侵害、赔偿损失、承担刑事责任等处罚以外，环境法实在难以对环境违法行为人起到威慑作用。某些处罚措施可能于当时可以起到一定效果，但当法律的预见性与滞后性之间的裂隙过大时，对环境违法行为的处罚措施就会因严重落后于快速发展的社会实际而流于形式。

　　从动态视角来观察行政机关对环境法传统调整方法的适用，对环境违法行为的处罚可以被分解为对环境违法行为的识别和对否定性环境法律后果的具体运用。首先，某些地方的行政机关对环境违法行为的处罚态度并不坚决，社会经济发展和地方财政收入往往需要仰仗本地企业经济效益，或睁一只眼闭一只眼而不予处罚，或在处罚弹性空间内象征性地处罚，直接导致环境行政监管松弛，企业环境违法成本低。其次，过去这些地方的环境行政主管部门并无实权，处罚行为需要其他有相应处罚权的机关予以配合，如报有权人民政府批准或申请法院强制执行，但是由于"不能因环境保护阻碍经济发展"的观点持续占据上风，❷ 部门利

---

❶　数据来源：国家统计局，https://data.stats.gov.cn/easyquery.htm?cn=C01。

❷　汪劲：《环保法治三十年：我们成功了吗》，北京大学出版社，2011，第 11 页。

益竞争激烈，许多政府部门不满于环境行政权力的扩张，对环境保护工作的态度普遍比较消极。最后，因这些地方专门的环境行政管理机关独立较晚，环境行政管理体制设置尚不科学，环境法律实施的配套制度供给严重不足，环境行政执法人员专业素质不高，环境行政执法能力普遍较低，故对环境违法行为的处置往往并不恰当。

诸多因素导致这些地方的环境法传统调整方法指向问题解决的手段的准确性和针对性不足，致使环境行政监管"有心无力"、环境法律制度"有口无牙"，环境污染和生态破坏行为不能得到有效纠正、环境治理实效不明显、生态环境状况未见明显好转。环境处罚对环境违法行为的处罚力度不大，对违法行为人就难以起到震慑效果，在这些地方，环境法传统调整方法并不能充分发挥其本身的效用。

三、肯定性环境法律后果不足

不再用"制裁"片面限缩法律后果的内涵已成为学界共识。用否定方式运用国家权力，环境行为则受否定性环境法律后果的约束，违背环境法律规范设定的行为模式，行为人需要承受不利的法律后果，包括惩罚性后果、干涉性后果（对行为或权利的行使施加限制）、权利状态恢复性后果等。用肯定方式运用国家权力，环境行为符合行为模式的要求，行为人将受到肯定性环境法律后果的保护、确认、奖励等。

不涉及权利义务关系调节的一般道义行为或日常行为不产生肯定性法律后果，肯定性法律后果针对的是合法的、符合行为模式构造和法律要求或期望的行为，对行为有正向的激励作用，是法律对具有法律意义的合法行为作出的积极回应。肯定性法律后果还可分为一般的肯定性法律后果和褒奖性法律后果，作为或不作为都可能产生一般的肯定性法律后果，不作为如行为人对禁止性规范、义务性规范的遵守，法律对这种合法状态予以保障或默许，只是不再额外规定特定后果，对有必要为法律所保护或确认的合法行为均可产生一般的肯定性法律后果。而褒奖性法律后果只能由作为行为产生，在程度上超出了一般的肯定性法律后果的保护和确认，对特别有益于社会的合法行为予以额外的物质或精神奖励，行为的社会有益性与法律后果相一致，具有必然性、相当性和程序性。❶

　　环境法传统调整方法在肯定性法律后果方面的缺陷主要体现为对褒奖性法律后果的规定不足。1982 年《中华人民共和国海洋环境保护法》全文未有涉及褒奖性法律后果的条款，1999 年《中华人民共和国海洋环境保护法》第 28 条增加了鼓励发展生态渔业和推广渔业生产方式的相关规定，但并无其他对奖励的规定；1984 年和 1996 年的《中华人民共和国水污染防治法》均未规定褒奖性法律后果，直到 2008 年法律修订时才添加相关内容。但并不是所有环境法律都忽视了褒奖性法律后果，实际上我国早在 1979 年制定的《中华人民共和国环境保护法》（试行）和《中华人民共和国森林法》（试行）中就为"奖励和惩罚"设置了专章，《中华人民共和国森林法》（试行）第 35、36 条甚至详细规定了对有 8 种先进事迹的单位和 6 种先进事迹的个人给予物质或精神奖励。但在后续修法过程中由于"奖励和惩罚"为"法律责任"所取代，一方面可被褒奖的事项被"鼓励""提倡"等事项分解，另一方面对于

---

❶ 李林：《试论合法行为》，《法学研究》1987 年第 4 期。

精神或物质奖励的行为模式被大大压缩，程度也被"成绩显著"笼统涵括。

更有意思的是，1989 年《中华人民共和国大气污染防治法》第 8 条明确规定了对防治污染、保护和改善大气环境成绩显著的单位与个人给予奖励，到了 2015 年修订法律时却将该条删除，仅对举报环境违法行为的举报人给予奖励。另外，各环境法律规范对于奖励性条款的规范表述也不尽相同，给予奖励的主体包括"国家""政府""人民政府""各级人民政府""县以上人民政府""县以上人民政府及其有关主管部门""环境保护主管部门/生态环境主管部门和其他负有大气环境保护监督管理职责的部门"；奖励形式包括"奖励""表扬和奖励""表彰和奖励""按照国家规定给予表彰和奖励"；受到奖励的主体包括"单位和个人""组织和个人"。

褒奖性环境法律后果与特别有益于社会的环境法律行为具有对应性，对在个人环境权益的实现、社会环境公共利益的促进、生态环境的保护和改善三方面有重大贡献或有显著成绩的行为主体给予物质或精神奖励，与罪刑相适应一样，具有相当性。无论是对个人、企业还是对政府部门及其公务人员而言，环境法都必须兼具奖赏与惩罚的功能，加强行为模式与法律后果之间的必然性联系，才能调动所有环境法律主体的积极性，强化合法行为的合法性。肯定性环境法律后果作为指导人们行为的积极手段，长期以来并未得到足够重视，有时肯定性环境法律后果暗含于授权性法律规范之中，也会隐匿在法律原则当中，成为不言自明的道理，"论功行赏"自然就被逐渐削弱了，对于环境法调整方法而言，这无疑是一种偏废。又因为缺乏统一的、成体系的具体规定，

"有功不奖"或"无功受禄"就将褒奖性环境法律后果缺乏细化内容和程序设计的弊端暴露无遗。

第二节　环境法传统调整方法的功能欠佳

一、环境法目的出现偏差：环境保护让位于经济发展

在某些地方我国环境法传统调整方法具有极大的时代局限性，在环境法律规范的创制活动中表现得尤为明显。在这些地方，过去环境保护并未受到足够重视，具有很强的经济附属性，"不能牺牲发展搞环保"的观点长期占据主流。

在特殊的历史背景下，我国经历了漫长的社会动荡时期，对现代环境问题并不敏感。中华人民共和国成立初期，百废待兴，中国社会在各方面处于重建阶段，中华人民共和国第一个五年计划力求迅速实现工业化，《中华人民共和国矿业暂行条例》（1950）首先出台，❶ 矿产资源的探采被提升到十分重要的位置。随后，国家颁布《国家建设征用土地办法》（1953）和《中华人民共和国水土保持暂行纲要》（1957），当时我国与环境保护工作相关的内容无一不是为了社会发展和经济建设服务的。我国经济发展

---

❶ 1950 年新中国（政务院）颁布了《中华人民共和国矿业暂行条例》，该条例共 5 章 34 条，具体分为总则、整理旧矿区、探采新矿区、探矿及采矿人的责任、不适用于外资关系的矿等五章。主要规定了新旧矿区的探采以及探矿及采矿人的法律责任，具体制度大体继承了 1930 年颁布的《中华民国矿业法》，在社会主义改造完成之前允许私人取得矿（业）权，但明确禁止矿（业）权自由转让。实行计划经济后，矿产资源才归国家所有，于是 1956 年出台的《矿产资源保护试行条例》取消了私有制，也不允许通过市场交易。

逐渐步入正轨，但计划经济留下了高度集中的政治和经济体制深深的烙印，中国的环境问题迅速地由发生期上升至爆发期，❶ 面对局部出现的环境问题，我国的环境保护工作以代办式的非专职机构组织开展，且环境管理工作限于"三废治理"❷。1979 年《中华人民共和国环境保护法》（试行）第二条将"促进经济发展"列为环境保护法的任务，20 世纪 80 年代初，国家鼓励塑料等包装制品、纸浆、皮革制品、电镀工艺等产业或项目的发展，导致"十五小"泛滥成灾，"白色污染"现象严重。有学者统计，当时全国因环境污染造成的经济损失约占国民生产总值的 6.75%，因生态破坏造成的经济损失占 8.9%，❸ 环境保护与经济发展的冲突不断升级。

二、被调整的环境社会关系范围狭窄：传统环境法律调整的片面性

环境法传统调整方法所调整的环境社会关系范围狭窄，有明显的片面性：片面强调污染防治，忽视生态保护；片面注重保护生态环境的经济价值，忽视自然环境的生态价值；只注重城市环境污染问题，忽视农村环境污染；只关注短期利益、当下利益，

---

❶ 当时中国的环境问题已经非常严重。如 20 世纪 60 年代的汾河污染事件；官厅水库受污染的鱼导致部分北京居民中毒住院；松花江两岸出现了"水俣病"；大连湾的滩涂养殖遭到毁灭性打击；上海的苏州河污染和贵阳的砷污染及其所导致的后果，相关信息似乎也没有汇聚到高层。张玉林：《危机、危机意识与共识——"雾霾"笼罩下的中国环境问题》，《浙江社会科学》2014 年第 1 期。

❷ "三废治理"是针对废水、废气、废渣的治理。1957 年国务院第三、四办公室出台《注意处理工矿企业排出有毒废气、废水的通知》，1960 年中共中央、原建筑工程部联合颁布《关于工业废水危害情况和加强处理利用的报告》。

❸ 陈劲锋：《建国以来中国环境影响因素演变的历史分析（上）》，《科技促进发展》2010 年第 3 期。

忽视未来利益、长远利益。

第一，落后的经济发展状况决定了我国"先污染后治理"的道路。传统环境法律制度以污染防治为主体，虽然自第一部《中华人民共和国水污染防治法》开始就有相关制度的雏形，从"三废治理"到"污染法"体系的形成，对环境标准制度、污染物排放标准制度、环境影响评价制度、"三同时"制度、排污费制度、限期治理制度等都有相关规定，但当时的社会背景使得环境保护措施治理的主要对象局限于大型国有企业，环境污染立法重治理而轻预防。随着经济体制的转变，环境法制也在变革中不断丰富和完善，受可持续发展理念的影响，我国经济增长方式发生改变，但由于环境保护工作仍然让步于经济发展，环境保护被视为保护生产力、实现发展的手段，"边污染边治理"色彩依然浓重，治理环境污染的总体思路仍以末端应对为主。

第二，生态保护领域的制度措施，多为对自然资源权属的规定以及对自然资源开发利用行为的监管制度，重开发利用、轻生态保护的特征彰显。环境问题具有复合性，往往由多类原因行为诱发，既体现为次生环境问题与原生环境问题的复合，也体现为环境污染与生态破坏的复合。由于缺乏对环境问题深层机理的剖析和认识，环境法传统调整方法对环境问题的潜伏性、系统性关照不足。洪灾、旱灾、泥石流、地面沉降等看似是自然因素造成的原生环境问题，实则无一不与人类行为引起的森林草场退化、土地沙漠化、地下水减少等现象有关。水污染行为看似是仅对水体环境产生损害的行为，但环境要素的流动性和整体性会将污染带至河岸、底土、其他河流、湖泊或海洋，对沿岸植被、土壤、水体生物、地下水、饮水安全甚至由于挥发效应对大气都会产生危害后果；因工业排污产生的酸雨、温室气体等最终将随着自然循环产生全球性环境问题，环境污染行为往往会对生态功能造成不同程度的影响，片面注重调整因环境污染引起的环境社会关系，从长期来看必然导致生态功能下降。

第三，环境法传统调整方法重在调整因单一自然要素的开发利用行为而引起的环境社会关系，这割裂了自然环境的经济属性和生态属性，对整体生态环境的修复、保护和保育以及灾害防治的联动性关涉较少。单一环境要素被污染、被破坏，相关环境要素均会因此受到损害，而且环境污染和生态破坏影响的不仅是某一个区域的当下环境利益，损害的也不只是某些特定人群的人身和财产利益，而是由局部行为引起的，或由单个行为累积引发的整体性环境利益的损害。自环境问题由点至面、由区域至全球扩散以来，环境法传统调整方法在单一问题领域、针对单一环境要素、就单一环节治理的片面处理方式已经过时。

第四，环境法传统调整方法的调整对象以发生在城市的环境社会关系为主，只注重对城市环境问题的局部保护，忽视了对农村环境问题的关注。我国的城乡发展不平衡使城乡环境利益迥异，城市劳动力集中，工业化水平高，环境问题更加严重，相应地，城市环境保护意识更强，科技发展速度快，因为城市凝聚了大量的经济资源和政策支持。乡镇企业的迅速发展使环境问题由原来工业集中的城市逐渐向农村地区扩展，全国范围内的环境污染加剧，生态继续恶化。农村较城市而言处于弱势，发展能力不足，农村环境随之不断恶化，农民的生存发展状况堪忧，大量农村劳动力向城市转移。于形式上，农村环境问题未受到与城市环境问题同等关注；于实质上，城市享受了环境收益，农村承受了环境负担，农村环境利益并未受到倾斜保护。

第五，环境法传统调整方法对环境社会关系的调整缺乏对代际利益的平衡，只重视对眼前环境利益的保护，权利义务安排并不涉及未来或后代人的环境利益。前代人过度消耗资源和破坏地球承载能力的行为已经对当代人的生存和发展产生影响，在国际气候谈判中，发达国家被要求为前代人的行为负责，承担更多减排义务，那么，在当代人与后代人的关系中，当代人也应有义务在享有收益的同时承担对后代人的环境责任，如此才能使前代人和当代人、当代人和后代人的关系保持逻辑一致。我国历史遗留的环境问题多，却未能以解决这些遗留问题为工作重点，对长远利益的认识过于滞后。可持续发展原则要求当代人不能损害后代人满足其需要的能力，发展中国家过去并未超前消耗生态资源，享有的生态红利不如发达国家丰厚，当代的环境利益又要部分让渡给后代，在科技、人才等方面落后的情况下，发展中国家能够获取的环境利益更是处于弱势地位。在此种背景下，我国的环境保护策略本需要在国际合作的基础上，以发展与保护双管齐下的路径推动社会可持续发展，但在某些地方，环境法传统调整方法在人才保障、科技创新以及国际环境协议的国内转化方面的作用十分有限，既有的环境法传统调整对可持续发展理念的贯彻也并不彻底，只能单纯以牺牲环境利益的方式实现经济的快速发展。

三、环境法律调整效果不显著：传统环境法律秩序的失序倾向

根据苏联学者雅维茨的观点，法律秩序就是法律规范和法制实现的结果，❶ 从环境法的实践方面看，实现了的环境法即为环境

---

❶ ［苏］雅维茨：《法的一般理论——哲学和社会问题》，朱景文译，辽宁人民出版社，1986，第 203 页。

法律秩序，环境法律调整的效果就体现为实然的环境法律秩序状态。

首先，环境法律规范是环境法律秩序形成的前提，但传统调整方法中的环境法律规范没有对应当调整的环境社会关系进行调整，在调整既有的环境社会关系时还因价值理念存在偏差而明显失当。一方面，由于环境法律规范并无整合性，环境法律关系的秩序化状态难以形成，环境法律秩序丧失了基础，环境法律的调整作用不能充分发挥；另一方面，环境法保护和改善生态环境的目的难以实现，生态环境的整体形势不容乐观。《中国环境状况公报》显示，直到 2013 年，全国生态环境保护形势依然严峻，水环境质量、空气质量、土壤环境质量不容乐观，区域性退化问题较为严重，❶ 甚至到 2014 年，全国生态环境质量总体上仍然"一般"。❷

其次，在环境法律规范由应然秩序向实然秩序转化的过程中，受机构设置、人员素质、社会环境法律文化素养的严重制约，环境法律调整的要求没有被切实有效地转化为现实。取而代之的是全国范围内掀起的一拨又一拨环保风暴，有些地区开展"环保严打"实施"一刀切"，粗暴关停企业，突击式的环保运动开展得如火如荼，中小企业受到重创，民怨沸腾，环境保护成为政府宣扬政绩的重要领域，滋生了许多重形式而轻务实的执法乱象，或以弄虚作假的"标准答案"应付上级，或以急功近利的虚假政绩愚弄大众。

最后，环境社会关系的安定状态屡遭破坏，削弱了人们对环境行为的稳定预期，司法缺位使权利的行使和义务的履行被打上后进的烙印，受损利益无法得到有效的救济。2007 年，贵阳市的

---

❶ 《〈2013 中国环境状况公报〉发布》，《环境保护》2014 年第 11 期。
❷ 《环境保护部发布〈2014 中国环境状况公报〉》，《中国环保产业》2015 年第 6 期。

主要饮用水源——"两湖一库"（红枫湖、百花湖和阿哈水库）水质恶化，饮用水安全面临危机，直接促成了贵阳市中级人民法院环境保护审判庭、清镇市人民法院环境保护法庭的成立，从环保法庭提上议事日程到正式设立，仅仅历时 68 天。太湖被认为是中国污染最严重的三个湖泊之一，江苏的两个环保法庭都设在太湖附近，2007 年太湖蓝藻事件引发的水生态危机受到舆论广泛关注，直接催生了无锡的环保法庭。云南昆明和玉溪环保法庭则是在阳宗海重大砷污染事故的风口浪尖上成立的，后来拟推广建立环保法庭的重点区域的 9 大高原湖泊中，就有 6 个已经被污染。可以说，大多数环保法庭的设置均带有明显的危机应对色彩，应景而生的环保法庭大多存在难以消解的内生性困境。

环境法传统调整方法导致环境立法滞后、环境行政具有应激性、环境司法具有危机应对性，显然无法以现代法治的方式塑造秩序目标，不仅在对环境社会关系的直接法律作用上内聚力弱，而且在与其他社会因素的相互影响上也难尽其力，整个社会的失序倾向明显。"政府越位、错位，市场价格扭曲，环境真实成本难以内部化"，● 林权、水权、排污权、用能权和碳排放权等产权交易市场相互割裂，加之财政、税收、金融、价格等政策不到位，无法从经济活动源头对生态环保形成持续激励，生态公共产品的有效供给匮乏，"绿色福利"不能转化成让人民群众长久受益的"发展红利"。企业经济发展与人们生存生活的矛盾难以调和，环境问题上升为影响社会基本稳定的因素，公众环境诉求的表达形式越发激烈，环境群体性事件频发。而且自 1978 年"十六字"方针确立以来，立法、执法、司法就成为法治发展的三大支柱，守

● 董战峰等：《"绿水青山就是金山银山"理论实践模式与路径探析》，《中国环境管理》2020 年第 5 期。

法问题受到的关注并不多，即便有，也常被划至对内在因素、心理动因的研究。在重视污染防治的阶段，环境法治发展尚未成熟，守法主体局限于生产经营者，企业不违法排污即符合当时环境守法的内容；在关注环境质量的阶段，主体扩展至环境行政主管机关，限权思维下的政府守法成为环境守法的主要内容，守法主体并不具有普遍性，全民守法意识淡薄且自觉性差，环境保护的社会基础薄弱。环境法传统调整方法与自觉有序、秩序有条不紊的状态相去甚远。

第三节　分散的环境法传统调整 方法易使环境法治不彰

一、环境法律规范创制欠缺立法理性

我国环境法律法规的制定和修改，总体上以环境保护综合法规为中心，以自然资源领域立法和污染防治领域立法为主轴渐次展开，但传统环境立法较为零散，环境法制沿单线性趋势发展（见表2.1）。

从表2.1中能更直观地看出环境法律规范创制的非逻辑性及其频繁的修订、修正情况。1984年《中华人民共和国水污染防治法》出台，次年《中华人民共和国草原法》颁布，1987年《中华人民共和国大气污染防治法》出台，次年《中华人民共和国水法》颁布。《中华人民共和国固体废物污染环境防治法》《中华人民共和国野生动物保护法》的修正、修订次数高达5次。

表 2.1　我国环境法及其相关法律法规制定修改情况汇总

序号	名称	制定时间（年）	修订时间（年）	修订次数	备注
1	环境保护法	1979（试行）、1989	2014 修订	1	
2	森林法	1979（试行）、1984	1998 修正、2009 修订、2019 修订	3	细则失效、条例 2018
3	海洋环境保护法	1982	1999 修订、2013 修正、2016 修正、2017 修正、2023 修订	5	
4	水污染防治法	1984	1996 修正、2008 修正、2017 修正	3	细则失效
5	草原法	1985	2002 修正、2009 修正、2013 修正、2021 修正	4	
6	矿产资源法	1986	1996 修正、2009 修正、2024 修订	3	实施细则 1994
7	土地管理法	1986	1988 修正、1998 修订、2004 修正、2019 修订	4	实施条例 2021
8	渔业法	1986	2000 修正、2004 修正、2009 修正、2013 修正	4	实施细则 2020
9	大气污染防治法	1987	1995 修订、2000 修正、2015 修订、2018 修正	4	细则失效
10	水法	1988	2002 修订、2009 修正、2016 修正	3	
11	野生动物保护法	1988	2004 修正、2009 修正、2016 修订、2018 修正、2022 修订	5	
12	标准化法	1988	2017 修订	1	实施条例 1990
13	水土保持法	1991	2009 修正、2010 修订	2	实施条例 2011
14	农业法	1993	2002 修正、2009 修正、2012 修正	3	
15	农业技术推广法	1993	2012 修订、2024 修正	2	

续表

序号	名称	制定时间（年）	修订时间（年）	修订次数	备注
16	固体废物污染环境防治法	1995	2004 修订、2013 修正、2015 修正、2016 修正、2020 修订	5	
17	电力法	1995	2009 修正、2015 修正、2018 修正	3	
18	环境噪声污染防治法	1996	2018 修正、2021 修订	2	
19	煤炭法	1996	2009 修正、2011 修正、2013 修正、2016 修正	4	
20	防洪法	1997	2009 修正、2015 修正、2016 修正	3	
21	防震减灾法	1997	2008 修订	1	
22	节约能源法	1997	2007 修订、2016 修正、2018 修正	3	办法 2021
23	动物防疫法	1997	2007 修订、2013 修正、2015 修正、2021 修订	4	
24	气象法	1999	2009 修正、2014 修正、2016 修正	3	
25	种子法	2000	2004 修正、2013 修正、2015 修订	3	
26	防沙治沙法	2001	2018 修正	1	
27	海域管理使用法	2001	—	0	
28	清洁生产促进法	2002	2012 修正	1	
29	环境影响评价法	2002	2016 修正、2018 修正	2	

续表

序号	名称	制定时间（年）	修订时间（年）	修订次数	备注
30	放射性污染防治法	2003	—	0	
31	可再生能源法	2005	2009 修正	1	
32	畜牧法	2005	2015 修正，2022 修订	2	
33	城乡规划法	2007	2015 修正，2019 修正	2	
34	突发事件应对法	2007	2024 修订	1	
35	循环经济促进法	2008	2018 修正	1	
36	海岛保护法	2009	—	0	
37	石油天然气管道保护法	2010	—	0	
38	深海海底区域资源勘探开发法	2016	—	0	
39	环境保护税法	2016	2018 修正	1	实施条例 2017
40	核安全法	2017	—	0	
41	耕地占用税法	2018	—	0	
42	土壤污染防治法	2018	—	0	
43	资源税法	2019	—	0	

续表

序号	名称	制定时间（年）	修订时间（年）	修订次数	备注
44	长江保护法	2020	—	0	
45	生物安全法	2020	2024 修正	1	
46	反食品浪费法	2021	—	0	
47	湿地保护法	2021	—	0	
48	黄河保护法	2022	—	0	
49	黑土地保护法	2022	—	0	
50	粮食安全保障法	2023	—	0	
51	青藏高原生态保护法	2023	—	0	
52	能源法	2024	—	0	

注：本表所说法律全部使用全部省略"中华人民共和国"字样的法律简称。

从环境法律规范出台的先后次序来看，不同环境法律规范之间并无成体系的逻辑关联，既非按照环境保护领域的立法，亦非按照生态自然单元的立法。此种无规律的"补缺"式立法，从根源上看，是法律创制与法律实施之间逻辑关系颠倒所致，欠缺立法理性，环境法律制度的渐进演变过程被压缩，对环境立法事实的规范性论证被消减。立法以实践指向的功利主义为指引无可厚非，但若只是为了应对实践中已经出现的环境问题采取应急式立法策略，单纯确保环境治理"有法可依"，则与现代价值观严重背离。

"现代是立法理性的时代，也是对秩序的他者即不确定性、模棱两可、不合逻辑的事物等矛盾性进行同化、驱逐或消灭的时代"。❶ 非理性的立法进路亦对社会秩序形成冲击，一方面体现为无规律的环境立法打破了人们对即将出台的法律的预期，另一方面则体现为频繁的立法、修法活动引起的社会结构性剧变。规范创制活动"如果不能恪守立法理性，以规范逻辑的法律论证支撑立法决策，则极可能导致以政治决策代替立法论证，以政治和行政逻辑掩盖法治和法律逻辑，最终形成简单化落实政治决策的机械立法局面"。❷ 环境法传统调整方法中的这种非现代性模式必将为现代所抛弃。

当然，这种现象背后必定蕴藏着复杂的部门利益博弈和认知水平、立法能力受限等问题，环境法制的迅速发展当然对提高立法效率、填补立法空白、弥合与实践的鸿沟有着重要作用，但这

❶ 陶日贵：《文化·伦理·资本：鲍曼技术理性批判思想探析》，《华南师范大学学报（社会科学版）》2018 年第 4 期。
❷ 孙晋坤：《重大突发公共事件动因下的修法：逻辑进路与理念重构》，《治理研究》2021 年第 4 期。

并不与承认环境法传统调整方法强危机应对、弱立法理性的事实相矛盾。

二、环境法律规范的执行被忽视

环境法制建设初期，我国环境保护工作的重心一直集中在立法方面，建立健全环境法律制度成为首要任务，为了搭建起环境法律制度体系框架，做到"有法可依"，国家在环境法律空白领域大力推进立法，围绕"老三项"和"新五项"❶ 加强和完善环境法制，但对环境法律规范的执行未予以足够重视。

环境法传统调整方法不注重环境法律规范的执行与立法层面的执行规定不健全有关。首先，环境法律规范多为原则性规定，难以成为行政机关具体执法的依据，实践适用性较弱。操作性强的相关配套规范缺失，各地环境行政执法标准并不统一，执法效能未能凸显，尚不足以成为人们关注的重点。其次，由于环境立法价值选择上的不理性，对环境法律规范的执行容易出现偏差，环境执法与立法原意不能相融，行政执法沦为打压环保、促进经济的强力手段，环境执法功能出现异化，环境法律规范的创制与执行严重脱节，过多强调对环境法律规范的执行并不能有效解决环境问题。实践中甚至还存在因环保局查处野生动物贩卖行为而被诉行政行为越权的案例。❷ 一方面，陈旧的观念使人们对环境执法的认识不足，因割裂看待环境污染和生态保护而将"环境保护执法"等同于保护生态的行政手段，片面地将"环境执法"限缩

---

❶ 1989 年我国第三次全国环境保护会议归纳总结了我国环境法律制度为"老三项"和"新五项"，"老三项"指环境影响评价制度、"三同时"制度、排污收费制度，"新五项"指环境保护目标责任制、城市环境综合整治定量考核、排污许可证制度、污染集中控制、限期治理制度。

❷ 陈仁、朴光洙：《环境执法基础》，法律出版社，1997，第 35 页。

至环境污染领域。另一方面，我国在环境事项的行政监管方面体制不顺，对环境行政主管部门的权能界定不清，环保部门与其他行政机关在具体事项的管辖上交叉重叠，在环境行政主管部门内部也因权力配置与责任错位而出现监管结构性失衡，这是导致执行偏差的主要原因。最后，行政机关只能通过行政命令、行政处罚、行政强制等单向强权控制性法律手段规制行政相对人的环境行为，单纯开展震慑式的行政管制，执法方式单一，环境行政执法并没有太多发展余地。

环境执法质量低下也凸显了环境法传统调整方法对环境法律规范执行的重视程度不够。20 世纪 90 年代的山东曾发生过环保局以企业拒交排污费为由向法院申请强制执行，而法院在被申请人既非经济困难，亦非面临破产的情况下作出中止执行裁定的案件。湖南也出现过县环保局在征收排污费之前要向被征收企业负责人打招呼的乱象。❶ 我国有些地方缺乏环境执法经验，执行度不足、执行力不强，有可能有法不依、执法不严，即便是对环境法律规范的遵照执行，也仅限于僵化、机械适用，且执法程序不规范、执法效率不高、执法水平低，导致差别执法、恣意执法现象严重，行政机关或冲动执法或怠于执法，环境法律规范执行逻辑紊乱。再加上受体制、机构、人员等因素的制约，合法合理执法基础上的针对性、专业性、准确性、适当性更无法保证，总体表现为环境监管无能、环境执法不力。环境法律规范执行方面的困境叠加，严重损耗了行政权威，不仅削弱了行政力量，还架空了环境立法，成为环境法传统调整方法的最大顽疾。

---

❶ 陈仁、朴光洙：《环境执法基础》，法律出版社，1997，第 41 页。

三、环境司法救济对公益的无涉性

对公共利益损害的填补以及对个体利益受损的救济，虽然也与环境行政监管相关，但其解决之道却是司法的固有优势。❶ 环境司法是传统司法的一部分，附属于民事、刑事、行政司法制度，涉及环境要素的案件可以统称为环境案件，包括环境私益案件和环境公益案件，由于环境危害是通过环境污染和生态破坏的中介行为对人身和财产造成的间接侵害，对生态环境的损害是直接的，对人身权和财产权的侵害是附加的。但适用环境法传统调整方法并不能有效救济环境公共利益，因环境污染、生态破坏行为引起的环境纠纷只能借助侵权责任法、刑法及其相关程序性规定予以解决，且仅限于救济人身、财产等环境私益损害，并不涉及对环境公共利益的保护。

落后的认知水平和尚未发展成熟的环境法治使人们还无法通过制度化的方案对社会环境公共利益进行保障，就连环境私益侵权案件也是在 2014 年《环境保护法》正式实施之后才备受关注的，这既归功于司法机关对国家环境保护政策的积极响应，也与人民日益高涨的利用法律维权的进步观念挂钩。中国裁判文书网中对新《环境保护法》正式实施以前有明确记录的环境侵权类案件仅有 38 件。《中华人民共和国民事诉讼法》从 1982 年的试行版、1991 年正式出台的版本，到 2007 年和 2012 年的两次修正版都没有关于环境民事诉讼的规定。2009 年《中华人民共和国侵权责任法》（已废止）明确规定了环境污染责任，尽管环境侵权被作为一种特殊侵权类型，法律对其规定了特殊的证据规则和归责原则，

---

❶ 张璐：《中国环境司法专门化的功能定位与路径选择》，《中州学刊》2020 年第 2 期。

但环境利益毕竟具有多面性和复合性，环境法传统调整方法对环境私益的保障有余，对环境公益却只字不提。

环境利益既包括涉及人身、财产等的环境私人利益，也包含承载于生态环境功能之上的环境公共利益，环境利益的公共性并不意味着公共环境利益可以简单还原为个人环境利益，也不能认为环境公益就是环境私益的简单相加。环境私益往往与个人环境权利的行使或环境义务的承担相关联，而环境公益本身属于社会公共利益的范畴，个人环境行为必须以不损害社会公共利益为限，对环境公益的维护也必须框定于法律规定的范围之内。《中华人民共和国民事诉讼法》到2012年才在第55条中规定了法定机关和有关组织可以对污染环境这种损害社会公共利益的行为向法院起诉，为民事公益诉讼提供了法律依据，并在实践中展开积极探索。2012年云南昆明市中级人民法院对一起涉及环境公益保护的案件作出一审判决，判令在被告已经被依法追究刑事责任的情况下，依然承担破坏环境的侵权责任，被告向"昆明市环境公益诉讼救济管理账户"支付环境治理恢复费用，判决指出该案件系宜良县国土资源局代表国家提起的环境民事公益诉讼，宜良县人民检察院作为支持起诉人参加诉讼。❶ 无独有偶，2013年陕西省彬县人民法院也曾作出类似判决，认为彬县环保局代表国家作为公益诉讼原告，向被告提起污染责任民事诉讼，目的是维护环境公共利益，判令被告赔偿原告废物处置费及其他费用。❷ 虽然此时我国对环境公益的司法保障已经有了初步的法律规定和早期的司法实践，但是距离正式的环境公益诉讼制度的形成还有很大距离，各地法院在具体案件的审理过程中不仅对原告资格的认定不统一，对法庭审判

---

❶　云南省昆明市中级人民法院（2012）昆环保民初字第6号民事判决书。
❷　陕西省彬县人民法院（2013）彬民初字第00305号民事判决书。

模式、人员组成、适用法律、责任承担等一系列问题均没有清晰明确的认识，大部分法院对环境公益诉讼的态度还是以保守和观望为主。

在刑事领域，"破坏环境资源保护罪"主要维护的是社会管理秩序，以及对造成重大财产损失、人身伤亡等严重后果的行为追究责任，虽具有公益指向性但不直接涉及对生态环境的保护。2002年《中华人民共和国刑法修正案（四）》将破坏自然保护区内森林、林木的行为规定为从重处罚情节，《中华人民共和国刑法修正案（八）》又确立了"污染环境罪"，对实行保护性开采的特定矿种进行保护。❶ 一直到2020年，经过《中华人民共和国刑法修正案（十一）》的调整，"重大环境污染事故罪"被修改为"污染环境罪"，这才宣告了附着于自然环境之上的生态利益正式受刑法保护，野生动物、国家重点保护的植物、国家公园、自然保护区等都不同程度地被写入刑法，从而更加印证了环境法传统调整方法在司法救济层面对生态面向的环境公共利益的无涉性。

---

❶ 《中华人民共和国刑法》（2002年修正）第345条。《中华人民共和国刑法》（2011年修正）第338条、第343条。《中华人民共和国刑法》（2020年修正）第338条、第341条、第342条、第344条。

第三章

环境法现代调整机制的
核心内容及其运行机理

环境法传统调整方法存在诸多局限，与现代社会格格不入，在新的时代背景下亟待转变，我国环境法现代调整机制已经展现出与传统截然不同的现代形态，并向着最终的"现代性"逐渐演变。实践中已经成形的环境法现代调整机制力求使人与自然的关系达到和谐，实现对传统模式的突破与超越，那么所谓"现代"究竟是何意？为何称其为"现代调整机制"而非"当代调整机制"？而环境法现代调整机制的主要内容是什么？其究竟是由什么构成的？其制度机理又是如何？沿着这个解答思路，我们需要着重探讨的问题就集中于环境法现代调整机制的"现代性"问题及其主要构成上。

第一节　环境法现代调整机制的"现代性"论证

一、环境法与生俱来的"现代性"

"现代"一词在用法上包含两个层面，一是指代历史进程的时间跨度，二是代表价值层面的时代特征。"现代"是具有时间长度的社会连续性历史叙事，不同国家和社会基于本国实际和历史观点的不同，对不同时间阶段有不同的划分方法。如苏联的史学分期将十月社会主义革命之前的时期称为"近代"，十月社会主义革命以后的时期称为"现代"；日本把明治维新到 1945 年的阶段称为"现代"，把 1945 年之后时期称为"近代"，日语中"近代"词义广泛，除了其本身的含义外，还包含"现代"之意，因此在日本这两个概念经常互用。[1] 可以肯定的是，近代和现代是相互衔接的历史时期。通常情况下，我国将 1840 年到 1919 年的资本主义时代称为"近代"，将 1919 年到 1949 年无产阶级取得社会主义革命胜利的阶段称为"现代"，将 1949 年中华人民共和国成立至今的时代称为"当代"（见图 3.1）。近代西方史学对人类文明史的基本分期是古代（ancient）、中世纪（medieval）、现代（modern），在西方的语境中，"现代"的历史时段很长，距离我们最近的时期，即"当代"，也只是现代时期中仍在发展中的一个阶段。[2] 如果按照时间划代，无论是在西方还是在中国的语境中，伴随着工业革命浪潮出现的环境法都无"近代"阶段，"现代"这个概念本

---

[1]　罗荣渠：《现代化新论》，华东师范大学出版社，2013，第4—5页。
[2]　罗荣渠：《现代化新论》，华东师范大学出版社，2013，第3页。

来就是用于概括人类历史发展进程中社会急剧转变的现象，环境法作为一个新兴学科，从产生的时间和背景来看，其本身就是"现代"的产物，具有与生俱来的现代属性。

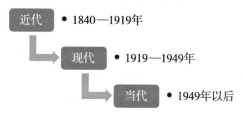

图3.1 我国近现代历史时期的断代方式

那么中国环境法究竟是"现代的"还是"当代的"？如果遵照时间历程，我国环境法的产生和发展整体处于"当代"时间进程之中（见图3.2），而"现代"和"当代"是史学界按照中国社会性质的转变所作的划代方式，就我国环境法本身的演化来看，1979年、1989年、2014年三部环境法明显具有独特的时代特征，这个变迁过程是不容忽视的。在环境法领域，"现代性""现代化"的提法屡见不鲜，其本质就是以不同时间段的精神特征赋予"现代"价值，将"现代"不仅仅拘泥于时程层面。从这个意义上讲，环境法的现代调整机制是环境法在调整环境社会关系过程中表现出来的"现代性"特征，而这个"现代"所指的就是现代性理论当中产生于启蒙运动的"现代性"。"欧美的现代性并不决然不同于中国的现代性"，● 同在现代化进程中的国家，现代性表现发生共相中的分殊是很正常的，"现代化就是指人类社会从传统的农业社会向现代工业社会转变的历史过程"。❷ 1954年周恩来就指出，要

● 张文喜：《现代性及现代性问题浅谈》，《浙江海洋学院学报（人文科学版）》1999年第1期。
❷ 罗荣渠：《现代化新论》，华东师范大学出版社，2013，第9页。

把我国建设成为"一个强大的社会主义的现代化的工业国家"。❶不能因为社会制度或体制的差异而否定宏观的历史发展脉络。

图3.2 史学划代方式中我国环境法所处的时期

"现代性"与"现代化"虽有密切的联系，但却是分属不同范畴的一对概念。美国学者布莱克认为，"现代性"是被广泛运用于在技术、政治、经济和社会发展诸方面处于最先进水平的国家所共有的特征，而"现代化"是社会获得上述特征的过程。❷ 现代化是动态的演化过程，一个国家和社会的现代化程度如何，可以通过一系列指标进行衡量，如1960年在日本箱根举行的"现代日本"国际研讨会上，美国学者赫尔和赖肖尔首次从社会学角度为现代化确定了八项标准，尽管与后来学者对"社会现代化"或"现代社会"提出的标准相比较为粗糙，但作为"国际上第一次认真而又系统地讨论现代化问题"的会议，具有开创性意义。❸ 达到现代化指标的现代社会，其现代性特征可能是千差万别的，在最

---

❶ 周恩来：《周恩来选集》（下卷），人民出版社，1984，第136页。

❷ 陈嘉明：《现代性与后现代性十五讲》，北京大学出版社，2006，第37页。

❸ 八项标准分别是：1. 人口大量地向城市集中，整个社会日益以都市为中心组织起来；2. 非生物能源高度利用，商品广泛流通，服务性行业发达；3. 社会成员在广阔的空间范围内相互作用，社会成员普遍参与经济和政治事务；4. 社村和世袭社会群体普遍解体，个人社会流动性增大，个人的社会表现形式更加多样化；5. 伴随个人非宗教地并日益科学地应付环境，普及读写能力；6. 具有广泛的、渗透性的大众传播网络；7. 政府、企业和工业等大规模社会设施的拥有，这些设施的组织日益科层化；8. 各个庞大的人口集团逐渐统一在单一的控制（国家）之下，各国之间相互作用（国际关系）日益加强。毕节尔斯塔夫：《现代化——与早期近代中国》，见《比较现代化》，第148—149页，转引自罗荣渠：《现代化新论》，华东师范大学出版社，2013，第29—30页。

深层意义上，现代性属于哲学范畴，主要从哲学的高度抽象出现代化的主要特征，揭示现代化社会的时代精神及其本质内涵，现代性往往是基于传统与现代之差别的哲学反思。

关于"现代性"的概念和起源，不同学者有不同的认识。美国学者马泰·卡林内斯库指出"现代性"这个术语从 17 世纪起就在英国流行了；美国后现代哲学家詹姆逊则看得更远，他认为"现代性"在 5 世纪就已存在，只不过基拉西厄斯教皇一世将该词仅仅作为一种年代的分期，到哥特人征服罗马帝国以后，"现代性"才开始有了新的含义，代表了与"过去"不同的根本性分界，正是这种分界使"现代"这一术语有了特定意义，并延续至今。❶

自近代以来，西方社会中启蒙的理性主义精神、科学观念和自由主义思想构成了现代性的精神内核，集中体现了人类社会的历史进步观念。自然环境的潜能在人认识它之前就已存在。某种意义上，在社会变迁过程中，除了人的认知能力，其他方面似乎并没有发生太大变化，是人类知识的爆炸性增长引发了世界性变革。社会分工使职业化的专业技术提升成为可能，技术的进步直接促进生产力和生产关系的发展，科学中孕育着人类对生态环境的认识的根本性变化，使人类主宰环境成为可能。"到 16 世纪，人类对自然的认识发生了革命性变革，它赋予人类伟大的力量，同时也带来了危险。"❷ 理性主义是现代性的核心，黑格尔认为理性是世界的本质、事物现实性的标准，而韦伯将理性视为世界的原则。理性强调个体意识，以主体为中心的个人理性将人与自然

---

❶　陈嘉明：《现代性与后现代性十五讲》，北京大学出版社，2006，第 2—3 页。

❷　［美］C. E. 布莱克：《现代化的动力——一个比较史的研究》，景跃进、张静译，浙江人民出版社，1989，第 9 页。

对立起来，现代性主张的主体性自由使人们以"理性经济人"的角色参与社会活动。随着社会的发展，"经济人"假设不能应对复杂的社会利益冲突，其实际上是资源破坏、环境污染、生态失衡的深层制度原因。❶ 人们对利益的追求在虚幻的理性世界中转变为绝对的人类中心主义，伴随着工业革命带来的一系列后果，环境法有了栖身之地，对人与自然关系的重新审视为人类提供了改善生活的新契机。环境法自产生之初就对传统法律观念形成了冲击，或者说，环境法的诞生本身就具有现代性，即环境法现代调整机制标志着从传统到现代的转变，而非决裂和断代。

二、环境法现代调整机制超越传统的"现代性"

环境法的现代调整机制实际表示环境法调整机制正朝着现代化的方向发展，指发展阶段较为靠后、在时间上距离我们最近的这个阶段。可以分解为以下三个层次：第一，环境法现代调整机制是现实世界中特定时代的产物，有别于传统调整方法的鲜明特点；第二，目前我国环境法现代调整机制正处于向未来新世界的过渡阶段，但仍未跳出整个"现代"发展进程；第三，环境法现代调整机制能从自身辨认正在发生和即将到来的事件，通过其中显露的先兆把握"现代性"的发展方向。因此，环境法现代调整机制之"现代性"就体现为对传统调整方法在时代意义上的超越，以及在"现代性"意义框架下的反思和在运作机理层面对传统调整方法的超越。

---

❶ 吕忠梅：《从理性经济人到生态经济人：〈绿色民法典〉的人性预设》，见《私法研究（第五卷）》，第55—62页。转引自侯佳儒：《近代民法的现代性危机及其后现代转向——兼论当代民法的使命》，《中国政法大学学报》2009年第2期。

（一）对传统价值观念的解构

在强权行政的庇护下，环境法传统调整方法抹杀了环境行为靠近普遍环境道德的可能，人与自然不和谐、个体与整体利益分散，关乎整体生存和环境享受的利益关怀在环境法传统调整方法中备受压制，需要政治生活重新赋予它重要意义。通过现代政治运作进行的主体性自我确证，是在理性与审美双重发展的基础上对知识形态的重构，从现代表征和主体意识的一致性出发进行同一性塑造，形成具有现代意义的整体性知识。

环境审美和对美好环境的追求上升为抽象层面的社会共识是现代的品质，这种新的时代意识是生态环境对于人之体感性和超感性的凝结与升华。从实证的观点看，新的时代被深深地打上了自由的烙印，表现在作为科学的自由、作为自我决定的自由和作为自我实现的自由，判断现代性的基础首先是自我决定和自我实现，需要通过一种不同的、严格的后形而上学的形式而得以保护。由于现代生活水平的提高，人们根据内在的精神追求体验世界，生态环境作为固定的内容溶解于人的心理因素，形成环境伦理和环境法律最基础的能动力，环境利益在价值层面多了几分自我实现的意味，极大地丰富了自由的内涵，个人的理性行为必然受其影响。"虽然理性主义的发展要部分地依赖于理性的技术和法律，但它又同时受限于采取一些实用理性行为方式的人的能力和性格"。❶ 从社会学角度看，这种心理转变不仅满足了个体精神层面的需要，也推动了经济生活和社会结构的变化。

由传统到现代价值体系的转换并非一味地追新逐异，而是在

---

❶　[德]马克斯·韦伯：《新教伦理与资本主义精神》，马奇炎、陈婧译，北京大学出版社，2012，第16页。

尊重连续性的基础上保证现代的合理性，通过达成共识的价值追求为环境法现代调整机制注入新的活力，形成趋于稳定的集体认同。我们在现代化发展道路上难以找到发展定式，而建设生态文明、美丽中国顺应了广大人民群众向往美好生活的期待，凝聚了最广泛的现代社会共识，作为实现中华民族伟大复兴的中国梦的重要内容，"生态文明"和"美丽中国"就是对传统观念的革新，也是环境法现代调整机制的最终参照。

（二）由弱反思性到强反思性的变化

环境法现代调整机制是环境法调整机制在结构上表现出的与传统调整方法相比具有进步意义的、内含于现代化发展进程中的反思性和变革性。"现代学术最明显的一个特征就是带有较强的自我反思性质"，❶ 说环境法的现代调整机制就是在强调环境法调整机制在环境法理范畴的反思模式。从系统论的角度看，是"对'法律系统自我统一性'进行反思的'法律系统的自我描述和自我反思'，因此可称作'反思模式'"。❷

环境法逐渐从法学中独立出来时，环境法系统为保证自身不受系统外环境的同化，需要不断地在封闭结构内部进行自我建构，也就是说，要使环境法能够对抗系统外环境的侵扰，必须首先在环境法封闭系统内部形成一个多层次的、可被优化的递归网络。而在环境法传统调整方法当中，这种分化并未完全成型，从环境保护对经济发展的附庸地位就可以看出对环境法传统调整方法的适用是受制于经济系统的。从环境法律制度的不完备到环境行政

---

❶ 泮伟江：《法律系统的自我反思——功能分化时代的法理学》，商务印书馆，2020，第 44 页。

❷ 泮伟江：《法律系统的自我反思——功能分化时代的法理学》，商务印书馆，2020，第 23 页。

管理体系和司法体制的不完善，环境法系统与政治系统实质上处于混沌状态，国家与社会无法相互借力，权力决断只能治其标而不能治其本。"法律系统并未充分地从中国社会整体结构中分化出来，并以此种分化为前提，建构起法律系统相对于整体社会环境的相对自主的内部复杂结构"。❶ 因此，环境法传统调整方法的自我反思能力是非常有限的。

在高度复杂化的现代社会，各系统的功能分化是已经存在的发展模式，而且呈逐渐精细化的进化样态，中国是否已经完成了功能分化不在本书的讨论范围之内，但这个趋势是必然的。"法律是一部历史性的机器，它随着每一次运作而转变为另一部机器"。❷ 伴随着社会的复杂性增长和功能分化，环境法系统的分化越来越明显，环境法自身的结构及其调整模式也在不断地变化之中，系统通过选择获得了稳定的独立结构，不再是某个系统的附属，另一面的环境则仍然是混沌的，这时才能获得区分的标志。卢曼认为，"结构通常被认为具有一种相对恒定的性质"。❸ 系统内结构的作用在于"首先，结构选择那些可以加以选择的可能性，其次，结构把理念转换为具体，把宽泛转换为狭窄"。❹ "结构"在环境法调整机制中指要素、环节等内容，后文有专门讨论，不再赘述，这里只是强调结构对现代反思性的普遍意义。

环境法当属法律系统的组成部分，抛开独立部门法地位之争

---

❶ 泮伟江：《法律系统的自我反思——功能分化时代的法理学》，商务印书馆，2020，第181页。
❷ ［德］尼克拉斯·卢曼：《社会的法律》，郑伊倩译，人民出版社，2009，第54页。
❸ ［德］尼克拉斯·卢曼：《法社会学》，宾凯、赵春燕译，上海世纪出版集团，2013，第79页。
❹ ［德］尼克拉斯·卢曼：《法社会学》，宾凯、赵春燕译，上海世纪出版集团，2013，第79页。

单看环境法的运行，环境法显然拥有能够区别于其他部门法律系统的独立运行体系，由此，环境法以它自己的结构和独立的运行能力标示出环境法系统内部与外部的界限。按照这个逻辑，环境法系统的环境包括法律系统内部环境法系统之外的环境、法律系统的环境和社会系统的环境（见图3.3）。环境法系统与法律系统的结构具有同质性并不是否认环境法系统独立运行的理由。

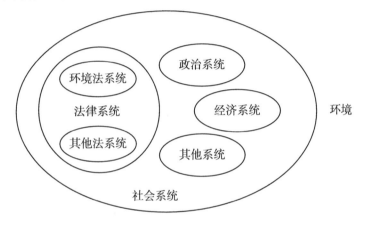

图3.3　环境法系统及其系统环境

　　环境法现代调整机制具有强反思性就是通过环境法系统内部结构的合理性和环境法系统与其他系统的区分关系体现出来的。一方面是内在于环境法律系统，并对环境法律系统整体的自我逻辑生产进行自我反思，由此在实践层面形成自觉的制度安排并体现于现代环境治理模式当中；另一方面是在系统外部对环境法律系统及其环境相互作用过程的反思，即对人与自然关系的反思、对环境法治与国家环境战略政策之间关系的反思、对环境保护与经济发展之间关系的反思、对环境法律规范与科学技术互融能力的反思、对环境法律与环境道德教化渗透的反思，以及对环境法与其他法律部门之间关系的反思等。

（三）对传统发展模式的超越

如果将"超越"仅理解为进步性，环境法现代调整机制的现代性实际上是对传统调整方法的全方位超越，那么传统与现代机制的实质性区分就会被掩盖。因此这种"超越"一定是内含于自身、朝向未来并聚焦于传统与现代区别的。环境法传统调整方法预设的模式或标准已经走向瓦解，现代性首先是一种挑战，既要准确把握现代与传统之间的差异，在差异中以最小的成本、最高的效益实现转变，还要型构新的秩序形态，对现代社会共识进行规范阐释，并打造一套切实可行的运作机制。一方面，环境法现代调整机制对传统的超越并不是"越出"或"跨过"，虽然环境法传统调整方法的演进历程呈现出一种粗线条的、碎片化的萌芽形态，内含需要部分去除的传统印记，但是现代之新时代意义并不是要全盘否定环境法调整方法传统模式的本质，而是为复杂性日益增加的社会注入新的动力，在传统调整机制的基础上实现发展。另一方面，环境法的现代调整机制并非处于一种自以为的超越地位，而突出的是与传统发展趋势可以相互区别、已经具有普遍意义的新发展模式。

实践中，环境法的调整机制已经由传统行政主导的单一模式向上下互动的多元模式发展，这是既存的社会事实。环境法现代调整机制以新时代发展目标为指引，在机制构造上更加系统、完整，对社会中巨大的变革和国家多元的治理任务都能保持开放性，对知识膨胀和风险增量都具有适应性，捉襟见肘的无法应对情形明显减少；在机制运作上更为流畅、合理，从规范创设到法律实施都更符合权利保障和权力监督的法治要求，从多层次的环境治理结构到兼具参与深度和广度的公众参与都顺应了多元共治、协商民主的现代国家治理要求。环境法现代调整机制不仅在传统匮乏的制度体系上实现了超越，还蕴含着更高的秩序追求，代表着更高阶的历史发展阶段，既是对传统调整方法"自我坎陷"的转圜，❶ 也是对人、生态自然之本源价值的回归与重新注解。

三、环境法现代调整机制尚未发展完全的"现代性"

我国环境法虽然在某种程度上具有现代性，但还远远不是完成时。环境法调整机制的现代发展不需要预设现代性的完结，只是表述一个正在发生的反思性质的转变。不仅表现为个体的主体意识和理性化的社会文化精神，还会进一步整合为一种关于历史的演进、社会的发展前景和人类的终极目标的总体性的、同一的、系统化的、理论化的、纲领化的文化精神或社会价值，或者说，整合为一种系统化的、自觉的意识形态，一种自觉的、理性化的世界观和历史观，一种具体设计和规范人类历史目标的"宏大叙事"。普遍的理性并不存在，深化现代性"世俗化"的进程是对形而上学祛魅的过程，如果环境法调整机制还不是全能力量的表达，那么在其张力阈值内再提现代发展，就是现代知识对经验世界内在超越和反思的理论图像。"现代"的提法赋予了环境法调整机制完全不同的内涵，在中国的现实语境下，从现代经验角度定义"现代"，更能够厘清环境法调整机制的现代进化潜能。

在中国的境遇中，现代性本质上"不在场"或尚未生成，这

---

❶ "坎陷"一词本出自《周易》，意指坠落陷入危险境地，参见《周易》：《十三经注疏》，中华书局，1980。儒学大师牟宗三先生的"自我坎陷"论发展并丰富了"坎陷"的哲学意涵，本书仅指其字面意思、仅在原意范围内使用。

并不是历史虚无主义，也毫无否定现代化进程中取得的巨大进步的意味，只是就目前而言，尚没有足够的理由断言现代性已经成为中国社会的主导性文化精神和社会运行机理。环境法调整机制的现代性价值并未完全呈现，我们无法力证现代性的环境法调整机制已经形成，按照哈贝马斯的说法，这是一个尚未完成的设计，但是现代性理性内在的分析和反思本性必然驱使理性不仅规范个体与群体的行为及活动，而且直接指向社会的总体和历史目标。我国的环境保护工作已经取得的成绩举世瞩目，可是在"现代化"的标准中、在"现代性"的要求下，还有很长的路要走。

在哈贝马斯看来，"现代性"尚未完成，有待继续。"现代性"并非我们已经选择了的东西，因此我们不能通过某些决定将其抛弃，它仍然包含着规范的、令人信服的内涵。现代社会和经济发展中存在根植于体制性的、自我生成的危险，这种问题百出的特征日益明显，因为它根植于前现代的信念正在日渐消退。❶ 在巨大的社会变革中，社会的复杂性推动着社会功能的分化，现代性是发展的必然趋势，环境法的现代性特征表现为对传统观念的更新和变革，2014 年新《中华人民共和国环境保护法》出台之前，我国环境保护活动呈现出的传统特征，属于环境法的传统调整方法，现代必然以传统为基础，而不可能实现跨越。

"现代性"尚未实现基本为学界所认可，面对持续发生的现代化发展，有学者借助"后现代"进行阐述。"'现代性'问题的开放性和艰难性决定着'现代性'本身是一个尚未厘清的问题，'后现代'实际上成了现代性论述的激进变种，或按孔狄利斯的说法，

---

❶ 包亚明主编《现代性的地平线——哈贝马斯访谈录》，李安东、段怀清译，上海人民出版社，1997，第 122—123 页。

'后现代性的思想脉动是倡议不同于自由主义的启蒙现代性的另一种现代性：群体个体生活的自由游戏和多元社会的多权力和多意见中心。'"❶ "后现代的概念把握和阐释的是一类根本不同的新生事物，而不是那些陈旧的、貌似相同的被改造和被理论化的概念"。❷ 尤其是在环境法领域，"后现代"似乎更具合理性，"'后现代'话语生成的这种'过去的时代'（past modernity）的观点完全是出于当今社会的忧虑感和不安感，因为它是作为一个不可能产生类似忧虑感和不安感的领域的一个模型"❸ 后现代为我们提供的是"锻炼文明对差异性的敏感性并增强我们容忍不可通约性的能力"。❹ 保守观点认为"后现代"仍然是"现代"的，"我们必须说后现代总是隐含在现代里，因为现代性，现代的暂时性，自身包含着一种超越自身，进入一种不同于自身的状态的冲动。现代性不但以这种方式超越自身，而且把自己变成一种最终的稳定性，举例来说就像乌托邦计划，也像解放的大叙事包含的明确的政治计划致力达到的最终稳定性那样。现代性在本质上是不断地充满它的后现代性的"。❺ 虽然以冷静而非激进的态度审视"后现代"，可以发现它在根本上并没有超越现代性范畴，作为与"前现代"相对应的概念，我们可以姑且认为如今的环境法正迈

---

❶ 刘小枫：《个体信仰与文化理论》，四川人民出版社，1997，第603页。转引自张文喜：《现代性及现代性问题浅谈》，《浙江海洋学院学报》1999年第1期。

❷ ［美］齐格蒙特·鲍曼：《是否有一门后现代的社会学》，载［美］史蒂文·塞德曼：《后现代转向》，吴世雄等译，辽宁教育出版社，2001，第252页。

❸ ［美］齐格蒙特·鲍曼：《是否有一门后现代的社会学》，载［美］史蒂文·塞德曼：《后现代转向》，吴世雄等译，辽宁教育出版社，2001，第253页。

❹ ［法］让－弗朗索瓦·利奥塔：《后现代状况》，载［美］史蒂文·塞德曼：《后现代转向》，吴世雄等译，辽宁教育出版社，2001，第36页。

❺ ［法］让－弗朗索瓦·利奥塔：《后现代性与公正游戏——利奥塔访谈、书信录》，谈瀛洲译，上海人民出版社，1997，第153、154页。转引自衣俊卿：《现代性的维度及其当代命运》，载《中国社会科学》2004年第4期。

向"后现代"。

但是，"后现代"也遭到了许多质疑，从某种角度来看，或许根本没有一种社会知识的后现代范式，前提和概念策略的"后现代"提法，多半是出于修辞方面的原因，"后现代"范畴是一个促使人们通力合作和全体动员的场合，是把知识和文化体系的诸多语境中呈现出的"积怨"具体化的契机。❶ 一般认为，"后现代"（postmodern）的概念产生于 20 世纪 60 年代，美国学者凯尔纳和贝斯特认为，"后现代"最早由英国画家约翰·瓦特金斯·查普曼于 1870 年前后提出，指称那些比法国印象派绘画还要前卫的作品，后来逐渐成为一种流行的、普遍的社会思潮。❷ 法国著名哲学家利奥塔是后现代主义的代表性人物，"但他本人却无法作为例子说明其他号称为后现代主义者的人在做什么"。❸ 正如吉登斯所言，"我们实际上并没有迈进一个所谓的后现代性时期"。❹

人类社会的理性变迁造就了现代性，"中国正处于从前现代向现代转型的过程之中"。❺ 或许将这里的"前现代"从词义上替代为"传统"能更好地避免与"后现代"逻辑承接关系的断裂，用"现代"来刻画当下环境法的调整机制并归纳朝向未来的发展趋势似乎更为妥帖。因此本书所指的"现代"，意在说明环境法调整机

---

❶ ［美］史蒂文·塞德曼：《后现代转向》，吴世雄等译，辽宁教育出版社，2001，第 28 页。

❷ 陈嘉明：《现代性与后现代性十五讲》，北京大学出版社，2006，第 118 页。

❸ ［美］朱迪思·巴特勒：《不确定的基础：女权主义和"后现代主义"的问题》，载 ［美］史蒂文·塞德曼：《后现代转向》，吴世雄等译，辽宁教育出版社，2001，第 210 页。

❹ ［英］安东尼·吉登斯：《现代性的后果》，田禾译，译林出版社，2000，第 3 页。

❺ 杜健荣：《法律与社会的共同演化——基于卢曼的社会系统理论反思转型时期法律与社会的关系》，《法制与社会发展》2009 年第 2 期。

制与传统发展模式不同的新时代发展，是基于环境法已经出现的新现象进行的概括分析，无绝对的时间分野，亦无哲学层面的颠覆性思辨，无须以具有批判性的"后现代"概念将问题复杂化，以免令人产生误解。

第二节　环境法现代调整机制的要素

一、生态面向的环境法律规范

环境法因专门保护生态环境而具有独特价值。生态环境之于现代人除了有生存性利用和生产性利用两种最基本的功能外，还包括享受性利用和情感寄托、心灵慰藉两种附加功能。一棵大树对人而言，其生存性利用的功能体现为树木进行光合作用、涵养水源的自然属性，为人类平衡氧气和二氧化碳，避免水土流失，风沙防护，等等；生产性利用的功能经常体现为树木的经济价值，如造纸、家具……享受性利用的功能是人们近来所强调的观感享受，体现为树木的景观用途；情感寄托、心灵慰藉是人们赋予树木的精神利益，体现为某种象征或信仰。从人的需要出发，基于所包含的价值的差异和所保护利益的不同，凝结于某些自然对象上的功能可能是几种功能的组合，有些自然对象可能只具有此种功能，而不具有彼种功能。有时一个自然对象中的多种功能是相互冲突的，为获取经济利益砍伐树木就无法保障其他功能，一种排他性的享受性功能必然会损害公共意义上的其他功能。从人之自然性角度出发，人是除了细菌等微生物以外唯一可以不被限制生境的物种，其他动植物都有固定的活动境域，鸟属天而鱼为水，生态环境对它们的意义远大于人类，一旦遭到损害，面临的将是灭顶之灾，它们的活动对生态环境的影响和改变不及人类的千万分之一，人类在对自己的生境进行改造的同时，也是对其他物种生存之根本的改造，社会的发展离不开对自然界物质能量的获取，人类的生产生活必须考虑其他物种的生存利益，并将此种利益观照延伸至后代人。

有学者将环境法的此种生态延伸视为由"人本位"向"生态本位"转变的过程，虽尚未落入生态中心主义对人类活动的责难，强调"人类利益与自然利益的协调一致"❶ "人与自然的协同"❷，但"生态本位"的哲学基础以及伦理学意蕴显然不止解决当代生态危机那么简单，其核心是以生态利益为本位，❸ 否定人对自然的道德代理人角色，注重对自然权利的确证。原始社会的人们出于对大自然的敬畏，依据氏族习惯和信仰处理人类与生态自然关系的方式，似乎更像是"生态本位"思想的体现。可社会发展是必然的，时代进步锐不可挡，以生态为本位最终会消减人的发展机会。环境法对生态环境的保护最终是为了保障人之利益，对其他物种生存利益的关照实质也是为了保障人所生存的自然环境的生态安全，如果不以人而以生态利益为第一性考量标准，那么最充分、最保险的保障措施就是不开发、不发展、不利用，衣食住行及社会交往统归格式化，沦为消极发展主义，如果无法实现那么谈何充分的"生态本位"呢？但即便奉行"生态本位"，如原始社会、封建社会般达到人与自然和谐的程度，依然不乏"收蓄粪壤，

❶　关慧：《生态本位视域下的社会危害性理论》，《学术界》2010 年第 3 期。

❷　孙爱真：《消费异化回归生态本位的逻辑解读》，《自然辩证法研究》2016 年第 12 期。

❸　曹明德：《生态法的理论基础》，《法学研究》2002 年第 5 期。

家家山积，市井之间，扫拾无遗"❶ 的现象，宋代就有为了改善
"泥淳狼藉满街衢"❷ 等状况开始实施"穿垣出秽污者，杖六十"
的制度举措。❸ 古有"山泽救于火，草木殖成，沟渎遂于碍，障水
安其藏，则国之富也"之训，❹ 现代以尊重并利用生态规律，保证
肥沃充沛的资源、安全优美的生态，以生态环境和社会环境互为
参照系，在生存危机背景下培育"理性生态人"也许才是出路。
因此，就目前的发展阶段而言，以"生态本位"定性环境法现代
调整机制尤其是其中的规范要素并不十分恰当。

　　环境法传统调整方法侧重维护环境资源的生产性利用功能，
忽视了其他三种功能，对生态环境的保护范围、保障程度均有不
足。环境法现代调整机制只是在生态自然各种功能的维护上更加
全面，在调整对象上附加了"共同体"层面的价值，可持续发展
观念、人类命运共同体思想和人与自然生命共同体理念，在捍卫
主体价值的同时实现了现代人在共同体中的自由复归，无论是资
源利用、污染防治还是生态保护，都不能单以（当代）人的利益
为出发点，将来的发展可能性、隐性的生态利益也需要被考虑。
环境法现代调整机制强调的是尊重并认同自然的内在价值，以保
护人类的环境权利和生态环境的自然状态为基点，将人与自然的
关系视为一体共生、和谐互动的关系，尊重生态的先在性、资源
的有限性、环境的基础性，不只是自然为人类提供良好生态，人
类也应当为自然的良好生态创造条件。故称之为"生态面向"而
非"生态本位"。

---

❶ 程瑀：《洺水集》卷 19《壬申富阳劝农》，文渊阁四库全书本，第 1171 册，第
　455 页。
❷ 孙觌：《鸿庆居士集》卷 1《水退》，文渊阁四库全书本，第 1135 册，第 8 页。
❸ 窦仪：《宋刑统》卷 26《侵巷街阡陌》，中华书局，1984，第 416 页。
❹ 管子：《立政第四》，《管子》（上），李山等译注，中华书局，2019，第 52 页。

　　环境法现代调整机制中规范要素的生态面向既体现为环境法律规范的生态性，也表现在国家环境政策当中（姑且统称为规范），对单一环境要素、复合环境要素均有全面系统的保护。在历史架构中，1996 年我国"九五"计划开启，提出"加强工业污染控制，逐步从末端治理为主转到生产全过程控制"，❶ 这一认识上的重大进步为环境法律规范由重污染防治、轻生态保护，重治理、轻修复向全过程整体控制、全要素系统保护转变埋下伏笔。进入 21 世纪，我国经济发展理念发生重大变化，由只重视发展增速向重视发展质效转变，经济结构也作出相应调整，粗放型的传统发展模式被取代，在巨大的环保压力下，环境法治建设被提升到相当重要的程度，对经济发展与环境保护之间关系的重新思考，推动了环境法律制度的持续发展，催生了一系列法律法规的出台。自生态文明建设提出以来，环境立法朝着更加理性和文明的方向发展，面对新形势和新问题，环境法律制度体系进一步完善。宪法的修改为环境立法提供了全新的权威遵循，重点环境法律制度遵循"预防—管控—救济""治理—保护—保育"的制度逻辑实现新进步，利益增进功能得到彰显，风险应对能力大幅提升，环境法律制度体系趋于完备，更加适应党情、国情、民情、社情，更加符合时代进步要求、社会发展规律、生态自然规律。

　　在环境法律层面，《中华人民共和国湿地保护法》在立法目的中明确规定要保护"湿地生态功能"、维护"生物多样性"、保障"生态安全""促进生态文明建设"和"实现人与自然和谐共生"，❷ 既强调了湿地重要的生态价值，也顺应国家战略规划和符合时代发展要求的生态法律秩序，一改曾经的资源利用、资源开

---

❶　汪劲：《环保法治三十年：我们成功了吗》，北京大学出版社，2011，第16页。
❷　《中华人民共和国湿地保护法》第1条、第2条、第3条。

发的立法思路，着重维护环境要素的生态性和环境的多种生态功能，对"自在自然"和"人工自然"的保护、利用、修复、管理均有涉猎。《中华人民共和国生物安全法》也以"构建人类命运共同体""实现人与自然和谐共生"为目的，保障"人民生命健康和生态系统相对处于没有危险和不受威胁的状态"，尤其突出了生物安全风险的防控和治理。❶ 2024 年《中华人民共和国矿产资源法》为适应全面建设社会主义现代化国家的需要，明确"开发利用与保护"并重的原则，将"保障国家矿产资源安全"写入立法目的，对战略性矿产资源建立特殊保护制度，新增"矿区生态修复"章节，强调矿区生态修复。《中华人民共和国能源法》等新颁布的环境法律不仅填补了法律空白，顺应了全面依法治国的根本要求，还为推进人与自然生命共同体建设，建设生态文明、美丽中国提供了法律依据；新修改的环境法律不仅更契合社会发展实际，而且为现代化环境法治体系建设提供了制度保障。整体环境保护工作走向更为科学、民主的法治化和制度化，整个环境立法体系更为健全，环境法律制度更加完善。

此外，《民法典》规定的平等主体从事民事活动须遵循"绿色原则"，❷ 在有限的范围内对意思自治施加外部限制，划定民事行为的范围和边界，对传统行为模式提出了更高的要求，通过预防和限制民事活动可能造成的不利环境影响，为从根本上解决个人经济利益和生态公共利益的矛盾与冲突提供了民法支持和保障。❸ 此种原则宣示固定了生态保护在民法领域的价值共识，以"有利于"的结构模式设置"增益"性条款，弥补了传统环境法调整方

---

❶ 《中华人民共和国生物安全法》第 1 条、第 2 条、第 3 条。
❷ 《中华人民共和国民法典》第 9 条。
❸ 吕忠梅：《〈民法典〉"绿色规则"的环境法透视》，《法学杂志》2020 年第 10 期。

法可能存在的政策失灵和实效不佳等缺点，彰显了生态文明的时代特性，为环境法的调整方法注入了新的活力，为维护环境公共利益、弘扬环境保护理念提供了新的视角，更增强了环境保护的社会效果。

在党内法规层面，大量与环境保护相关的国家政策涌现，生态文明被纳入经济、政治、文化、社会建设，体现了国家决策将环境保护置于优先地位的战略统筹。作为实现人与自然和谐共生、中华民族伟大复兴中国梦的重要战略任务，生态文明建设为全党全社会立足于统筹推进"五位一体"总体布局，协调推进"四个全面"战略布局，以法治思维和法治方式保护生态环境提供了根本遵循。在习近平新时代中国特色社会主义思想、习近平法治思想、习近平生态文明思想交相呼应的背景下，党内环境法规体系与环境法律体系相辅相成，生态转向意涵全方位彰显。

二、复合的环境法律关系

人类复杂的社会交往造就了环境社会关系的复杂性，环境媒介的加入加剧了环境社会关系的复杂程度，而在现代社会发展和生态危机、环境风险的加持下，环境社会关系本就纷繁的网络构造向着更为繁杂的形态发展。这就导致环境法律关系必然也是交错叠加的复合状态，从根本上来看，这主要取决于环境法律事实的复杂性累积过程。

环境法律事实的构成经常表现为彼此制约、相互联系的复杂性事实集合，由此以严格规定的方式使法律事实不断累积，进而推动环境法律关系的发展进程。如在环境管理法律关系向环境诉讼法律关系转变的过程中，至少会出现两种局面：一是未完成积累的法律事实产生过渡性的法律后果，如环境行政管理机关通过限期整改、罚款等方式要求环境违法行为人对其行为进行补正或补偿；二是此法律事实产生的环境法律关系因彼事实转化为另外的环境法律关系，如出现环境行政管理机关不作为、乱作为或行政相对人拒不改正、拒不履行严格环境义务的情形，环境行政管理法律关系将转化为环境诉讼法律关系。

以环境税法律关系说明环境法现代调整机制中环境法律关系的复合性更加直观。环境税法律关系是典型的创设性环境法律关系。虽然"清费立税"的总体思路是税负平移，但其中的环境法律关系发生了重大变化，必然使得环境保护税与排污费截然不同，国家行政机关的公共管理行为由原来环境保护主管部门的环境管理行为转变为国家税务机关的课税行为。1982年《征收排污费暂行办法》和2003年《排污费征收使用管理条例》中规定的法律关系主体主要是环境保护行政主管部门和排污单位、个体工商户，《中华人民共和国环境保护税法》出台之前，国家税务机关与直接向生态环境排放应税污染物的单位或其他经营者之间，并不因污染物排放行为而产生任何法律关系。尽管消费税、车船税、车辆购置税、城市维护建设税等与环境相关的税种都有间接减少污染、改善环境的作用，❶ 但从法律关系的主体、内容、对象来看，与环境税相去甚远。企业所得税的相关减征、免征规定在主体方面可

---

❶ 1993年12月13日国务院发布《消费税暂行条例》，2008年11月5日国务院第34次常务会议修订通过；1993年12月25日国务院发布《资源税暂行条例》，2011年修订，2019年8月26日，第十三届全国人民代表大会常务委员会第十二次会议通过《中华人民共和国资源税法》，《资源税暂行条例》同时废止；2003年财政部、国家税务总局联合发布《关于低污染排放小汽车减征消费税问题的通知》；2006年3月财政部和国家税务总局联合发布了《关于调整和完善消费税政策的通知》。

能会与环境税发生偶然重合，● 但其环境保护、清洁节能的减免规定依然与征收环境税的相关规定有本质区别。环境税作为法定税种之一，是公法上的债权债务关系，具有国家税权（权力）与纳税人税权（权利）的税权外观，国家有课税权和公共产品提供权，也对应纳税人享有的纳税权和公共产品使用权。❷

2009 年，国家税务总局发布的《国家税务总局关于纳税人权利与义务的公告》，明确列举了纳税人的十四项权利与十项义务。❸在税收法定的要求下，环境税的税基、税率、税额、特殊征收措施等要素都十分明确，环境税法又适当下放税收管理权，授权地方政府根据环境治理需要在一定幅度内确定税额。税务机关代表国家行使征税权，对应相关纳税主体缴纳环境税的义务，形成了第一对环境法律关系。在纳税人履行纳税义务的过程中也同时享有相应的权利以制约和对抗国家权力，监督国家在征税、使用税款的过程中依法定标准和程序进行。第二对环境法律关系产生于环境税法规定环境保护主管部门负责对污染物的监测管理，与税

● 2007 年 3 月 16 日通过、自 2008 年 1 月 1 日起施行的《中华人民共和国企业所得税法》。2007 年 12 月 26 日国务院出台《企业所得税法实施条例》，2007 年 2 月 7 日财政部和国家税务总局联合发布《关于加快煤层气抽采有关税收政策问题的通知》。2005 年 7 月 6 日国家税务总局发布《关于消耗臭氧层物质生产淘汰企业取得的赠款免征企业所得税的通知》。

❷ 张富强：《论税权二元结构及其价值逻辑》，《法学家》2011 年第 2 期。

❸ 十四项权利包括：知情权；保密权；税收监督权；纳税申报方式选择权；申请延期申报权；申请延期缴纳税款权；申请退还多缴税款权；依法享受税收优惠权；委托税务代理权；陈述与申辩权；对未出示税务检查证和税务检查通知书的拒绝检查权；税收法律救济权；依法要求听证的权利；索取有关税收凭证的权利。十项义务包括：依法进行税务登记的义务；依法设置账簿、保管账簿和有关资料以及依法开具、使用、取得和保管发票的义务；财务会计制度和会计核算软件备案的义务；按照规定安装、使用税控装置的义务；按时、如实申报的义务；按时缴纳税款的义务；代扣、代收税款的义务；接受依法检查的义务；及时提供信息的义务；报告其他涉税信息的义务。

务机关建立涉税信息共享平台和工作配合机制。[1] 鉴于环境税的征收离不开污染物排放的种类、数量等影响应纳税额的事项，环境保护主管部门的专业性和在直接管理过程中接触到的信息往往起着决定性作用，环境保护主管部门所扮演的重要角色就是促进税务机关和纳税人之间法律关系的形成。超过生态环境自净能力和包容能力范围的排放行为本质上是对生态环境自净能力和包容能力的过度利用，毋庸置疑，即使没有损害人身、财产利益，这种利用也是造成环境损害的形式之一，按照环境税法规定，除了缴纳税款外，排放者还应当对造成的损害依法承担责任。[2] 环境保护主管部门在涉税征收方面虽然由原来的收费主体变为监测者和主要配合者，但其与直接排污者之间依然是管理与被管理的法律关系。

三、生态文明指向的环境法律秩序

环境法现代调整机制中新样态的秩序是新时代的现代秩序，亦即"生态秩序"，是生态自然秩序和生态社会秩序的统一。生态自然秩序是生态系统本身固有的非社会秩序，遵循客观事物内部的自然规律，不以人的意志为转移，不因人的认识而改变。但在现代时间历程范围内，生态自然秩序由于受到人类活动的影响而发生根本性改变，自然秩序有重建的趋势，人类的首要任务即认识生态环境变化，尊重生态自然规律，并维护生态自然秩序。生态社会秩序是以人的模式化生活方式为基础而形成的涉及生态要素的社会秩序，包括生态道德秩序、生态经济秩序、生态法律秩序等。

现代生态秩序以人本、共治、和谐、科学为主要特征：人本

---

[1] 《中华人民共和国环境保护税法》第 15 条。
[2] 《中华人民共和国环境保护税法》第 26 条。

的生态秩序是人之生态利益与经济利益的统一，以人为本的生态社会秩序始终以人民为中心维护人的各项权益，现代人类活动对自然界产生的影响不断引起自然生态秩序的重构，维护以人类活动为诱因的自然生态秩序就是保护人的生态利益。共治的生态秩序是生态治理与社会治理的统一，生态治理与社会治理同属于国家治理的构成部分。一方面，社会治理以生态治理为前提，社会的持续发展依赖于良好的生态和充沛的自然资源；另一方面，生态治理以社会治理为支撑，环境问题的解决离不开经济发展和科技进步。和谐的生态秩序是人与自然之关系和人与人之关系的统一，人与生态自然的和谐共生是社会发展之根本，需要认识到不仅全人类是一个命运共同体，而且人与自然也是生命共同体。科学的生态秩序是自然生态规律与社会发展规律的统一，秩序是一种稳定的、可被预见的规律状态，只有遵照一定条理和规律的生态秩序才是科学的秩序，才能获得连续性、恒常性。

生态秩序是自然秩序与社会秩序的统一，建立现代生态秩序必须牢固树立生态文明的理念，明确生态文明的内在要求、价值追求和赖以发展的保障，以生态文明助力现代生态秩序的建立。"走向生态文明新时代，建设美丽中国，是实现中华民族伟大复兴的中国梦的重要内容。"❶ 2020 年是开启美丽中国远景目标的元年，意味着我国环境法治已经进入新的发展阶段，"生态文明""美丽中国"就是新型秩序的最终参照。在新的起点上，继续坚持人与自然和谐共生，进一步推动物质文明、政治文明、精神文明、社会文明、生态文明的协调发展是中国式现代化建设的必然要求。

---

❶ 习近平:《为子孙后代留下天蓝、地绿、水清的生产生活环境》，习近平致生态文明贵阳国际论坛 2013 年年会的贺信，2013 年 7 月 18 日，载习近平:《习近平谈治国理政（第一卷）》，外文出版社，2018，第 211 页。

无论塑造秩序的力量来自何处（公权力、群体、组织或者个体理性、个人本善等），秩序均意味着限制和约束。生态文明导向的是一条"生产发展、生活富裕、生态良好的文明发展道路"，❶ 对建立现代生态秩序提出了行稳致远的制度供给要求。法律秩序是制度化的社会秩序，法律就是为了满足和维护一定的秩序而创设的，❷ 法律秩序与自觉性的道德秩序和自发性的经济秩序相区别，作为生态社会秩序中的强制性秩序，环境法的设立本质上就是为了维护生态秩序，通过强制性规范构建有序的生态法律秩序，引导生态道德秩序和生态经济秩序的形成，维护生态社会秩序结构，并依靠对人之行为的调整间接保障自然生态秩序。

法律秩序形成于法律调整，现代生态法律秩序只能是环境法现代调整机制的最终结果，传统调整方法无法与之适应。以法律制度保障生态文明，推进生态文明建设是构筑现代生态秩序的必由之路。建设生态文明、实现美丽中国的目标愿景，体现的是先进的生态伦理观念、发达的生态经济、完善的生态制度、基本的生态安全、良好的生态环境，这是环境法现代调整机制有效运行的基本指南，也是建立现代生态秩序的本质要求。"法律秩序可以被看作是法的实现的终点"，❸ 生态法律秩序既是环境法律实现的终点，也是环境法调整机制力图实现的终点，构筑现代生态法律秩序不仅是实现环境治理现代化的目标指向，也是推进现代生态秩序形成的核心步骤，更是我国全面依法治国、新时代法治中国建设的内在要求。

---

❶ 庄国泰：《牢固树立和践行社会主义生态文明观》，《环境与可持续发展》2020 年第 6 期。
❷ 沈宗灵：《法理学》（第四版），北京大学出版社，2014，第 58 页。
❸ ［苏］雅维茨：《法的一般理论》，朱景文等译，辽宁人民出版社，1986，第 203 页。

第三节　环境法现代调整机制的环节

一、现代规范创制机制：扩张的地方环境立法权

法律规范原本作为一种符号是以文本的形式进入环境法调整机制的，但这种形式上的法的创制活动本身必须合法。作为环节的现代规范创制机制本身是一个独立的运行机制，与强调环境法调整机制的法律性一样，该环节的整体运作都要遵循法律，即立法是法律调整下的活动。这就涉及法的自我指涉（self-reference）：法之所以为法，是因为根据法律（宪法）的规定它是法律，法律（环境法）的产生及其规定性源自它自身（宪法），自我指涉所导致的逻辑循环，法律用效力和程序来避免"说谎者悖论"，法律的效力层级保证了法律体系内部的协调性，合程序的立法技术保证了法律的正当性。立法主体在社会规律和自然规律的基础上构建出一种符合社会经济发展的理想模式，设定社会关系参与者的权利和义务，使其行为受到规范性引导，《中华人民共和国宪法》对该过程进行原则性、根本性规定，《中华人民共和国立法法》为进一步规范法律创制活动，对权限划分、具体程序等事项进行细化。在环境法现代调整机制中，现代的规范创制与传统规范创制活动最显著的区别就体现为规范创制能力显著提升，重点表现为地方环境立法权的扩张。

由于法的自我指涉，央地环境立法权的配合与制衡是在《中华人民共和国宪法》和《中华人民共和国立法法》的逻辑框架下发展演化的。1978 年以前，我国央地管理体制以"五四宪法"为

主要确立依据，地方职权事项在《中华人民共和国地方各级人民代表大会和地方各级人民委员会组织法》（1954 年通过，1955 年、1956 年修正）中被确定。1956 年，国务院通过《关于改进国家行政体制的决议》，扩大了地方政府的行政、财政权，直至 1979 年，地方被赋予立法权。1982 年《中华人民共和国宪法》的修改，确定了省、直辖市可以制定地方性法规，2000 年我国制定了《中华人民共和国立法法》，地方立法权扩大至省、自治区、直辖市和较大的市，立法事项限于执行性事项和地方性事务。2013 年《关于全面深化改革若干重大问题的决定》首次对央地事权进行了概括式规定，要求将适宜地方管理的事项下放，要加强地方政府环境保护等职责。2015 年《中华人民共和国立法法》的修改实现了地方环境立法权的扩张，环境立法权下放至"设区的市"，该举措是"中央主导的理性建构主义立法观与地方推动的经验主义法律试行机制"的有机融合，❶ 通过环境放权推动地方环境治理体系和治理能力的现代化。地方立法权的主体由原有的 49 个较大的市扩大到 284 个设区的市，❷ 通过整理北大法宝检索数据可知：2015 年修法至 2025 年，设区的市制定的现行有效的环境保护类地方性法规有 991 件，而 1989 年到 2015 年长达 26 年的时间中，同类法规只颁布实施了 84 件，修法后的法规数量大幅增加，平均年增速达到了 3068%，2018 年之后，每年的发布量都超过百件。

总体上看，央地环境立法权力配置经历了由集权到分权再到均权的过程，现代央地环境立法功能实现分化，地方环境立法从单纯服从上级领导权威，走向了遵从宪法和上级法律框架下的充

---

❶ 钱大军：《当代中国法律体系构建模式之探究》，《法商研究》2015 年第 2 期。杜辉：《"设区的市"环境立法的理性类型及其实现——央地互动的视角》，《法学评论》2020 年第 1 期。

❷ 周迪：《论中央与地方环境立法事项分配》，中国社会科学出版社，2019，第 46 页。

分自主。环境法现代创制机制中的结构性变动对整个环境法调整机制的运作都会产生全局性影响。地方环境执行性立法转为创新性立法，在决策结构上更加均衡，在决策效率上更加高效，中央立法确定宏观整体的制度框架和发展方向，地方立法在此基础目标的指引下，结合本地知识和管理经验，依据地方特色的经济社会发展规律和本地资源禀赋条件，发挥地方治理的能动性，依法制定更加科学、高效、便民的环境法律制度实现高度特殊化的地方治理经验的制度化和法治化，更加符合民众的秩序化期待。

二、现代行政执法机制：权责统一的执法体系

权责统一的环境行政执法体系是现代环境行政执法机制的典型内容。2014 年"史上最严环保法"在继续强化环境行政权的同时，也前所未有地强化环境行政管理责任。法治进程推动了我国政府环境责任体系的发展，强权行政向限权行政发展，主要体现为环境保护行政首长负责制的全面建立和生态环境问责制的建立。

（一）环境保护行政首长负责制全面建立

为督促地方政府及其有关部门切实履行环保责任，2014 年《中华人民共和国环境保护法》规定地方各级政府对本行政区域的环境质量负责。环境保护行政首长的领导责任制成为我国环境管理新常态，打破了部门利益壁垒，解决了部门间相互推诿、责任难以落实的弊病，有利于环境保护工作的组织协调，更便于整体生态环境的保护，是我国环境资源保护制度的重大创新。将生态质量和环境治理成效与政绩考核挂钩，也能纠正唯经济增长的片面发展观，以"绿色 GDP"的增长为目标驱动，形成促进生态保护的良性竞争机制，解决公众诉求和环境治理间的内生矛盾。其具体制度落实体现为"河长制、湖长制、林长制"的全面开展。

2003 年浙江长兴率先推行"河长制"；2007 年无锡将河流水

质状况纳入各级党政负责人的政绩考核内容；2008 年，江苏省在太湖流域全面推行"河长制"。2011 年水利部发布通知，❶ 将江浙河长制管理模式向全国推广，以加大执法力度；2014 年水利部印发《关于加强河湖管理工作的指导意见》，鼓励创新高效的河湖管理模式，积极探索实施以行政首长为责任人的"河长制"；2016 年11 月，《国务院关于印发"十三五"生态环境保护规划的通知》要求在全国范围内全面推行"河长制"；同年 12 月，十部委联合部署全面推行河长制的各项工作；2016 年底，《关于全面推行河长制的意见》下发，明确提出在 2018 年底前全面建立河长制。2017年修改的《中华人民共和国水污染防治法》第五条明确规定建立省、市、县、乡四级河长制。"河长制"以法律的形式确定下来，且已经实现全面覆盖。

自 2008 年起，宿迁、武汉、哈尔滨、吉安等省市率先实行"湖长制"，❷ 到 2016 年已有 12 个省市开展实施"湖长制"。2017 年到 2020 年，"国民经济和社会发展计划"对推行环境保护行政首

---

❶ 2011 年水利部发布《关于贯彻落实 2011 年中央一号文件和中央水利工作会议精神进一步加强水利建设与管理工作的指导意见》的通知，提到要推广河长制管理模式，加大执法力度。

❷ 2008 年 5 月 6 日，宿迁市委办公室、市政府办公室发布《关于在全市境内河湖建立"河（湖）长"制的意见》（宿办发〔2008〕51 号），提出建设河湖长制。2011 年 7 月 2 日，武汉市人民政府印发《关于 2011 年武汉市资源节约型和环境友好型社会建设综合配套改革试验工作要点的通知》（武政〔2011〕47 号），要求进一步顺湖泊管理体制，深入推进"湖长制"。2011 年 11 月 18 日，武汉市人民政府办公厅发布《关于切实做好我市当前水利改革发展工作的通知》（武政办〔2011〕168 号），指出要完善"湖长制"。2015 年 12 月 23 日，哈尔滨市人民政府办公厅发布《关于印发哈尔滨市推进黑臭水体整治工作方案的通知》（哈政办综〔2015〕57 号），指出实行"河湖长制"，明确每一水体水质管理的责任人，落实相关管理措施。2015 年 11 月 17 日，吉安市人民政府办公室发布《关于印发市中心城区城市黑臭水体整治实施方案的通知》（吉府办字〔2015〕283 号），提出实行"河湖长制"。

长负责制的具体要求，由"全面推行河长制""全面建立河长制、湖长制"，到"深入实施河长制、湖长制"，再到"完善河长制湖长制，加快推动落实林长制"递进式发展。❶ 我国"林长制"发端于 2017 年，以安徽为主要试点推行，安徽省发布《环境保护条例》，以地方性法规的形式建立省、市、县、乡、村五级林长制，并在全省范围内施行，2021 年还通过了《安徽省林长制条例》，后在全国范围相继展开。2021 年"十四五"规划指出，要强化河长制、湖长制，推行林长制，建立河湖长联席会议制度。河湖长制、林长制完美内嵌于具有中国特色的环境资源法律制度当中，是加强河湖、森林环境保护，强化行政管理的重要举措，各级政府环境质量责任体系的建立，是破解环境治理困局、统筹区域性生态保护、实行严管重罚的制度措施。

（二）生态环境问责制建立

"督政"意义上的生态环境问责制度始于 2006 年，《环境保护违法违纪行为处分暂行规定》对环境行政机关的违法违纪行为作了明确规定。2010 年国家有关部门针对煤矿事故的转发通知中首次规定了"一岗双责、党政同责"的责任承担方式，❷ 要求对党

---

❶ 2017 年第十二届全国人民代表大会第五次会议通过的《关于 2016 年国民经济和社会发展计划执行情况与 2017 年国民经济和社会发展计划的决议》提出"全面推行河长制"。2018 年第十三届全国人民代表大会第三次会议通过的《关于 2017 年国民经济和社会发展计划执行情况与 2018 年国民经济和社会发展计划的决议》提出"全面建立河长制、湖长制"。2019 年第十三届全国人民代表大会第三次会议通过的《关于 2018 年国民经济和社会发展计划执行情况与 2019 年国民经济和社会发展计划的决议》提出"深入实施河长制、湖长制"。2020 年第十三届全国人民代表大会第三次会议通过的《关于 2019 年国民经济和社会发展计划执行情况与 2020 年国民经济和社会发展计划的决议》提出"完善河长制湖长制，加快推动落实林长制"。

❷ 2010 年 5 月 12 日，《国家安全监管总局办公厅、国家煤矿安全监局办公室转发河南省关于严厉打击煤矿违法违规生产坚决遏制煤矿重特大事故紧急通知的通知》（安监总厅煤监〔2010〕86 号）。

政主要负责人一并问责。2014 年《中华人民共和国环境保护法》和 2014 年环保部制定的《环境保护部约谈暂行办法》、国务院办公厅发布的《关于加强环境监管执法的通知》共同开启了环境问责制的先河，国家环境监察制度进一步完善，"一岗双责、党政同责"制正式推行。自 2015 年以来，国家出台了一系列相关规定，❶ 上收环境监察权，开展环境保护督察，对不履职、不作为的党政负责人进行告诫谈话并督促整改，开展追溯倒查机制，强化监管责任，约束环境监管执法行为，加强地方各级党委和政府主要领导在自然资源资产管理和生态环境保护方面的责任，推进生态文明绩效评价考核，实行生态环境损害责任终身追究制、环境保护目标责任制，实现决策和执行的统一、政治责任和行政责任的统一。

2019 年"两级三类"环保督察正式建立，国家又陆续颁布了《关于统筹推进自然资源资产产权制度改革的指导意见》《省级政府耕地保护责任目标考核办法》，进一步巩固加强环境执法能力，继续推进考核评价、离任审计、损害责任追究制度，确立"以督

---

❶ 2015 年 7 月 1 日，中央全面深化改革领导小组第十四次会议审议通过《环境保护督察方案（试行）》。2015 年 8 月 9 日，中共中央办公厅、国务院办公厅发布《党政领导干部生态环境损害责任追究办法（试行）》。2015 年 9 月 11 日，中共中央政治局召开会议，会议审议通过了《生态文明体制改革总体方案》。2015 年 10 月 30 日，中共中央办公厅、国务院办公厅联合印发了《开展领导干部自然资源资产离任审计试点方案》。2016 年 9 月 22 日，中共中央办公厅、国务院办公厅印发《关于省以下环保机构监测监察执法垂直管理制度改革试点工作的指导意见》。2016 年 12 月 22 日，中共中央办公厅、国务院办公厅印发了《生态文明建设目标评价考核办法》。2016 年 12 月 22 日，国家发展改革委、国家统计局、环境保护部、中央组织部制定《生态文明建设考核目标体系》。2017 年 11 月 28 日，中共中央办公厅、国务院办公厅颁布《领导干部自然资源资产离任审计暂行规定》。2017 年 9 月 20 日，中共中央办公厅、国务院办公厅印发《关于建立资源环境承载能力监测预警长效机制的若干意见》。

促干"原则，以通报批评、曝光等形式监督党政领导干部履行职能、科学决策、深化行政执法体制改革。2020 年生态环境部印发实施新修订的《生态环境部约谈办法》，增加了约谈事项和行政措施，对存在环境问题整改不力、上级事项落实不力、目标任务完成不力、工作推进不力的约谈对象，针对生态恶化和环境问题突出、影响恶劣、群众反映强烈的情形，以指出问题、提醒谈话、提出整改建议等方式实施约谈。2020 年底，全国人大常委会对《关于全面加强生态环境保护依法推动打好污染防治攻坚战的决议》的落实情况作了专题调研，报告指出，我国各地关于生态环境保护"党政同责、一岗双责"的制度均已建立，齐抓共管、各负其责的工作格局已经形成。[1] 2023 年生态环境部制定《中央生态环境保护督察工作规划（2023—2027 年)》，截至 2023 年底，第二轮督察整改方案明确的 2164 项整改任务，总体完成率达 79%。[2]

党政融合的弹性结构有效弥补了实践中环境行政首长负责制权责不对等、管理效率不高的缺陷，对环境行政机关监管权能的限制，是以政治责任为核心压力源，以纵向压力为导向传导，以政治绩效为激励的制度组合，[3] 可以取缔环境行政执行中的机会主义，形成环境党政责任一体化和环境行政权责一致的有机结合，利用党的集体性决策理性对环境行政管理"纠偏"，防止环境监管

[1] 2020 年 12 月 23 日，《全国人民代表大会常务委员会专题调研组关于〈全国人民代表大会常务委员会关于全面加强生态环境保护依法推动打好污染防治攻坚战的决议〉落实情况的调研报告》。

[2] 黄润秋：《深入学习贯彻全国生态环境保护大会精神 以美丽中国建设全面推进人与自然和谐共生的现代化——在 2024 年全国生态环境保护工作会议上的工作报告》，生态环境部，2024 年 1 月 23 日。https://www.mee.gov.cn/ywdt/hjywnews/202401/t20240127_1064954.shtml。

[3] 张锋：《我国环保约谈功能机制的反思与重构》，《行政管理改革》2021 年第 9 期。

的异化风险，党政双轨各负其责但又齐抓共管，结构独立但又责任统一，最大限度聚合制度优势，这是环境法传统调整方法望尘莫及的现代壮举。

三、现代司法适用机制：多类型的环境公益诉讼制度

环境问题引发的对公共利益损害的填补以及对个体利益诉求的回应，虽然与环境行政监管相关，但其解决之道却是司法的固有优势。[1] 环境司法是传统司法的一部分，附属于民事、刑事、行政司法制度，传统的司法救济往往无法有效回应现代环境问题，为解决日益增多的环境纠纷，统合现有的审判模式，自 2007 年贵州设立第一个专门环境法庭起，我国开始积极推进环境司法专门化进程。环境公益诉讼制度是环境法现代调整机制中最璀璨的制度创新和司法创新的结晶。

以环保组织为原告的环境民事公益诉讼制度的正式确立，标志着我国由单纯对环境私益的保护转变为对环境公益和私益的双轨道保护，也是我国环境司法现代化的重要转向，更是支撑环境司法专门化发展的重要基础。环境民事公益诉讼不仅是我国最早发展起来的公益诉讼制度类型，也日渐成为现代环境司法适用机制中最常见的诉讼制度模式。但环保组织由于受到法定起诉条件和自身力量的限制，并不能使环境民事公益诉讼制度发挥最大价值，地方政府的支持程度和法院的态度成为案件受理、审判的关键，再加上案件选择存在较大主观性，不乏环保组织为提高影响力追热点案件、专挑"软柿子"捏的现象，单靠"草根"性的环保组织积极起诉并不足以推动环境民事公益诉讼的发展，环境公

---

[1] 张璐：《中国环境司法专门化的功能定位与路径选择》，《中州学刊》2020 年第 2 期。

益维护法治化、常态化的目的恐难以实现。

2015 年，我国开始探索由检察机关提起环境公益诉讼的制度模式，为期两年的试点工作全面展开，❶ 更有效率的检察环境诉讼在局部试点取得成效的情况下迅速走向制度化，检察环境公益诉讼制度成为我国司法体制的又一重大创新。2017 年《中华人民共和国民事诉讼法》的修改使检察院获得民事公益诉讼起诉主体资格，在民事公益诉讼中，检察院处于让位、补位、支持的法律地位，作为公益诉讼起诉人或支持起诉人参加诉讼，可以附条件地、以损害环境公益的民事主体为被告，向法院提起环境民事公益诉讼，在没有法律规定的机关和组织或法律规定的机关和组织不提起诉讼的情况下提起诉讼，而在有法律规定的机关或组织提起诉讼时，检察院也可以作为支持机关和组织一同向法院起诉并参与诉讼活动。《中华人民共和国行政诉讼法》的修改确定了检察行政公益诉讼制度，检察院作为司法监督的职能机关，是目前环境行为公益诉讼的唯一起诉主体，当检察机关发现负有监管职责的行政机关违法行使职权或者不作为，或者其作为或不作为致使国家利益或者社会公共利益受到侵害时，应首先向行政机关提出检察建议，督促其依法履职，行政机关不依法履职的，检察院应当依法向法院提起环境行政公益诉讼。

2018 年，最高人民法院、最高人民检察院联合发布《关于检察公益诉讼案件适用法律若干问题的解释》，为检察机关提起环境刑事附带民事公益诉讼提供了依据。但学界对该制度褒贬不一，

---

❶ 2015 年 7 月 1 日，全国人民代表大会常务委员会作出《关于授权最高人民检察院在部分地区开展公益诉讼试点工作的决定》。2015 年 7 月 2 日，最高人民检察院发布《检察机关提起公益诉讼试点方案》，2015 年 12 月 24 日，最高人民检察院发布《人民检察院提起公益诉讼试点工作实施办法》（高检发释字〔2015〕6 号），该《实施办法》于 2020 年 12 月 26 日才被正式废止。

支持者认为，民事公益诉讼与刑事诉讼在根本目的和对社会公共利益及国家利益的保护方式上明显不同，检察院提起环境刑事附带民事公益诉讼兼具刑事公诉人和公益诉讼起诉人的双重身份，有利于节约司法资源、提升办案质量，实现惩戒与修复并举。❶ 反对者认为，刑事附带民事公益诉讼在办案组织架构、人员分配、具体规则方面均存在问题，调查取证易出现混乱，且并无存在之必要，不仅在于其与检察院提起的附带民事诉讼之间存在制度竞合，而且缺乏程序性的操作规范，易产生程序性冲突。❷ 大多学者赞成检察院在提起公诉时一并提起附带民事公益诉讼的做法，实践层面，环境刑事民事公益诉讼也的确呈"井喷"发展态势，该制度能够弥补法院办案空白、方便审理，环境刑事附带民事公益诉讼制度的进一步完善是我国环境司法制度继续发展的必然趋势。

四、现代监督保障机制：环保督察与检察建议对权力的监督

现代监督保障机制是实现现代环境法治的重要利器，监督和保障应当是兼收并蓄的时代课题。在环境法的现代调整机制中，现代监督保障机制应当是充满实践自觉的法治延伸，凝结为执纪监督与激励保障协同、权力监督与权利保障联动、执行监督与效能保障并行、依宪监督与法治保障共进的全新体系。

如果将"监督""保障"机制理解为内涵不同的两个机制，那么现代保障机制就具有其独立的、与监督机制完全不同的内容，

---

❶ 周新：《刑事附带民事公益诉讼研究》，《中国刑事法杂志》2021 年第 3 期。
❷ 石晓波、梅傲寒：《检察机关提起刑事附带民事公益诉讼的检视与完善》，《政法论丛》2019 年 12 月。程龙：《刑事附带民事公益诉讼之否定》，《北方法学》2018 年第 6 期。

二者并不存在因果关联，而是并列等价的机制，缺一不可。但是，保障机制在内容上独立于监督机制，并不等于它可以作为一个单独的环境法现代调整机制的环节。保障机制虽然对环境法现代调整机制起重要的支撑作用，但就其功能和运作机理来看，与环境法现代调整机制的其他环节并不具有逻辑序列上的递进关系，保障机制的运转不能独立运行而必须依附于环境法律规范的现代监督机制。

如果将"监督保障"机制理解为以监督为过程性手段、保障为目的的机制，那么监督本身就具有保障的效果，为了保障环境权利义务关系的实现而对环境法律规范的创制和实施过程进行监督，故监督为因，保障为果。

历史上，国家权力常以暴力方式呈现，为了驯化这种力量，需要从权力的取得开始，对国家权力的运作进行反省。国家权力依据国民委托产生，整个权力运作过程都必须遵循民主主义原理，因此，环境法现代调整机制中的所有主体均能作为监督主体，以不同监督方式监督环境权力的行使。而环境法现代调整机制中，最具典型意义的权力监督方式就是环保督察和检察建议。

（一）环保督察

环保督察是针对常规行政治理失灵的纠正机制。[1] 2014 年之前，我国环境监管体系以监察、督查为中心，并依行政区划成立了六大督查中心作为环境保护部派出机构行使监督权，2002 年国家环保总局发布《关于统一规范环境监察机构名称的通知》，环境监察机构正式成为环境执法的中坚力量，开展督促检查工作，主要职责是监督法规执行和落实、解决跨区纠纷，监督对象从设置

---

[1] 盛明科、李代明：《生态政绩考评失灵与环保督察——规制地方政府间"共谋"关系的制度改革逻辑》，《吉首大学学报（社会科学版）》2020 年第 4 期。

上包括政府和排污企业，但实践中多以企业为主。2014 年之后，随着《综合督查工作暂行办法》《全国环境监察工作要点》和《环境保护部约谈暂行办法》《环境保护督察方案（试行)》的陆续出台，我国环保监察工作由监督企业与政府并重的环保综合督查向以监督党、政机关为主的中央环保督察转变。❶ 2019 年《法治政府建设与责任落实督察工作规定》统合了督察工作与法治政府建设，不仅将督察对象扩大到县级以上政府部门，还明确了书面督察和实地督察方式、第三方评估制度、督察程序和公开制度、奖惩制度等。《中央生态环境保护督察工作规定》的发布实施，标志着"中央环保督察"向"中央生态环保督察"发展，既反映出党和国家治理污染、保护生态的决心，也标志着环保督察进入新的发展阶段。生态环保督察首次以党内法规的形式予以确定，督察顶层设计正式完成，央地督察体制正式确立。2021 年 5 月 8 日配套制度《生态环境保护专项督察办法》出台，适用于党中央和国务院交办的、中央环保督察小组明确要求的以及经其审核同意的专项督察，督察制度体系进一步完善。

自对权力的督察监督上提至国家最高权威后，具有"巡视"意味的全面政治动员展开，避免了压力传导的衰弱和执行力的消减，久拖不决的环境污染和生态破坏顽疾得到有效解决，通过科层体系开展的"督查"为依托专断性权力的中央环保督察所代替，并以强约束、高效率的优势保证着环境执法效果，从根本上避免了怠政懒政。但这种"运动式"的治理工具还是会面临政治强压引致的异化风险，如上下级之间的共谋行为或敷衍怠慢、虚假瞒报现象等，而且环保督察涉及对党、政双系统的权力监督以及对

---

❶ 陈海嵩：《环保督察制度法治化：定位、困境及其出路》，《法学评论》2017 年第 3 期。

排污企业的监管，环保督察的内生性问题也不容忽视，其中的党政关系、央地关系、府际关系、政企关系处理不好，环保督察的持续性和持久性就难以维系，就会变成临时性、突击式、泛在化的制度，如何加强环保督察的法治化和制度化，倒逼环境治理水平和治理能力的现代化，建立环保督察长效机制，并与河（湖、林）长制、环境保护目标责任制等环境法律制度实现衔接是未来需要重点研究的课题。

（二）检察建议

发出检察建议是检察机关的职权行为，在环境法现代调整机制中主要作为环境行政公益诉讼的法定诉前程序出现。有学者指出，诉前程序至少使 75% 的行政机关主动纠正了行政违法行为，❶从这个意义上说，检察建议虽具有柔性外观，却有着刚性约束的效果，甚至起到了"消灭诉讼"的制度作用，能有效减轻诉累、节省司法资源。从权力监督的角度看，公益诉讼检察建议通过司法影响力、强制力行使国家法律监督权，旨在督促行政机关依法全面履行法定职责，维护环境公共利益，是环境法现代调整机制中监督公权力的重要手段。《最高人民法院、最高人民检察院关于检察公益诉讼案件适用法律若干问题的解释》、《人民检察院检察建议工作规定》（以下简称《规定》）和《人民检察院公益诉讼办案规则》对检察建议的类型、程序、内容、适用范围等作了详细规定。结合相关规定并根据最高人民检察院、最高人民法院公布的指导性案例，公益诉讼检察建议至少有以下基本遵循：

第一，检察建议应当符合诉讼逻辑，必须建立在对违法事实调查核实的基础上，保证事实清楚、准确。对其客观表现、主观

---

❶　关保英：《行政公益诉讼中坚持建议援用法律研究》，《法学评论》2021 年第 2 期。

过错、与国家利益或者社会公共利益遭受侵害后果的关系以及相关法律法规、政策要求、文件规定等进行全面收集、固定证据，在查清事实的基础上依法提出检察建议。❶ 调查终结报告、检察建议书都应当符合《规定》的形式和实质要求。

第二，检察建议以行政机关未依法履职或未依法全面履职为前提，包括不作为、不完全作为和乱作为等情形。对该事项的认定，应以行政机关的法定职责为依据。❷❸❹ 环境行政执法具有连续性和持续性，针对行政机关虽有执法，但执法不到位的情形，如果国家利益或者社会公共利益受侵害的状态没有得到有效纠正，应认定行政机关未依法全面履职；❺ 检察机关发出检察建议后，还要考察国家和社会公共利益是否脱离了被侵害的状态；❻ 如果违法行为仍在继续，对环境造成持续性的侵害后果，经检察院督促履职后仍未能履职到位，国家和社会公共利益仍处在被侵害状态，

❶ 《最高人民检察院第十三批指导性案例》，2018 年 12 月 21 日，《检例第 49 号：陕西省宝鸡市环境保护局凤翔分局不全面履职案》，载《最高人民检察院公报》2019 年第 2 号（总第 169 号）第 23—26 页。

❷ 《最高人民检察院第十三批指导性案例》，2018 年 12 月 21 日，《检例第 49 号：陕西省宝鸡市环境保护局凤翔分局不全面履职案》，载《最高人民检察院公报》2019 年第 2 号（总第 169 号）第 23—26 页。

❸ 《最高人民检察院第八批指导性案例》，2016 年 12 月 29 日，《检例第 32 号：贵州省锦屏县人民检察院诉锦屏县环保局行政公益诉讼案》，载《最高人民检察院公报》2017 年第 3 号（总第 158 号）第 28—30 页。

❹ 《最高人民法院关于发布第 24 批指导性案例的通知》，2019 年 12 月 26 日，《指导案例 137 号：云南省剑川县人民检察院诉剑川县森林公安局怠于履行法定职责环境行政公益诉讼案》，(2017) 云 2931 行初 1 号。

❺ 《最高人民检察院第十三批指导性案例》，2018 年 12 月 21 日，《检例第 49 号：陕西省宝鸡市环境保护局凤翔分局不全面履职案》，载《最高人民检察院公报》2019 年第 2 号（总第 169 号）第 23—26 页。

❻ 《最高人民检察院第八批指导性案例》，2016 年 12 月 29 日，《检例第 30 号：湖北省十堰市郧阳区人民检察院诉郧阳区林业局行政公益诉讼案》，载《最高人民检察院公报》2017 年第 3 号（总第 158 号）第 23—25 页。

检察院可以依法提起行政公益诉讼。●

第三，检察机关对行政机关作出的整改回复，检察机关应当跟进调查，对于无正当理由未整改或未整改到位的，可以提起行政公益诉讼；● 未在检察建议要求的期限内依法全面履行职责，致使国家利益或社会公共利益仍然遭受侵害的，检察机关应当提起公益诉讼。● 行政机关违法作为或不作为是提起行政公益诉讼的前提条件，● 国家和社会公共利益受到侵害是提起行政公益诉讼的必要条件。● 如果检察机关通过检察建议实现了督促行政机关依法履职、维护国家利益和社会公共利益的目的，则其不需要再向人民法院提起诉讼。●

第四，针对一个污染环境或者破坏生态的事件，如果多个行政机关同时存在不作为、乱作为的违法情形，检察机关可以分别提出检察建议，督促其依法履行各自的职责。当有多种符合法律

● 《最高人民检察院第八批指导性案例》，2016 年 12 月 29 日，《检例第 32 号：贵州省锦屏县人民检察院诉锦屏县环保局行政公益诉讼案》，载《最高人民检察院公报》2017 年第 3 号（总第 158 号）第 28—30 页。

● 《最高人民检察院第十六批指导性案例》，2019 年 12 月 20 日，《检例第 63 号：湖北省天门市人民检察院诉拖市镇政府不依法履行职责行政公益诉讼案》，载《最高人民检察院公报》2020 年第 1 号（总第 173 号）第 27—30 页。

● 《最高人民检察院第十三批指导性案例》，2018 年 12 月 21 日，《检例第 49 号：陕西省宝鸡市环境保护局凤翔分局不全面履职案》，载《最高人民检察院公报》2019 年第 2 号（总第 169 号）第 23—26 页。

● 《最高人民检察院第八批指导性案例》，2016 年 12 月 29 日，《检例第 32 号：贵州省锦屏县人民检察院诉锦屏县环保局行政公益诉讼案》，载《最高人民检察院公报》2017 年第 3 号（总第 158 号）第 28—30 页。

● 《最高人民检察院第八批指导性案例》，2016 年 12 月 29 日，《检例第 30 号：湖北省十堰市郧阳区人民检察院诉郧阳区林业局行政公益诉讼案》，载《最高人民检察院公报》2017 年第 3 号（总第 158 号）第 23—25 页。

● 《最高人民检察院第十三批指导性案例》，2018 年 12 月 21 日，《检例第 50 号：湖南省长沙县城乡规划建设局等不依法履职案》，载《最高人民检察院公报》2019 年第 2 号（总第 169 号）第 26—28 页。

规定的行政监管、处罚措施可供选择时，应从最大限度保护国家利益或者社会公共利益出发，建议行政机关采取尽量不减损非侵权主体的合法权益、实际效果最好的监管处罚措施。❶

第五，检察机关可综合运用刑事检察和公益诉讼检察职能，对损害国家利益和社会公共利益的情形进行全方位监督。如果环境犯罪行为具有持续性影响，在公安机关调查取证完成后，犯罪嫌疑人无力处置或对造成的环境污染拒绝履行、无能力履行环境修复义务的，为避免危害后果持续或扩大，损害国家利益或者社会公共利益的，检察机关可以向污染物所在地的环境主管部门提起行政公益诉讼要求其履行代处置职责。❷

当下制度体制中的检察建议仍存在诸多问题，如对作出检察建议所依据的事实证据调查不充分，检察建议书所援引的法律法规不恰当，具体检察建议过于笼统、劝诫性强、选择余地过大等，又或者检察建议内容过于具体，有的建议措施甚至比执法手段更加细致，突破了司法权与行政权的理性关系，不免有越俎代庖之嫌。此外，环境公益诉讼虽注重维护公共利益，但对其检察建议的适用绝不限于公益诉讼检察建议一种，对其他类型检察建议的灵活运用能够促进检察建议制度功能的充分发挥。相关规定明确规定检察建议正式发出前可以征求被建议单位意见，而且被建议单位有异议权、复核权，但在环境行政公益诉讼实践中并没有得到充分体现，检察院的强势姿态在事实上使得检察机关与行政机关的地位悬殊。

---

❶ 《最高人民检察院第十三批指导性案例》，2018 年 12 月 21 日，《检例第 50 号：湖南省长沙县城乡规划建设局等不依法履职案》，载《最高人民检察院公报》2019 年第 2 期（总第 169 号）第 26—28 页。

❷ 《检例第 112 号：江苏省睢宁县人民检察院督促处置危险废物行政公益诉讼案》，载《最高人民检察院关于印发最高人民检察院第二十九批指导性案例的通知》，2021 年 8 月 19 日。

第四章

环境法现代调整机制形成的原因分析

环境法现代调整机制的形成源于近年来出现的具有现代意义的指导思想，同时在政治、经济、社会、科技等多方面客观因素的推动下，环境法传统调整方法开始向现代调整机制转变，这种转变是在现代环境法治的发展过程中逐步出现的。这表明：其一，环境法现代调整机制的产生具有客观实在性。环境法现代调整机制并不是主观臆构的概念，而是产生于丰富的环境保护实践，由环境法治的客观发展催生，既是对现代社会生活的复写，也是对现代先进文明形态的反映。其二，环境法现代调整机制的形成具有历史必然性。环境法的调整机制经历了持续而漫长的发展过程，始终遵循历史进程和社会发展规律，朝着现代化方向循序渐进。

第一节　环境法现代调整机制在环境
法治发展中逐渐形成

一、我国环境法制体系逐步完善

改革开放以前，我国并没有真正意义上的环境法，与环境保护相关的规范性文件寥寥可数，仅 20 余个，[1] 主要以条例、办法、暂行标准、规程、规定、通知、报告等文件形式出现。1973 年《关于保护和改善环境的若干规定（试行草案)》注意到了环境的保护和改善，首次明确了"32 字方针"[2]，是我国环境法的前身，为后来的环境立法奠定了坚实的基础。在特殊的经济发展时期，我国环境法律制度以防止污染和公害为主。联合国人类环境会议和全国环境保护会议之后，伴随着改革开放序幕的拉开，我国环境

---

[1] 1979 年之前国务院及其有关部门制定的环境规范性文件如：《中华人民共和国矿业暂行条例》(1950)、《国家建设征用土地办法》(1953)、《自来水水质暂行标准》(1954)、《矿产资源保护试行条例》(1956)、《工业企业设计暂行卫生标准》(1956)、《工厂安全卫生规程》(1956)、《水土保持暂行纲要》(1957)、《生活饮用水卫生规程》(1959)、《放射性工作卫生防护暂行规定》(1960)、《注意处理工矿企业排出有毒废气、废水的通知》(1957)、《关于工业废水危害情况和加强处理利用的报告》(1960)、《工业"二废"排放试行标准》(1973)、《关于停止珍稀野生动物的收购和出口的通知》(1973)、《关于贯彻执行国务院有关在基本建设中节约用地的指示的通知》(1973)、《关于保护和改善环境的若干规定（试行草案)》(1973)、《放射防护规定》(1974)、《关于防止食品污染问题的报告》(1974)、《防治沿海水域污染暂行规定》(1974)、《生活饮用水卫生标准》(1976)、《食品添加剂使用卫生标准》(1977)、《关于治理工业"三废"开展综合利用的几项规定》(1977) 等。

[2] "32 字方针"指：全面规划、合理布局、综合利用、化害为利、依靠群众、大家动手、保护环境、造福人民。

法治进程开始步入正轨。20 世纪 70 年代末到 80 年代初，国家发展战略开始改变，环境保护被列入国家发展计划，第二次全国环境保护会议将环境保护作为我国的基本国策，并且提出了"三同步、三统一"的指导方针，"标志着中国环境保护从单纯治理开始转入和经济、社会协调发展的新阶段"。❶

《中华人民共和国环境保护法（试行）》（1979）（以下简称 1979 年《环境保护法》）以宪法的修改为契机，顺势出台。1978 年修宪时，在第 11 条对环境保护作了专门规定，为我国第一部环境与资源保护综合性立法提供了宪法依据。"79 环境法"标志着我国环境法律规范体系的建立进入初步发展阶段，环境保护进入法制建设时期。1982 年《中华人民共和国宪法》第 9、第 10、第 22、第 26 条规定了资源开发利用和保护环境，其里程碑式的历史地位为《中华人民共和国环境保护法》的正式颁布打下了根基。十年间，我国制定了大量的环境法律法规，针对环境污染、资源保护、环境标准进行立法，大量自然资源保护和污染防治方面的法律法规出台，国家还颁布实施了一系列环境标准，对我国环境法律制度的发展具有重要意义，仅全国人大常委会制定的法律就有 14 部，❷ 环境立法取

---

❶ "三同步、三统一"是时任副国务院总理李鹏同志在第二次全国环境保护会议（1983 年 12 月 31 日至 1984 年 1 月 7 日）上提出的，指经济建设、城乡建设和环境建设要同步规划、同步实施、同步发展，做到经济效益、社会效益、环境效益的统一。这是我国第一次在战略高度上确定的环境保护工作的指导方针。

❷ 1979 至 1989 年，全国人大常委会通过的环境法律主要包括：《中华人民共和国环境保护法（试行）》（1979）、《中华人民共和国森林法（试行）》（1979）、《中华人民共和国海洋环境保护法》（1982）、《中华人民共和国水污染防治法》（1984）、《中华人民共和国森林法》（1984）、《中华人民共和国草原法》（1985）、《中华人民共和国矿产资源法》（1986）、《中华人民共和国土地管理法》（1986）、《中华人民共和国渔业法》（1986）、《中华人民共和国大气污染防治法》（1987）、《中华人民共和国水法》（1988）、《中华人民共和国野生动物保护法》（1988）、《中华人民共和国标准化法》（1988）、《中华人民共和国环境保

得了从无到有的历史进展。《关于保护和改善环境的若干规定（试行草案)》中的环保措施，如"三同时"制度至今尚存，"79 环境法"确立的"预防为主、防治结合""谁污染谁治理"原则，以及环保目标责任制、环境影响评价制度、排污收费制度等也得以延续。

1989 年《中华人民共和国环境保护法》（以下简称 1989 年《环境保护法》）标志着我国环境法律规范体系的建立进入完善发展阶段，环境保护进入法制发展时期。1989 年至 2014 年的 25 年间，环境法律规范体系快速发展，新的环境资源法律法规陆续出台，呈井喷式发展，环境资源保护法律制度体系初步建立，仅全国人大常委会制定的法律就多达 24 部。❶在环境污染领域，国家在防治大气、水、海洋污染的基础上，适时补充了针对新兴污染要素的立法，并由简单关注单要素的点源污染防治，扩大至能源领

（接上页）护法》(1989)。还包括大量的环境法规，主要有：《征收排污费暂行办法》(1982)、《防止船舶污染海洋管理条例》(1983)、《海洋石油勘探开发环境保护管理条例》(1983)、《建设项目环境保护管理办法》(1986)、《防止拆船污染环境管理条例》(1988)、《水污染防治法实施细则》(1989)、《环境噪声污染防治条例》(1989)。

❶ 1989 至 2014 年，全国人大常委会通过的环境法律主要包括：《中华人民共和国水土保持法》(1991)、《中华人民共和国农业法》(1993)、《中华人民共和国农业技术推广法》(1993)、《中华人民共和国固体废物污染环境防治法》(1995)、《中华人民共和国电力法》(1995)、《中华人民共和国环境噪声污染防治法》(1996)、《中华人民共和国煤炭法》(1996)、《中华人民共和国防洪法》(1997)、《中华人民共和国防震减灾法》(1997)、《中华人民共和国节约能源法》(1997)、《中华人民共和国气象法》(1999)、《中华人民共和国种子法》(2000)、《中华人民共和国防沙治沙法》(2001)、《中华人民共和国海域使用管理法》(2001)、《中华人民共和国清洁生产促进法》(2002)、《中华人民共和国环境影响评价法》(2002)、《中华人民共和国放射性污染防治法》(2003)、《中华人民共和国可再生能源法》(2005)、《中华人民共和国畜牧法》(2005)、《中华人民共和国城乡规划法》(2007)、《中华人民共和国突发事件应对法》(2007)、《中华人民共和国循环经济促进法》(2008)、《中华人民共和国海岛保护法》(2009)、《中华人民共和国石油天然气管道保护法》(2010)。

域立法、对突发事件的事后应对进行立法、对促进清洁生产和发展循环经济进行立法等；自然资源领域的立法不再单纯强调权属问题，生态保护受到重视，如水土保持、防沙治沙等专门立法；农村环境问题与农民环境权益被关注，还增加了对农业、畜牧业的立法，以及对农业技术、种子等与农业密切相关领域的立法。随着依法治国基本方略的确立，环境法律规范体系不断完善和发展，除了设立和修改专门的环境法律外，1997 年《中华人民共和国刑法》还增设了 "破坏环境资源保护罪"，我国还加入了 29 项国际环境条约，❶ 积极参与国际合作，极大推动了环境立法的发展。"89 环境法" 及其他环境法律法规一同形成了以环境污染防治、自然资源管理和生态环境保护为主体的完整体系。

2014 年前后，为符合日益变化的社会发展的客观需要，原有的法律法规不断被修正、修订，以适应不断发展的客观环境需求、价值追求和伦理诉求，近 30 部法律修改次数总计 70 余次。❷ 在环

---

❶ 20 世纪末，中国缔结参加的重要国际环境公约及签署、参加或批准时间，如《关于保护野生生物资源的合作协议》（1979）、《关于建立保护大熊猫研究中心的协议书》（1980）、《有灭绝危险的野生动植物国际贸易公约》（1980）、《保护候鸟及其栖息地的环境协议》（1981）、《保护臭氧层的维也纳公约》（1989）、《控制危险废物越境转移及其处置的巴塞尔公约》（1990）、《关于消耗臭氧层物质的蒙特利尔议定书（修订本）》（1991）、《气候变化框架公约》（1992）、《生物多样性公约》（1992）等。

❷ 2014 年前后，全国人大常委会修正、修订的环境法律主要包括：《中华人民共和国农业法》（2002、2009、2012 年修正）、《中华人民共和国农业技术推广法》（2012 年修正）、《中华人民共和国清洁生产促进法》（2012 年修正）、《中华人民共和国渔业法》（2000、2004、2009、2013 年修正）、《中华人民共和国环境保护法》（2014 年修订）、《中华人民共和国畜牧法》（2015 年修正）、《中华人民共和国种子法》（2004、2013、2015 年修订）、《中华人民共和国防洪法》（2009、2015、2016 年修正）、《中华人民共和国水法》（2002、2009、2016 年修正）、《中华人民共和国煤炭法》（2009、2011、2013、2016 年修正）、《中华人民共和国气象法》（2009、2014、2016 年修正）、《中华人民共和国水污染防治法》（1996、

境利益更加多元、环境社会关系更加复杂的背景下，面对新的环境问题和新的社会矛盾，10 余部新的环境法律规范出台，环境税、资源税、核安全、土壤污染防治、湿地保护、能源立法应运而生。❶《中华人民共和国环境保护法》的全面修订使我国环境法治建设步入了新的阶段，标志着我国环境法律规范体系已经形成，进入强化发展阶段，我国已经建立了以宪法为统领，以新《中华

（接上页）2008、2017 年修正）、《中华人民共和国标准化法》（2017 年修订）、《中华人民共和国海洋环境保护法》（1999、2013、2016、2017 年修正）、《中华人民共和国循环经济促进法》（2018 年修正）、《中华人民共和国节约能源法》（2007、2016、2018 年修正）、《中华人民共和国环境保护税法》（2018 年修正）、《中华人民共和国野生动物保护法》（2004、2009、2016、2018 年修正）、《中华人民共和国大气污染防治法》（1995、2000、2015、2018 年修正）、《中华人民共和国防沙治沙法》（2018 年修正）、《中华人民共和国电力法》（2009、2015、2018 年修正）、《中华人民共和国环境影响评价法》（2016、2018 年修正）《中华人民共和国噪声污染防治法》（2018 年修正）、《中华人民共和国城乡规划法》（2015、2019 年修正）、《中华人民共和国土地管理法》（1988、1998、2004、2019 年修正）、《中华人民共和国森林法》（1998、2009、2019 年修订）、《中华人民共和国固体废物污染环境防治法》（2004、2013、2016、2015、2020 年修正）、《中华人民共和国草原法》（2002、2009、2013、2021 年修正）、《中华人民共和国矿产资源法》（1996、2009 修正，2024 修订）。

❶ 2014 年以后，全国人大常委会新制定的环境法律主要包括：《中华人民共和国深海海底区域资源勘探开发法》（2016）、《中华人民共和国环境保护税法》（2016 年制定，2018 年修正）、《中华人民共和国核安全法》（2017）、《中华人民共和国耕地占用税法》（2018）、《中华人民共和国土壤污染防治法》（2018）、《中华人民共和国资源税法》（2019）、《中华人民共和国长江保护法》（2020）、《中华人民共和国生物安全法》（2020）、《中华人民共和国动物防疫法》（2021）、《中华人民共和国反食品浪费法》（2021）、《中华人民共和国湿地保护法》（2021）、《中华人民共和国黄河保护法》（2022）、《中华人民共和国黑土地保护法》（2022）、《中华人民共和国青藏高原生态保护法》（2023）、《中华人民共和国能源法》（2024）。此外，还包括全国人民代表大会常务委员会通过的规范性环境法律文件：《关于授权最高人民检察院在部分地区开展公益诉讼试点工作的决定》（2015）、《关于全面加强生态环境保护依法推动打好污染防治攻坚战的决议》（2018）、《关于国务院机构改革涉及法律规定的行政机关职责调整问题的决定》（2018）、《关于全面禁止非法野生动物交易、革除滥食野生动物陋习、切实保障人民群众生命健康安全的决定》（2020）。

人民共和国环境保护法》为核心，以各领域、各层级环境法律法规为基础的中国特色社会主义环境法律规范体系，环境立法体制逐渐健全。我国现已形成了相互联系、有机统一的环境资源法律制度体系，涵盖环境保护全过程、生态环境全要素、环保领域全方位，环境法律门类相对齐全、体例比较协调、结构较为严谨，为环境法的现代调整机制奠定了坚定的法律基础。

二、我国环境行政管理体制趋于完善

我国环境行政主管部门的组织架构及其职能变化大致经历了三个阶段：

第一阶段：由"环境保护领导小组"到"环境保护委员会"。原国家环境保护局正式独立之前，并不直接负责环境保护工作，而是作为办事机构或下属机构负责执行上级要求。在 1974 年国务院成立环境保护领导小组之前，全国环境保护工作实际由原国家计委负责，包括第一次全国环境保护会议的筹备等。1972 年后，我国因应环境问题成立了诸多针对水域保护的领导小组，如"官厅水库水资源保护领导小组"等，与相关省市政府协同开展环保工作，这些领导小组虽然是非专职机构，但其几乎承担了当时的所有环保工作。随着环境保护任务越来越重，国务院环境保护领导小组成立，主要负责方针制定、规划审定、组织协调、督促检查等工作。❶ 随后，各个地方的环境管理专门机构纷纷建立，各领域人才被调岗、转岗来支持环保事业的发展，他们从事环保监测和科学研究等相关工作。1982 年第五届全国人大常委会第 22 次会议决定，合并国家基本建设委员会、国家城市建设总局、国

---

❶ 《中国环境保护行政二十年》编委会：《中国环境保护行政二十年》，中国环境科学出版社，1994，第 8—9 页。

家建设工程总局、国家测绘总局、国务院环境保护领导小组办公室，组建城乡建设环境保护部，从其设置可以看出，环境保护职能尚未独立，由城乡建设环境保护部统一领导，当时的环境保护局叫作"城乡建设环境保护部环境保护局"，环境行政管理机关职能较为笼统，城乡基础建设工作到1988年才被分配至新组建的建设部。

第二阶段：由"环境保护委员会"到"国家环境保护总局"。1984年5月，国务院发布《关于环境保护工作的决定》，国务院环境保护委员会正式成立，主要负责研究审定有关环保的方针、政策，提出规划要求，领导和组织协调全国环保工作。1984年国务院办公厅发布通知，将城乡建设环境保护部环境保护局改为国家环境保护局，但仍归城乡建设环境保护部领导，主要负责全国环保的规划、协调、监督和指导工作。至此，国家环境保护局明确作为国务院环境保护委员会的办事机构，开始正式管理综合性的环境保护事务。1998年国务院环境保护委员会被撤销，国家环境保护局升格为国家环境保护总局，成为国务院主管环保工作的直属机构，1998年6月，国家环保总局升格为正部级单位，除了承担原环境保护委员会的职能，核安全监管职能、国际环境条约相关职能、机动车污染防治监管职能、农村环境保护、生物安全职能划入，产业政策和发展规划职能划出。我国环境行政机关原来笼统的职能设置经过四次机构改革后被逐步细化。

第三阶段：由"国家环境保护总局"到"生态环境部"。我国国家环境保护总局的环保职能直到2008年才有较大转变，是年，国家重新组建环境保护部作为国务院的组成部门。国家能源领导小组改为国家能源委员会，并成立国家能源局作为办事机构，但国家能源局归国家发展和改革委员会管理。2013年环境保护部并无变动，而是进一步理顺了国务院各机构的职责关系，重新组建了国家海洋局和国家能源局。环境行政管理机关职能的过度分化带来了一系列新的问题，原本统一的生态环境被分而治之，影响环保工作的实际效果。因此，2018 年国务院机构改革进一步推进，国家组建生态环境部，外挂国家核安全局牌子；另将自然资源权属管理、空间规划、测绘勘察调查等事项划归新组建的自然资源部统一管理，并保留国家海洋局牌子，下设国家林业和草原局，加挂国家公园管理局牌子，整合优化原机构职能；组建应急管理部负责自然灾害防治和救援；等等。

我国现代环境行政管理体制已经形成，为更有效地实施法律、保护生态环境提供了组织基础，职能整合后的环境行政主管部门更符合环境法现代调整机制的要求，有利于统一维护整体生态质量、修复生态环境，对自然资源进行一体化保护。

三、我国专门的环境资源审判机构逐步建立

在专门的环境资源审判机构建立之前，我国涉及生态环境要素的审判组织限于森林法院、矿区法院、海事法院等。1979 年《中华人民共和国人民法院组织法》第二条规定森林法院属于专门人民法院，次年，原林业部等五部门联合发文要求建立森林法院，受中级人民法院监督，❶ 直到 2018 年《中华人民共和国人民法院

---

❶ 1980 年 12 月 1 日，原林业部、司法部、公安部、最高人民检察院、最高人民法院发布《关于在重点林区建立与健全林业公安、检察、法院组织机构的通知》：在大面积国有林区的 146 个国营林业局、木材水运局所在地，已经建立的林业公安局，原则上不作变动，并要进一步充实和加强，同时要建立林区检察院和森林法院。林业公安局、林区检察院和森林法院行使县级公检法机关职权。森林法院受森林中级法院监督，或受所在地区中级人民法院监督。为了不影响工作，在未正式批准建立林区检察院和森林法院之前，可先按本通知精神进行筹建。

组织法》修订后，专门法院不再包括森林法院，海事法院取而代之。

1984 年，最高人民法院、交通部出台《关于设立海事法院的通知》，组建海事法院，我国六家海事法院于 1984 年 6 月 1 日正式建立。同年，全国人大常委会作出《关于在沿海港口城市设立海事法院的决定》，以规范性法律文件的形式确定了海事法院的设置、监督、管辖、人员任免等基本问题。❶ 后根据实际需要，海口、厦门、北海、南京海事法院陆续设立。❷ 为解决海事纠纷，国家在 1999 年出台了专门的海事诉讼程序法，❸ 在 2016 年之前，海事法院专门审理海事、海商案件，2016 年海事法院受理案件范围被扩大，最高人民法院要求沿长江海事法院发挥优势，审理长江流域的环境污染、生态破坏案件；要求天津海事法院在审判中将海洋生态环境保护作为参考因素。❹ 2017 年最高人民法院对海事法

---

❶ 1984 年 5 月 24 日，最高人民法院、交通部发布《关于设立海事法院的通知》，决定设立广州海事法院、上海海事法院、青岛海事法院、天津海事法院、大连海事法院、武汉海事法院。1984 年 11 月 14 日，全国人民代表大会常务委员会出台《关于在沿海港口城市设立海事法院的决定》（中华人民共和国主席令第二十号），要求设立广州、上海、青岛、天津、大连海事法院。

❷ 1990 年 3 月 2 日，最高人民法院发布《关于设立海口、厦门海事法院的决定》（法（交）发〔1990〕4 号）。1992 年 12 月 4 日，最高人民法院发布《关于设立宁波海事法院的决定》（法发〔1992〕40 号）。1999 年 7 月 19 日，最高人民法院发布《关于北海海事法院正式对外受理案件问题的通知》（法〔1999〕123 号）。2019 年 2 月 18 日，最高人民法院发布《关于同意撤销南京铁路运输法院设立南京海事法院的批复》（法〔2019〕39 号）。

❸ 我国于 1999 年 12 月 25 日颁布《中华人民共和国海事诉讼特别程序法》，2000 年 7 月 1 日实施。

❹ 2016 年 2 月 24 日，最高人民法院对 2001 年《关于海事法院受理案件范围的若干规定》作出修改，发布了《关于海事法院受理案件范围的规定》。2016 年 2 月 24 日，最高人民法院发布《关于为长江经济带发展提供司法服务和保障的意见》（法发〔2016〕8 号），意见要求充分利用海事法院跨行政区划管辖的优势，妥善审理长江流域环境污染、生态破坏等案件。2017 年 12 月 1 日，最高人民法院发布

院的案件管辖范围作了进一步明确指示，要求海事法院审理属于其管辖范围的海洋自然资源和生态环境损害赔偿诉讼。❶除了海事法院，专门的环境法庭是伴随着环境司法专门化的发展而发展的。早在 20 世纪八九十年代，武汉、沈阳等地就曾尝试设立环保法庭，虽然并未成功，却是对环境资源案件专门化审理模式的新的探索。

2007 年贵州清镇设立了我国首个环境保护法庭，江苏无锡市人民法院紧随其后，也于 2008 年 5 月成立了专门的环境资源审判庭，以应对日益严重的太湖生态环境问题。此后，专门环境资源审判机构的数量急剧增加，各地根据地方实际和过往经验，不断创新环境司法机制，实施"集中管辖""归口审理""三合一、四合一"的综合审判模式。2014 年，最高人民法院设立专门的环境资源审判庭，预示着我国环境资源专门审判机构建设的序幕正式拉开，2019 年，南京环境资源法庭和兰州环境资源法庭的设立，标志着专司环境资源纠纷的环境资源合议庭、环境资源审判庭、环境资源法庭，正以点、线、面的方式迅速在全国范围内铺开。

（接上页）《关于全面加强长江流域生态文明建设与绿色发展司法保障的意见》（法发〔2017〕30 号），再次重申对长江流域环境资源案件的审理管辖，要求沿江海事法院要充分利用跨行政区划管辖的优势，妥善审理长江流域环境污染、生态破坏案件。2016 年 2 月 3 日，最高人民法院发布《关于为京津冀协同发展提供司法服务和保障的意见》（法发〔2016〕5 号），要求充分发挥天津海事法院专业性及跨区域管辖的独特优势，通过依法履行审判职责，促进京津冀地区对外开放、自贸区建设，推动海运、物流、仓储等行业发展，保护海洋生态环境，保障互利共赢开放战略和海洋强国战略实施，切实维护国家主权、安全和发展利益。

❶ 2017 年 12 月 29 日，最高人民法院发布《关于审理海洋自然资源与生态环境损害赔偿纠纷案件若干问题的规定》（法释〔2017〕23 号），规定对中华人民共和国管辖海域内海洋自然资源与生态环境造成损害，由此提起的海洋自然资源与生态环境损害赔偿诉讼，由损害行为发生地、损害结果地或者采取预防措施地海事法院管辖。

根据《中国环境资源审判（2023）》，截至 2023 年年底，全国法院已设立环境资源专门审判机构、组织 2800 多个，我国现代环境资源审判机构已经全面建立，我国已成为环境资源专门审判机构覆盖最广、体系最完整的国家。

第二节　环境法现代调整机制形成的思想基础

一、生态文明思想的形成

生态文明思想是中国共产党在领导全国人民治理环境、保护生态的过程中，在对人与自然之关系、发展与保护之关系认识不断深化的基础上，对我国环境保护工作历史经验的深刻总结，继承和发扬了中国传统文化中天人合一、崇尚自然、戒杀护生的生态观念，高度凝练和升华了马克思主义的科学理论成果，包含了丰富的科学共识，凝聚了广泛的智慧成果，是我国社会主义现代化建设不可或缺的重要理论成果。

生态文明思想形成于我党长期以来对生态环境问题的关注和重视，经历了萌芽期、生长期、成熟期三个阶段。

萌芽期的生态文明思想是改革开放以来党中央基于对环境保护重要性的认识所形成的初步思想。20 世纪 80 年代初，"邓小平提出开展全民义务植树，保护和发展森林资源的倡议"，❶ 以植树造林为标志的全国绿化活动直接推动了我国在自然资源领域的保护进程，人们萌生了开发可再生能源以及进行能源结构转型的观

---

❶　秦书生：《改革开放以来中国共产党生态文明建设思想的历史演进》，《中共中央党校学报》2018 年第 2 期。

念。全国第二次环境保护会议将"环境保护"确立为我国的基本国策，环境保护成为社会进步的重要标准，影响渗透到各个领域，生态文明思想萌芽开始显现，环境法治迅速发展。此外，国际社会可持续发展思想的引入在我国掀起了经济发展与环境保护相协调的思想浪潮，可持续发展战略成为国家一以贯之的战略，为生态文明思想的形成奠定了重要基础。

生长期的生态文明思想以党的十七大为标志，"建设生态文明"在党的官方报告中被正式提出，生态文明思想即告形成，并始终被摆在我国社会主义现代化进程中的突出位置。全面、协调、可持续的科学发展观全面树立，建立资源节约型、环境友好型社会取得广泛共识，和谐观、协调观得到长足发展，生态环境于城乡间得以统筹保护，循环经济成为经济社会的发展战略，可持续发展能力得到增强。此外，习近平生态文明思想也在地方实践中孕育生长。习近平同志在福建任职期间，就提出了一系列符合科学发展规律、具有战略性和前瞻性的生态文明建设理念，如提出要建设生态省、创建生态文化、倡导绿色消费、绿色生产等，并切实推进水土流失治理、集体林权制度改革，为福建生态环境建设注入了强大动力。❶❷ 在任浙江省委书记期间，习近平同志以建设"绿色浙江"为目标，推动人口、资源、环境与经济社会的全面协调发展。❸ 习近平同志在反思传统发展模式的基础上，深刻认识到了生态环境的恶化对社会经济发展产生的不利影响，并指出

---

❶　胡熠、黎元生：《习近平生态文明思想在福建的孕育和实践》，《人民日报》2019年1月9日。

❷　梁飞琴：《习近平生态文明思想在福建的先行探索及其理论和实践价值》，《福建师范大学学报（哲学社会科学版）》2021年第4期。

❸　段治文、邢乐勤、王学川：《浙江精神与浙江发展》，浙江大学出版社，2013，第157页。

"推进生态建设，打造'绿色浙江'，是社会文明进步的重要标志"，❶ 带领浙江率先走上了科技先导型、资源节约型、清洁生产型、生态保护型、循环经济型的可持续发展之路。

成熟期的生态文明思想始于党的十八大，此时期不仅将生态文明建设纳入"五位一体"的总体布局，还首次提出了"努力建设美丽中国"的战略目标，生态文明思想不断被丰富和完善，我国社会主义现代化建设沿着保障生态良好的文明发展道路大步迈进。2013 年《关于全面深化改革若干重大问题的决定》提出加快建立生态文明制度的要求，2015 年《生态文明体制改革总体方案》及其配套方案构建了生态文明体制改革"四梁八柱"的顶层设计，着力构建起产权清晰、多元参与、激励约束并重、系统完整的生态文明制度体系，形成了源头严防、过程严管、后果严惩的制度链。2017 年党的十九大进一步拓展了生态文明的内涵，提出深入推进生态文明的实践措施，将加强生态文明制度建设进一步上升为加快生态文明体制改革，同时指出从 2020 年到 2035 年，要使"生态环境根本好转，美丽中国目标基本实现"。❷ "美丽中国"是新时代中国社会实现现代转型的精神核心，其最直接的指标就是生态之美，昭示着整个社会、每个公民必须将建设美丽中国融入社会交往和与自然的交往过程中，为我们的生存体验提供生态意义，真正实现物质文化生活极大丰富、生态环境优美的发展目标。2018 年生态文明入宪，作为国家战略的生态文明获得宪法确认，生态文明建设走上了制度化、法治化道路。2021 年，"'十四五'

---

❶ 习近平：《生态兴则文明兴——推进生态建设　打造"绿色浙江"》，《求是》2003 年第 13 期。

❷ 《决胜全面建成小康社会 夺取新时代中国特色社会主义伟大胜利》，2017 年 10 月 18 日，习近平在中国共产党第十九次全国代表大会上作的报告。http://cpc.people.com.cn/19th/n1/2017/1019/c414305 - 29595273.html。

规划纲要"将"生态文明建设实现新进步"确立为经济社会发展的主要目标之一。2022年党的二十大指出，十年来，我国"生态文明制度体系更加健全"。2024年党和国家立足于全面建设社会主义现代化的新征程，在二十届三中全会上对深化生态文明体制改革提出了进一步要求。

生态文明作为一种新型文明形态，包括生态物质文明、生态道德文明、生态消费文明和生态制度文明等。就其概念而言，生态文明是人类遵循人、自然、社会和谐发展的规律而取得的物质及精神成果的总和。简言之，生态文明就是人类社会在现有工业文明的基础上，更加"文明"地对待生态自然的一种新文明。具体来说，生态文明指的是人类在改造客观物质世界的同时，努力保护生态环境，维护社会公平和环境正义所取得的物质、精神和制度方面成果的总和。习近平总书记在阐述生态与文明的关系时指出"生态兴则文明兴，生态衰则文明衰"❶，"文明"是人类社会和人类本性的进展与发展，本身表征了一种进步的文化形态和进取的价值选择，生态文明为人们提供了对工业文明以来的现代化生活模式的反思，在工具理性僭越与价值理性失落以及生态伦理缺席和社会关系危机的基础上，❷ 立足于中国实践对现代问题予以回应，不仅是社会文明进步的标志，还关系着民生福祉、民族未来。生态文明思想强调尊重自然、顺应自然、保护自然，在遵循自然规律的基础上实现人与自然的相互依存、共处共融，不仅延续了深厚的人际和谐思想，也彰显了民族文化沉淀的大国自信。党和国家将生态文明摆在突出位置，既是为了保障人类生活、生

---

❶ 习近平：《推动我国生态文明建设迈上新台阶》，《求是》2019年第3期。

❷ 漆思：《中国梦：现代性文明批判与当地生活理想建构》，《南京社会科学》2013年第9期。

产的基础条件，也是社会经济持续发展的稳定根基，为环境法治发展提供根本遵循。

二、"两山"理论与新发展理念的提出

"绿水青山就是金山银山"是耳熟能详、为人们所称赞乐道的战略指导思想之一，是党和国家对经济发展与环境保护关系的思辨、分析、权衡和提炼，具有科学性、全局性、长期性。从 2005 年 8 月"两山"理论的首次提出到 2017 年的最终形成，该思想经历了最初萌芽、正式提出、写入中央文件、形成理念四个阶段，[1]现已成为习近平生态文明思想的重要组成部分，为环境法现代调整机制的形成提供科学指引，正确处理好经济发展和生态环境保护之间关系的关键就在于真正理解和掌握"绿水青山就是金山银山"这一重要理念。

2005 年 8 月 15 日，习近平同志在安吉考察时第一次提出"绿水青山就是金山银山"。[2] 8 月 24 日，他紧接着在公开发表的《绿水青山也是金山银山》一文中正式提出了这一科学论断。[3]"两山"理论深刻揭示了经济发展与环境保护之间的辩证统一关系，将经济发展与环境保护在依存互促的层面融合起来，指出经济发展和环境保护并不是此消彼长的关系，"保护生态环境就是保护生产力，改善生态环境就是发展生产力"。[4] 从长远看，二者都以保障人民最根本的利益、实现中华民族伟大复兴为使命，是中国社会

---

❶ 李桂花、杜颖:《"绿水青山就是金山银山"生态文明理念探析》，《新疆师范大学学报（哲学社会科学版）》2019 年第 4 期。

❷ 《牢固树立绿水青山就是金山银山的理念》，《人民日报》2020 年 5 月 13 日，第 1 版。

❸ 习近平:《之江新语》，浙江人民出版社，2007，第 141 页。

❹ 习近平:《在十八届中央政治局第六次集体学习时的讲话》，2013 年 5 月 24 日，载《习近平关于社会主义生态文明建设论述摘编》，中央文献出版社，2017，第 20 页。

主义现代化发展进程中不可或缺的重要支点。他又在 2013 年强调"绿水青山"与"金山银山"的关系时指出，我们"既要绿水青山，又要金山银山。宁要绿水青山，不要金山银山，而且绿水青山就是金山银山"。❶ 次年，习近平同志进一步总结道"既要金山银山，更要绿水青山"。❷

"两山"理论被科学地划分为三个层次：

第一，应当统筹兼顾经济发展与环境保护，二者不可偏废，"经济发展不应是对资源和生态环境的竭泽而渔，生态环境保护也不应是舍弃经济发展的缘木求鱼"。❸ 第二，当下经济发展已经取得可观成就，全面小康社会已经建成，对"绿水青山"的保护要求要高于对"金山银山"的追求，应当重点强调污染治理和环境保护、生态修复，实现利用"金山银山"反哺"绿水青山"，在发展中求保护。第三，某些地区于特定情形下，经济发展与环境保护如若无法均衡协调，不能为求"金山银山"而以牺牲"绿水青山"为代价，即便经济发展有所放缓，也不能损害生态环境。"绿水青山既是自然财富，又是社会财富、经济财富"，❹ 生态保护与经济发展在效益上是高度一致的，保护环境并不会制约经济增长，反而是实现经济高质量发展的制胜关键，因此需要在保护中谋发

❶ 习近平：《在哈萨克斯坦纳扎尔巴耶夫大学演讲时的答问》，2013 年 9 月 7 日，载《习近平关于社会主义生态文明建设论述摘编》，中央文献出版社，2017，第 21 页。

❷ 习近平：《在中央民族工作会议上的讲话》，2014 年 9 月 28 日，载《习近平关于社会主义生态文明建设论述摘编》，中央文献出版社，2017，第 24 页。

❸ 习近平：《在海南考察工作结束时的讲话》，2013 年 4 月 10 日，载《习近平关于社会主义生态文明建设论述摘编》，中央文献出版社，2017，第 19 页。

❹ 习近平：《在参加十二届全国人大二次会议贵州代表团审议时的讲话》，2014 年 3 月 7 日，载《习近平关于社会主义生态文明建设论述摘编》，中央文献出版社，2017，第 23 页。

展，积极促进"绿水青山"向"金山银山"的转化。

不同地区在不同发展阶段都应当依照此种逻辑层次制订符合当地实际要求的发展和保护计划。2015 年《中共中央 国务院关于加快推进生态文明建设的意见》将"坚持绿水青山就是金山银山"上升为国家顶层设计。2016 年，习近平总书记进一步提出"冰天雪地也是金山银山"，❶ 极大地拓展了"两山"理论的内涵，为将区域生态优势转化为经济发展优势拓宽了思路，各地开始积极寻求因地制宜的生态保护与经济发展的契合点。习近平总书记以生态文明为价值皈依，结合中国实际，在十八届五中全会上提出贯彻落实创新、协调、绿色、开放、共享的新发展理念，为克服工业文明的弊端及其负面效应，实现经济建设、社会发展与环境保护的全面均衡协调提供了行动指南。从某种角度讲，新发展理念深化了"两山"理论的内涵，将对环境保护和经济发展的要求提升为高水平保护、高质量发展，新发展理念成为贯穿习近平新时代中国特色社会主义思想的鲜明主题。

"两山"理论和新发展理念包含了丰富的理论和实践智慧，是先进完整、联动永续的科学理论体系，兼备战略性与操作性，既能盘活传统经济产业的现代发展，激发新业态发展潜能，也是针对遗留环境问题和未来环境治理的治本良策。"两山"理论和新发展理念指导下的环境法现代调整机制既要加快实现现代化经济体系的绿色发展，实现生态产品市场化，以"双碳"目标为指引推动能源生产和消费革命，又要加快建设生态文明，以法治手段保护生态环境，在自然资源承载能力范围内严守生态保护红线、环

---

❶ 高环：《在贯彻落实习近平总书记"绿水青山就是金山银山 冰天雪地也是金山银山"重要思想研讨会上的主旨演讲》，《伊春日报》，2017 年 5 月 23 日，第 2 版。

境质量底线和资源利用上线，实现现代化的环境法治。

三、"山水林田湖草沙" 系统思想的发展

"山水林田湖草沙" 系统思想经历了由 "山水林田湖生命共同体"❶ 到 "山水林田湖草生命共同体"❷，再到 "山水林田湖草沙生命共同体"❸ 的发展。2021 年 6 月，习近平总书记在青海考察时，为 "山水林田湖草沙" 又添加了一个 "冰" 字，❹ 进一步丰富了山水林田湖草沙冰系统治理的内涵。《中华人民共和国长江保护法》第 36 条、《中华人民共和国黄河保护法》第 29 条分别规定 "加强山水林田湖草整体保护" "坚持山水林田湖草沙一体化保护与修复"，山水林田湖草沙系统治理、综合治理、源头治理也被写入《中华人民共和国青藏高原生态保护法》和《中华人民共和国乡村振兴促进法》，"统筹山水林田湖草沙冰系统治理" 频频在中

---

❶ 2013 年 11 月 9 日，习近平总书记在《中共中央关于全面深化改革若干重大问题的决定》的说明中提出，"我们要认识到，山水林田湖是一个生命共同体，人的命脉在田，田的命脉在水，水的命脉在山，山的命脉在土，土的命脉在树"，"对山水林田湖进行统一保护，统一修复是十分必要的"。2014 年 3 月 14 日，习近平总书记在中央财经领导小组第五次会议上再次强调，要 "坚持山水林田湖是生命共同体的系统思想"。

❷ 2017 年 10 月 18 日，党的十九大报告中明确指出要 "统筹山水林田湖草系统治理"。2019 年 9 月 26 日，国务院印发并实施《建立国家公园体制总体方案》，在 "总体要求" 中的 "基本原则" 部分明确提出："坚持将山水林田湖草作为一个生命共同体，统筹考虑保护与利用"。

❸ 中共中央政治局 2020 年 8 月 31 日召开会议，习近平总书记主持审议《黄河流域生态保护和高质量发展规划纲要》。会议指出，要 "统筹推进山水林田湖草沙综合治理、系统治理、源头治理，改善黄河流域生态环境"。2021 年 "两会" 期间，习近平总书记在内蒙古代表团参加审议时，细心地提醒道："统筹山水林田湖草沙系统治理，这里要加一个 '沙' 字。"

❹ 任昊：《从青海到西藏 总书记两次考察丰富了这个理念》，2021 年 7 月 25 日，央广网，http://news.cyol.com/gb/articles/2021 - 07/25/content_Awq2YuzLM.html。

央文件、司法解释中出现。❶

　　自"山水林田湖是一个生命共同体"提出以来，其内涵不断丰富，体现了人们对自然演替和生态交互的认识逐渐深化，系统性、整体性思维替代了传统狭隘、片面的观念。一方面，将生态系统看作紧密联系、相互依存、不可分割的有机整体是对生态环境内在机理的系统性认识。加上"草""沙""冰"是对此类环境要素在自然界、自然环境中的关键地位，以及对人类、对社会的重要作用的充分肯定，反映了国家对每一个环境要素的重视。"山

---

❶　目前，国家层面的文件中对"山水林田湖"系统治理的提法并不一致，既有"山水林田湖草""山水林田湖草沙"，又有"山水林田湖草沙冰"。如 2018 年 7 月 10 日，全国人民代表大会常务委员会《关于全面加强生态环境保护依法推动打好污染防治攻坚战的决议》中提到"山水林田湖草是生命共同体"，"要统筹山水林田湖草保护治理"；2021 年 3 月 11 日，《中华人民共和国国民经济和社会发展第十四个五年规划和 2035 年远景目标纲要》中同样采用了"坚持山水林田湖草系统治理"的表述。但是 2021 年 10 月 25 日，国务院办公厅出台的《关于鼓励和支持社会资本参与生态保护修复的意见》提到"加快推进山水林田湖草沙一体化保护和修复"，"推进山水林田湖草沙整体保护、系统修复、综合治理，提升生态系统质量和稳定性"；2021 年 10 月 24 日，国务院《关于印发 2030 年前碳达峰行动方案的通知》中同样使用了"山水林田湖草沙"的提法。而 2021 年 10 月 21 日，国务院《关于 2020 年度国有自然资源资产管理情况的专项报告》中却提到"统筹山水林田湖草沙冰一体化保护和系统治理"，"坚持山水林田湖草沙冰一体化保护和系统治理"。党内法规、司法解释、部门规章亦是如此，如 2021 年 11 月 2 日，中共中央、国务院出台《关于深入打好污染防治攻坚战的意见》提到"推进山水林田湖草沙一体化保护和修复"；2021 年 10 月 8 日，中共中央、国务院印发《黄河流域生态保护和高质量发展规划纲要》，要求"统筹推进山水林田湖草沙综合治理、系统治理、源头治理"，2021 年 10 月 19 日，中共中央办公厅、国务院办公厅印发《关于进一步加强生物多样性保护的意见》，明确要"统筹推进山水林田湖草沙冰一体化保护和修复"。2021 年 10 月 28 日，最高人民法院发布《关于新时代加强和创新环境资源审判工作　为建设人与自然和谐共生的现代化提供司法服务和保障的意见》，指出要"遵循山水林田湖草沙冰一体保护的系统观念"；而在 2021 年 2 月 24 日，最高人民法院印发的《关于贯彻〈中华人民共和国长江保护法〉的实施意见》的通知中，相关表述为"推进山水林田湖草一体化保护和修复"。

水林田湖草沙"系统思想不再将生态环境的组成要素进行人为分割，由不同职能部门进行割裂式的保护，对生态环境的保护"不能因小失大、顾此失彼、寅吃卯粮、急功近利"❶，而要着力提升生态环境保护的综合性、统筹性和协同性，对生态系统整体进行统一保护、统一修复，避免出现环境法传统调整方法中"热点问题抢着管、棘手问题躲着看"的现象，使环境保护工作打破行政区划、自然区界，更符合生态系统的内在规律。另一方面，人们对环境问题及其损害后果的整体性认识显著提升，现在人们已经越来越深刻地认识到不能将生态环境分割看待，环境问题打通了时间和空间、勾连了部分与整体，不仅在农村与城市之间交互、在域内与域外流动、由过去与现在向未来迭代累积，而且在山和水、水和林、林和田、田和湖、草和沙之间以各种形式互相转化，任何一个要素遭到严重破坏都会对整体生态系统产生不可磨灭的影响，这种影响甚至会被发散地无限扩大，进而动摇人类社会赖以维系的物质基础。因此，必须"要用系统论的思想方法看问题，生态系统是一个有机生命躯体，应该统筹治水和治山、治水和治林、治水和治田、治山和治林等"。❷ 只有实行综合、系统治理，扩大生态单元的空间内涵，增强生态系统的复合弹性，才能促进生态系统的良性循环，增进人类福祉。

"山水林田湖草沙"系统思想的意义是划时代的，对各要素之间、要素与整体生态环境之间关系的统筹，不仅能够使生态环境系统治理达到最佳效果，提升生态环境的质量和品质，最大限度

---

❶ 中共中央文献研究室编：《习近平关于社会主义生态文明建设论述摘编》，中央文献出版社，2017，第 12 页。

❷ 习近平：《在中央财经领导小组第五次会议上的讲话》，2014 年 3 月 14 日，载《习近平关于社会主义生态文明建设论述摘编》，中央文献出版社，2017，第 56 页。

地促进生态系统的惠益和服务功能，也有利于生态文明建设全方位、全地域、全过程开展。但同时，"山水林田湖草沙"系统治理也增加了生态环境保护的难度，无论是在对新、旧环境问题的治理和自然恢复、生态修复方面，还是在生态廊道、生态保护网络的建立和维护方面，抑或是对生物多样性的保护、对生态环境的适应性管理方面，任务都十分艰巨并充满挑战。

四、"人与自然生命共同体"思想的产生

习近平总书记关于"人与自然是生命共同体"[1] 的重要论述，深刻揭示了人与自然的辩证关系。党的二十大对"中国式现代化"作了全面系统的深刻论述，为人类实现现代化提供了新的路径选择，并提出"中国式现代化是人与自然和谐共生的现代化"的重要论断，将"人与自然和谐共生的现代化"纳入中国式现代化的核心内涵当中，这既是党和国家对人与自然关系的认识再深化，也是对现代化发展战略的再诠释。人与自然和谐共生的现代化意蕴深远，饱含人类理性和自然规律的学理逻辑，具有型构文明和维护正义的价值意涵，为永续发展和协同保护提供了基本方略，与习近平新时代中国特色社会主义思想的内在机理高度一致。

人与自然是相互依存的，人类本身从属于自然，人类社会的发展兴衰离不开自然。环境保护不仅仅是为了保护生态自然，更是对人类自身利益的维护，要实现人与自然的和谐，就"要像保护眼睛一样保护生态环境，像对待生命一样对待生态环境"[2] 马克思主义认为，"社会是人同自然界完成了本质的统一，是人实现

---

[1] 习近平：《决胜全面建成小康社会　夺取新时代中国特色社会主义伟大胜利——在中国共产党第十九次全国代表大会上的报告》，人民出版社，2017，第50页。

[2] 习近平：《推动我国生态文明建设迈上新台阶》，《求是》2019年第3期。

了的自然主义和自然界实现了的人本主义的辩证统一体"。❶ 人类
理性的社会活动对自然恢复、生态保育有积极的促进作用，这一
过程离不开人类主观能动性的发挥，即提高社会生产力。根据马
克思主义的观点，生产力是人们改造自然的能力，而发展生态生
产力不仅是人类社会应对环境问题、解决环境问题的关键所在，
也是实现生态效益和经济效益的根本举措，亦是增进人类福祉和
提升环境品质的核心抓手，只有社会进步、科技发展，才能从根
本上实现生态自然与人类社会的共同繁荣、互惠互利。

　　以"人与自然生命共同体"思想看待人与自然的关系，改变
了绝对人类中心主义的传统思维倾向，对环境法现代调整机制的
形成有重要的指导意义。人类中心主义将人视为其他自然存在物
的目的，认为人类对生态自然并不负有直接的道德义务，而绝对
人类中心主义则更极端地将人类视为万物的主宰，过分强调人改
造自然的能力，这种看法显然是狭隘的，经常被认为是现代环境
问题产生的思想根源。修正的人类中心主义纠正了人类过于自负
的态度，但并不承认生态自然的权利，只是把道德关怀的范围扩
展到人以外的物种。生态协调论、大地伦理、地球法理的蓬勃发
展推动着传统环境价值观的延展，最典型的莫过于对动物福利、
动物权利的讨论，走得较远的环境伦理观如生态中心主义更是迈
向了超验的道德领域。相对而言，修正的人类中心主义观点更加
缓和，更符合目前的社会实际，坚持人与自然的和谐共生完美诠
释了人与自然否定性的统一关系，人类必须尊重自然、顺应自然、
保护自然。

　　"人与自然生命共同体"思想与修正的人类中心主义不谋而

---

❶ 马克思：《1844 年经济学哲学手稿》，人民出版社，1985，第 75 页。

合，与传统人类中心主义不同，它强调的是生态自然的先在性、基础性和客观规律性，也与生态中心主义相异，更注重人的主观能动性和社会发展的决定性，立足于人和由人构成的社会的需要与满足。"人与自然生命共同体"思想最核心的价值在于对类主体意识的强调。笛卡尔的"我思主体"观念在近代西方哲学中的地位不可撼动，但其弊病在于内在性意识的难以洞穿性和无法摆脱的主体中心困境，在此逻辑下，生态环境永远只是异质性的客观对象，无法与人形成统一的共在关系，"只要人们从我思（Ego cogito）出发，便根本无法再来贯穿对象领域"❶。而"类主体"打破了这种权威，在主体与客体之间形成了"否定性的统一"，"'类主体'的观念不仅蕴含和凸显了'主体'的价值维度，而且因其在存在论的高度上理解人的'类本质'，这同时也就为个性化主体的生成及其价值的实现提示和开辟出了一条不同于传统的现代性方案的路径"。❷"人与自然生命共同体"思想不仅连通了世界范围内各地域、各领域内的全人类，使人成为社会意涵上的"类主体"，也在更广泛的层面凸显了人作为自然物种之一，属自然意涵上的"类主体"。生态自然无法作为法律意义上的环境法主体，而类主体意识对环境伦理的关涉，可以在制度设计上将其作为重要考量，以"人与自然生命共同体"为理念和准则，使法律安排更加审慎和理性地规范人们的环境行为。在社会环境观的养成方面，类主体意识能够促使人们以更加理性的态度认识人与自然的关系，形成自律自觉的环境道德氛围，从而指导人们生产、生活的各个

---

❶ ［法］F.费迪耶等：《晚期海德格尔的三天讨论班纪要》，丁耘摘译，《哲学译丛》2001 年第 3 期。转引自贺来、徐国政：《从"我思主体"到"类主体"——马克思对主体性观念的变革》，《学术研究》2020 年第 1 期。

❷ 贺来、徐国政：《从"我思主体"到"类主体"——马克思对主体性观念的变革》，《学术研究》2020 年第 1 期。

方面。

对于环境法现代调整机制而言，在法律的弹性空间内坚持"人与自然生命共同体"思想，就是认识到人不仅能够改造自然、创造对象世界，也是自然世界和社会机体的一部分，在人与人、人与社会、人与自然的共生性关系中，破除将自我中心化的人视为绝对统治的传统观念，要求人类活动必须遵循底线思维，严守生态保护红线、生态治理底线和生态环境的生命线，将部分伦理诉求转化为规则供给需求，以此回应环境法调整机制的现代转向。

第三节 环境法现代调整机制形成的客观动因

一、民主政治与国家环境治理任务的转变

现代环境问题的复杂性与紧迫性直接推动了我国环境治理任务的更新，由过去对环境问题的消极防御转变为积极预防，不仅着重防止现实的环境损害后果扩大，还包括对潜在的环境危险、环境风险的预防，不仅局限于对环境污染的预防，还强调对其他社会活动可能带来的附随性生态破坏的预防，国家环境保护义务被空前强调。以问题为导向的国家环境治理，随着待解决的环境问题发生变化，问题解决的目标和解决问题的方式均开始转变。

首先，现代国家不仅扮演着保持社会安定的"警察国家"角色，其义务也不再是简单的秩序担保，在任务目标上，由于国家职能逐渐由"秩序维护"向"生存照顾"转变，❶ 行政机关的角

---

❶ 成协中：《行政法平衡理论：功能、挑战与超越》，《清华法学》2015 年第 1 期。

色定位发生变化。传统政府强政权的"守夜人"角色被给付行政、福利国家理念冲淡,而为服务型政府所替代,行政机关以公共给付为现代主题,为改善人民生活、提升人民素质积极提供公共物品,从人民利益出发保障公共服务供给。"良好生态环境是最公平的公共产品,是最普惠的民生福祉"。❶ 在解决民生之患的问题上,国家有义务为人民提供享受良好生态环境的条件,现代环境治理坚持以人民为中心,"把解决突出生态环境问题作为民生优先领域",❷ 始终将以人为本作为终极关怀,这是环境法传统调整方法远不能及的。

其次,民主政治的发展使现代国家治理由政府独揽转向多主体共同治理的模式,充分发挥了我国民主政治的独特优势。新的经验同化和思想认同凝聚了最广泛的理性智慧,社会性力量开始生长,在环境问题获得普遍关注的驱动下,人们渴望以自下而上的方式唤醒公众、警示企业、提醒政府,民间环保组织的发展壮大最具代表性。得益于经济体制改革和政府职能的转变,民间环保组织获得极大发展空间,1994 年"自然之友"获批成立,我国第一个真正意义上致力于维护环境公共利益、保护和改善生态环境的非政府、非营利组织诞生。❸ 当然,此前我国也有很多民间环保组织,❹ 但无一不是由政府部门发起成立的。自"自然之友"成立之后,其他专门的民间环保组织相继出现。❺ 截至 2005 年底,

---

❶ 中共中央文献研究室编:《习近平关于社会主义生态文明建设论述摘编》,中央文献出版社,2017,第 4 页。

❷ 习近平:《推动我国生态文明建设迈上新台阶》,《求是》2019 年第 3 期。

❸ 赵凌:《梁从诫的十年和"自然之友"的十年》,《南方周末》2004 年 6 月 10 日。

❹ 如中国环境科学协会(1978)、中国野生动物保护协会(1983)、中国可持续发展研究会(1992)、中国环保基金会(1993)等。

❺ 李俊瑛:《对我国环保非政府组织发展的研究》,硕士学位论文,中南大学,2006,第 35 页。

我国民间环保组织有 2768 家，❶ 虽然与其他国家相比，我国民间环保组织起步较晚，但近年来发展迅猛，民政部《2017 年社会服务发展统计公报》数据显示：到 2017 年底，我国生态环境类社会团体已经有 0.6 万个，其中，民办非企业单位 501 个。❷ 我国民间环保组织或利用官方背景，或与政府寻求合作，积极调动社会资源倡导环境保护，为提升公众的环境意识、开展环境保护专项活动等起到了重要作用。随着环境公益诉讼制度的发展，民间环保组织的影响渐增，为环境法治的发展带来新的变化，生态环境保护事务不再专属于政府，"强政府，弱社会"的固有格局受到冲击。

除了民间环保组织的崛起，公民、企业的现代环保意识也推动着不同领域、各个层级的社会环境自治的发展，民间环保力量在现代环境治理中发挥着不可忽视的重要作用。公众参与为不同利益主体的诉求表达提供了制度化渠道，拓宽了沟通对话网络，现代环境法治为环境争议和冲突的解决构筑了坚实体系，行政机关在环境治理中不再居于统治者地位，而是作为合作者促进社会治理与政府治理的互通，目前党领导下的四类主体合作治理格局已经形成，成为环境法现代调整机制得以形成的最主要原因。

最后，从积极预防到主动治理，现代的环境法治是为保障民生而治，绝不止于消除环境危害，更在于治理生态、重建生态，不是单纯地尊重自然规律，而是认识并利用自然规律，辅自然恢复以人工恢复，兼顾治理和修复、保护和保育，行政手段不再单纯被作为环境问题之盾，而是以主动之矛应对现代环境问题。随

---

❶ 中华环保联合会：《中国环保民间组织发展状况报告》，《环境保护》2006 年第 5 期。

❷ 中华人民共和国民政部：《2017 年社会服务发展统计公报》。

着国家环境治理由消极转为积极、人民对国家的态度由依赖转为合作、各环境行为主体由竞争走向合作，环境行政模式由管控、干预转为服务、给付，法律对于行政的态度也应适时地由控制转为激励，如何激励国家和政府更多地为人民谋福利应该成为法律的终极目标。❶ 这意味着，现代环境治理不仅在于对既定法律规则的遵守，更在于追求环境治理的社会效果，如此才能避免走环境法传统调整方法僵化执行的老路，真正实现现代意义上的环境法治。而良好的社会影响既取决于人民对环境治理效果的满意程度、对人民殷切的环境诉求的回应程度，还取决于环境制度体系与现实情况的契合程度、环境行政是否具备形式合法性和实质合理性、环境司法能否保障个案正义。社会效果的取得依赖于党和国家的政治引领，提高党的执政能力和领导水平、积极调动组织资源是其必由之路，具体来讲，就是"把生态文明建设作为增强党的执政能力、巩固党的执政基础的一项战略任务，持之以恒地推进，不断抓出成效"。❷ 我国在环境保护领域持续推陈出新的一系列战略举措，都是将环境治理法治化内化为国家治理现代化重要部分的最佳例证，强调环境治理成效在政治、经济、外交、文化等各个方面的交互性和共享性，以实现环境效益与社会效益、经济效益的全面统一。

二、经济发展与多变的环境诉求

我国的经济发展模式正在发生变化，人们的物质生活水平逐渐提高，基本的物质需求得到满足之后，更高层次的精神追求越

---

❶ 柳砚涛：《论积极行政法的构建——兼及以法律促进行政》，《山东大学学报（哲学社会科版）》2013 年第 2 期。

❷ 周生贤：《走向生态文明新时代》，《求是》2013 年第 17 期。

来越重要。人们不再为满足生活需要而一味地向生态环境索取，以消费主义为主导的生活方式随之发生转变，人们表达环境诉求的要求更加强烈，不同的环境诉求从个体角度出发，最终凝结为普遍共识，上升为国家意志。体现国家意志的环境法如果无法对环境诉求给予及时、合理的回应，就会遭到抵制，有可能激化为环境群体性事件。整个过程中，公众的环境诉求是主导，既能推动环境法现代调整机制的发展，还能迫使企业的逐利模式发生转变，促进企业创新。

环境诉求并非一成不变的，随着经济结构的变化，市场化自由贸易和低碳、循环发展的经济激励，影响了人们对待生态环境的根本态度。环境法传统调整方法因无法回应当前社会已经更新的环境需求而陷入窘境。现代人们的环境需求已经由对基本的物质要求向追求更高的精神享受转变。物质需求向精神追求的转变并不代表人们抛弃了对资源基础的需要，而是在经济社会发展到一定程度之后，人们的关注重点会发生转移，从单纯地希望生态不被破坏、环境不被污染，转为更加期望从生态环境中获得非物质层面的满足。十九大报告指出我国社会主要矛盾已经发生转化，❶ 现代社会主要矛盾的变化在环境保护领域体现为：人民对优良生态环境日益增长的需求与客观环境状况之间的矛盾；人民对保护生态环境日益增长的诉求与经济发展之间的矛盾。人类生存之根本在于自然界的馈赠，这是最低层次的环境诉求；而人们良好的生活质量离不开干净的水、清洁的空气、肥沃的土壤和健康的食品、免受威胁的安全环境，这是人类得以延续和发展的基础；经济的

---

❶ 《决胜全面建成小康社会，夺取新时代中国特色社会主义伟大胜利》，2017 年 10 月 18 日，习近平在中国共产党第十九次全国代表大会上作的报告。http://cpc. people. com. cn/19th/n1/2017/1019/c414305 – 29595273. html。

快速发展带来的是物质生活的极大丰富，人们的幸福指数在很大程度上由愉悦、美好、安乐的环境体验决定，关注焦点更集中在优美的生态环境上，这取决于人们向美的本能，转变后的环境期待外化为一种精神自律，是对过度欲望的节制。因此，环境法现代调整机制不能止步于满足人们最基本的生存需求，更要回应持续性的发展诉求和精神性的享受诉求，环境法现代调整机制正是在密切关注这种环境诉求转变的基础上形成的。

三、意识觉醒与多元的环境利益

可持续发展理念连接了当代人与后代人的利益；人类命运共同体思想架起了全球范围内环境保护的桥梁；人与自然生命共同体思想在更宏观的层面为人们对待自然的态度提出了更高的要求。类主体意识扩大了人们认识人与人、人与自然关系的直觉范围，使人们的生态敏锐意识增强，对生态威胁的敏感程度增加，生态损害在主客观层面同步扩张，"共同的焦虑取代了共同的需求"，❶对未来的迷茫和对现状的不满唤醒了人们强烈的环境保护意识。

当意识转化为需要，再转化为要求时，环境意识觉醒就内化为环境利益诉求。社会环境意识觉醒以自发的组织或非组织的形式出现在环境管理过程中，环保组织、公众参与成为表达环境利益的重要渠道。环境利益是一个概括性概念，分阶段的环境意识觉醒决定了差异化的环境利益要求，人们对公共环境利益的认识和保护，要晚于对个体环境利益的确认和维护，这种落差决定了环境公共利益的制度化保护程度远低于环境私益的制度化保护程度。我国的外交策略、社会结构和经济发展实际情况使环境利益

---

❶ ［德］乌尔里希·贝克：《风险社会——新的现代性之路》，张文杰、何博闻译，译林出版社，2018，第48页。

共同体更加多元，环境利益分化迹象更加明显。"自保"逻辑下环境利益的社会映像以全新视角梳理了环境保护的现实脉络，要求环境法在时空双维度下进行环境利益整合，实现整体利益增进。而环境法传统调整方法难以满足上述要求，在多元的环境利益面前束手无策。

"现代"体现为时间维度上前代人与当代人的环境利益、当代人与后代人的环境利益，以及空间维度上的区域环境利益、流域环境利益、城乡环境利益等多元环境利益类型，客观上推动了环境法传统调整方法向现代调整机制的转变，以期通过对弱势利益进行倾斜保护、对异化利益进行矫正实现对整体环境利益的分配与衡平。

四、社会转型与复杂的环境社会关系

社会转型是社会全方位的结构性变化，[1] 对社会各领域都能产生决定性的影响。社会转型经常与现代化问题相关，当"社会转型"主要强调社会结构的变化时，"社会转型"和"社会现代化"几乎同义。[2] 环境法现代调整机制的形成必然依托于社会的发展和变迁。环境社会关系作为社会关系的一种，是人们因与生态环境进行物质能量交换而发生的人与人之间的社会关系。随着社会分工越来越细致，社会交往朝纵深方向发展，人类的沟通领域不断扩展，社会联系的延伸触角越来越广，社会关系网络结构也越来越复杂。而经济发展又使社会结构突破身份约束被重新型构，我

---

[1] 袁方等：《社会学家的眼光：中国社会结构转型》，中国社会出版社，1998，第30页。
[2] 郑杭生：《改革开放三十年：社会发展理论和社会转型理论》，《中国社会科学》2009年第2期。

国由熟人社会进入陌生人社会，人类社会从谱系共同体转变为利益共同体，在社会转型的过程中，环境社会关系变得更加复杂。

社会转型问题离不开社会功能的分化。改革开放以来，我国社会功能分化呈现出渐进性、不平衡性的特点，"目前中国社会正处于演化的'关隘期'，因此功能分化的趋势和反功能分化的趋势都很明显"。❶ 何种分化形式占据主要地位，是社会发展阶段的重要划分标准。❷ 当代中国社会系统分化过程中的"跨界"现象增多且呈流动趋势，成为新时代社会转型的主要特征。现代社会的分化过程夹杂着复杂的区隔分化、阶层分化形式，而法律却无法简单地按照"刺激—反应"模式来应对社会变迁，❸ 那么法律是如何回应社会转型的？哈贝马斯和卢曼的洞见为我们理解现代社会"回应型法"的反身理性维度扩展和实质理性维度萎缩的过程提供了理论依据，解释了法律与社会演进的趋同效应。根据卢曼的观点，现代社会功能分化增加了社会的高度复杂性，法律从社会中独立出来，以功能子系统运行的形式获得自治，与社会共同演化。在此背景下，环境法从法律系统中分出是社会发展的必然结果，环境法日渐成为一个功能特定和运作自主的功能子系统，环境法系统及其在系统环境中的运行演变为环境法"世俗化"的过程。在区分的基础上，环境法系统与社会发展形成了一种良性互动，封闭的环境法系统依赖于系统环境，却从外观上独立于系统环境，有着与政治、经济系统不同的结构和逻辑。社会演化加速促进了

---

❶ 泮伟江：《法律系统的自我反思——功能分化时代的法理学》，商务印书馆，2020，第 13 页。

❷ 杜健荣：《法律与社会的共同演化——基于卢曼的社会系统理论反思转型时期法律与社会的关系》，《法制与社会发展》2009 年第 2 期。

❸ 王小钢：《追寻中国环境法律发展之新理论——以反身法、审议民主和风险社会为理论视角》，博士学位论文，吉林大学，2008，第 92 页。

系统的功能分化，功能分化又反过来增加了社会的复杂性，从而推动社会转型。法律转型是社会转型的一个方面，我国虽然尚未完全进入以功能分化为主的发展阶段，但法律时刻回应着社会变化的内在趋势，这是对社会关系发生深刻变革的反映，环境法现代调整机制就是在这种背景下逐步形成的。

　　如果认为现代社会并非缔造了新的社会关系类型，只是加重了环境社会关系的繁复程度，那么毋宁说环境社会关系本身就蕴含着十分复杂的关系脉络。将人类视为一个整体时，人类与生态环境的关系就是简单的相互影响的过程（见图4.1）。人与生态环境的物质能量交换一定是双向的，人类行为在对生态环境产生作用的同时，也会受到来自生态环境的反作用，既包括积极反作用，如播种秋收，也包括消极反作用，如生态破坏行为带来的不利环境后果。

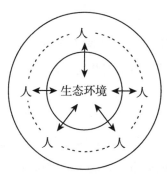

图4.1　生态环境与人类的相互作用

　　以单个人的角度看待人与生态环境的交互过程时也能窥得其间的双向性，只是有时生态环境对人的反馈作用针对的是环境行为人，有时则反馈至行为人以外的其他人，不仅会对人的财产或生命、健康产生影响，也会影响到下一个生态环境和人之间的事实关系，从而形成一种循环性的初级结构。而且这只是单一层次的影响过程，社会生活的复杂性远不止如此，人与生态环境之间形成的高阶样态的复杂性是无数单元结构叠加的结果，以化约后的结构（见图4.2）进行分析足以说明环境社会关系的基本构造。看似简单的环境社会关系，当以个体的人为视角进行分析时，环境社会关系中生态环境的媒介作用就体现为多个环境事实的集成过程。

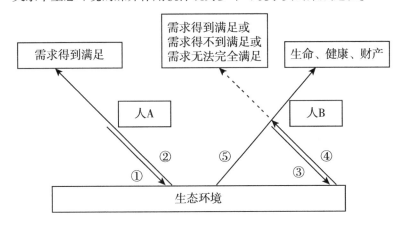

图4.2 环境社会关系的基本构造

　　行为人 A 出于特定目的对生态环境实施了事实行为①，生态环境发挥其功能使行为人 A 的目的得以实现、需求得到满足②，形成第一个环境事实，同理，行为人 B 与生态环境之间形成第二个环境事实。但是由于生态环境具有非排他、非竞争的公共属性，行为人 B 对生态环境的事实行为③必然会受到第一个环境事实的影响，在第一个环境事实的形成过程中，根据行为人 A 的事实行为①对生态环境影响程度的不同，生态环境的功能发挥受到影响，行为人 B 的需求有可能得到满足，也有可能无法完全满足或得不到满足④，当行为人 A 的事实行为①超过一定限度时，则会威胁到行为人 B 自身的财产安全或生命、健康⑤。每个环境行为都借由生态环境与他人相关，当人们认识到保护生态环境的重要性时，通过政策、法律对行为过程的控制既能保障生态环境本身及其所承载的功能正常发挥，又能保障其他人的合法环境权益。

环境法直接评价和规范的对象主要是行为人 A 作出的环境事实行为①，但并非所有的环境事实都能够被评价为法律事实而被环境法调整，只有当行为人的环境行为对其他环境事实有潜在影响或影响的可能性的时候，人与生态环境的自然关系才有可能转化为人与人之间的社会关系。由于人的生产、生活总是离不开生态自然提供的客观物质基础，法律允许行为人 A 在适当限度内的需求得到满足，即人 A 的行为作用于生态环境，生态环境反作用于人 A 的过程，该过程对生态环境产生的影响依靠环境的自净能力和承载能力即可消解。为了控制事实行为①作用于生态环境对其他环境事实可能产生的潜在影响，行为人 A 需要在法律规定的范围内行为，其他人则对此负有容忍义务，而环境行政主管机关为规范该过程适用法律时，与行为人 A 之间就产生了一般性的管理与被管理的环境法律关系，如总量控制、合理的资源开发等。

当事实行为①对生态环境的影响超过一定限度（不是违法意义上的限度）时，受影响的生态环境就无法正常发挥环境功能，导致事实行为①直接影响行为人 B 需求的满足，即人 A 的行为作用于生态环境，生态环境反作用于人 B 的过程；或事实行为①间接影响行为人 B 需求的满足，即人 B 的行为作用于生态环境，生态环境反作用于 B 的过程由于人 A 的行为而受到影响。此时会出现三种情形：行为人 B 的需求得到满足，行为人 B 的需求无法完全满足，行为人 B 的需求得不到满足。虽然在第二个环境事实中，B 的需求能够被满足或被部分满足，但生态环境受到的影响会在接下来环境事实的累积过程中逐渐叠加，生态自然的承载能力和修复能力是有限的，许多自然资源具有稀缺性和不可再生性，许多生态破坏具有不可逆性，环境事实的累积是连续的，环境需求的满足却无法永远保证，环境法就是对人们满足其需求的能力的重要保障，此时的行政主体与行为人之间的环境法律关系就以强制性管控为主。在行为人 A 的行为作用于生态环境，而生态环境反作用于人 B，并损害人 B 的生命、健康、财产的联系链中，环境事实的累积过程朝着行为人 B 的利益遭到严重损害的方向发展，最终结果是最显化的，此时行为人 A 的环境事实行为①就被评价为环境侵权行为，由民法调整；当各条件符合犯罪构成要件时，则由刑法调整。不同环境事实之间虽然存在联系，但是如果没有环境法对上述各种不同情况的调整，依靠传统部门法只能在环境事实累积发展到人身或财产损害的阶段才能保障人的利益。

从事实行为的角度看，环境社会关系或环境法律关系与其他社会关系或法律关系最大的区别在于，它并不是人与人之间直接的交往关系，行为人的 A 环境事实行为直接作用于生态环境，而不是 B，行为人 B 受到的影响也直接来自生态环境，而不是 A，传统法律部门在处理行为与结果的因果关系时只能将环境侵权视为特殊侵权，实行举证责任倒置的特殊规制，法律规定环境责任是无过错的严格责任，需要由 A 来证明不存在因果关系的原因就在于此。

当个人的环境需求到了无法被满足的程度时，环境功能衰退的问题就已经上升为集体利益或国家利益甚至人类利益的层次，生态环境及承载于其上的诸功能就并不只对某一个人产生作用或反作用，个人与生态环境的关系就转化为人与生态环境的整体关系，又回复至图 4.1 的构造中。因此，环境法的现代调整机制必须从保护环境公共利益出发，从人类命运共同体的角度出发保障生态环境的质量及其功能。

新型社会关系网络中环境介质的加入，使人们交往的风险增加，社会转型令人们对他人的环境行为更加不可预测，或者说因为环境事实累积的复杂性和环境问题的特殊性而使他人的环境行为更加难以预测，这种影响对环境社会关系来说具有整体性和根本性。环境社会关系是认识环境法现代调整机制的重要维度，法律需要让基于生态自然的物质生产反哺环境保护，唯有动态的环境法现代调整机制才能敏锐地捕捉并解释这一变化，也只有在社会转型的过程当中，更具现代性的环境法调整机制才能对复杂性渐进增加的环境社会关系进行调整，实现利益的整合。

五、科技进步与数字化环境治理

科技发展带来的巨大变革渗透进现代社会的方方面面，影响着人们的思维活动，不仅改变了人们的生产方式，更改变了人们的生活方式和交往方式。环境法因其本身的科技属性与科学技术的关系十分密切，尤其是在现代，对生态自然的监测、调查，对环境问题的预测、预防，对环境污染的治理、修复，环境保护的每个领域和阶段都少不了以科学技术为支撑。

在环境法传统调整方法中，环境标准是连接环境法与科学技术的唯一桥梁，但看似美好的制度实则用处不大。早期的环境标准虽然是基于生态环境容量、环境承载力和生态自然规律的技术性规范，但标准的制定与现实技术不相适应，既与实际需要脱节，在环境治理方面也显徒劳。有限的科技手段使环境标准无暇顾及人体健康和生态保护，只能迁就经济效益，而且难以支撑人们对生态环境的动态监测，更无法作为环境污染后续治理和生态修复的依据与基础，环境标准实际上无法覆盖生态环境全领域和环境保护全过程。20 世纪 80 年代前后，国家进行了一系列环境科学攻关研究，水环境科学、大气环境科学、环境生态学等研究采取

"从战争中学习战争"的方法，在实地调查、监测和实验模拟中逐步发展。❶1988年我国颁布的《中华人民共和国标准化法》就规定了环境标准的制定和实施，1990年《标准化法实施细则》将污染物排放标准和环境质量标准规定为强制性标准，1999年《环境标准管理办法》就已发布实施，但为何环境治理成效仍不显著，生态环境仍然未见好转？这当然不免归因于环境法传统调整方法所处时代的科学技术尚不发达，政治、经济、法律都比较落后，环境法治发展并不充分，但根本原因还是在于环境标准未受重视，技术性规范的法律地位不清晰，环境标准与环境功能区、环境规划、环境影响评价制度等相关法律制度的衔接不到位，科学技术手段在环境法中并未发挥真正的作用。

信息化、智能化、自动化、数字化已经成为当前社会的代名词，现代网络技术和数据传输技术的广泛应用，使我国现行的两级环境标准在数据联网和自动监测中发挥了无可替代的重要作用。❷2020年12月，生态环境部公布了《生态环境标准管理办法》，不仅在原有强制性标准的基础上增加生态环境风险管控标准为强制性标准，涵盖范围扩展至声、核与辐射等，还着重强调了对卫星遥感、试剂材料等的技术要求。随着全过程控制和综合整治手段的发展，以及生态环境质量管理能力的全面提升，环境标准在环境监控和风险预警、生态安全评估、废物处置与再利用、

---

❶ 唐永銮、曹军建：《中国环境科学理论研究及发展》，《环境科学》1993 年第 4 期。

❷ 两级标准指国家级标准和地方级标准，国家生态环境标准包括国家生态环境质量标准、国家生态环境风险管控标准、国家污染物排放标准、国家生态环境监测标准、国家生态环境基础标准和国家生态环境管理技术规范。地方生态环境标准包括地方生态环境质量标准、地方生态环境风险管控标准、地方污染物排放标准和地方其他生态环境标准。《生态环境标准管理办法》，2020 年 11 月 5 日由生态环境部部务会议审议通过，2020 年 12 月 15 日公布，自 2021 年 2 月 1 日起施行。

生态修复、生态安全保障等活动中才真正凸显了它的重要价值。自环境标准从卫生标准中独立出来之后，环境标准就肩负了保障人体健康和生态环境质量的双重任务，《国家环境基准管理办法（试行）》的出台更以此任务为出发点，为环境标准的制定和修订、环境质量和环境风险的评价与评估提供了基本遵循。如今人们对多因子、跨介质的环境污染能够利用科技手段量值溯源，更有效地治理重要污染源、处理主要污染物、修复严重污染区，对于改善环境质量和防控环境风险也较以前更为精准、精细。这不仅使全过程、多目标的环境治理迈上了新的台阶，更揭开了环境法现代调整机制的新篇章。

　　我国在环境保护领域对科学技术的运用不仅体现在环境标准上，在环境治理方面也展现出了与环境法传统调整方法截然不同的面貌。首先，科技手段在具体的法律实施过程中作用显著。以海洋环境保护为例，人们过去受制于调查取证方面的技术性难题，对监管海洋污染无能为力，而在"吕某奎等 79 人诉山海关船舶重工有限责任公司海上污染损害责任纠纷案"❶ 中，鉴定人在对涉案海域污染状况进行鉴定的过程中采取了卫星遥感技术；"海南省海口市人民检察院诉海南 A 公司等三被告非法向海洋倾倒建筑垃圾民事公益诉讼案"中，❷ 检察院则利用无人机巡查的方式充分履行了调查职能，拍摄到的证据资料对案件事实的查明起到了关键作用。其次，信息化发展是当下社会发展的潮流，大数据、人工智能、云端平台日渐成熟并为人们所广泛利用，环境治理智能化、

---

❶　吕某奎等 79 人诉山海关船舶重工有限责任公司海上污染损害责任纠纷案，（2014）津高民四终字第 22 号，2014 年 11 月 11 日。

❷　《最高人民检察院关于印发最高人民检察院第二十九批指导性案例的通知》，2021 年 8 月 19 日，《检例第 111 号：海南省海口市人民检察院诉海南 A 公司等三被告非法向海洋倾倒建筑垃圾民事公益诉讼案》。

数字化、智慧化已经是必然趋势，恪守传统落后的治理手段必会为时代所抛弃。环境法现代调整机制一定是紧跟时代步伐，与科学技术的最新发展相关联的，有了这个契机，新时代环境行政执法和环境司法都开启了以信息化技术为科技支撑的"互联网＋"的现代智慧法治模式。最后，国家近年来启动了"'大气污染成因与控制技术研究''场地土壤污染成因与治理技术''农业面源和重金属污染农田综合防治与修复技术研发''典型脆弱生态修复与保护研究''固废资源化''海洋环境安全保障''核安全与先进核能技术''全球变化及应对'"等重点专项，❶ 积极开展生态环境领域的科学技术研究；出台了一系列政策法规，❷ 大力支持和帮扶科技创新与科技成果转化，既有利于行政主体精确识别环境问题，确定成因并量化损害，进行有针对性的环境监管和责任追究，也直接促进了企业的科技创新，极大地提高了能源资源的利用效率，推动了清洁生产和循环利用的发展，倒逼产业绿色升级。

科学知识以技术的形式服务于人类的生活实际，科技进步固然不可或缺，但应当注意到，科学技术是一把"双刃剑"，唯科学论不是人们无上追求的终点，社会发展的复杂性使自然科学的唯一确定性存疑，生态环境领域存在大量的科学不及之地，而代表永恒真理的科学信念在环境法调整机制的现代发展中必须得到重新评价，才能防止科技手段异化。

一是防止环境治理过度依赖环境标准或科技知识，陷入科学

---

❶ 姜华等：《生态环境科技进展与"十四五"展望》，《中国环境管理》2020 年第 4 期。

❷ 例如《生态环境部关于落实深化科技项目评审、人才评价、机构评估改革的实施办法》（环办科财〔2018〕35 号）、《关于促进生态环境科技成果转化的指导意见》（科科财函〔2018〕175 号）、《关于深化生态环境科技体制改革激发科技创新活力的实施意见》（环科财〔2019〕109 号）等。

"真知"或科学标准唯一的法治虚无主义。科学知识的专业性和晦涩性使其难以为普通人所掌握，接触门槛较高，受监督可能性较低、广泛性较差，如果单纯照搬套用环境标准或过分仰仗技术性知识，容易使人忽略环境治理中基于其他社会因素的价值评判，使其形变为"科学家治理"，不利于提升环境法治队伍的法律专业素养和业务能力。如在环境行政管理中只依赖仪器设备看数据量值，不考虑地形地势、历史因素、人口因素和行业分布，则无法做到真正的"科学"；又如在环境司法审判中如果仅以专家提供的技术性意见为唯一依据，则难以实现公平公正。

　　二是环境法现代调整机制在依靠环境科学的同时必须警惕社会建构主义的科学知识走向极端化，"不同社会主体基于主观因素对科学结论作出的选择性认知，具有强烈的非理性主义的特征"。❶如果割裂并混淆科学研究和价值判断的逻辑次序，环境法现代调整机制必然走向非理性，对经验事实的客观研究以及数据合理充分前提下的解读分析是科学求真的必要条件，环境法的秩序安排和环境法律的整个实施过程都必须立基于过去成功经验的总结与具有新时代特征的价值判断。如在应对气候变化的问题上，面对气候异变的科学疑点和不确定性，人们不再首先基于主观判断对科学争论作出持方选择，而是在过往取得的降碳经验中总结出面向未来的行动策略。

---

❶　陈贻健：《论气候变化法的科学基础》，《江西社会科学》2016 年第 10 期。

第五章

环境法现代调整机制的实践表征及其效能

环境法现代调整机制与传统调整方法绝非简单的交叠逻辑，二者虽然在某些方面具有对应关系，还可能共存于同一时空范围内，但环境法现代调整机制并非对传统模式的一味因袭，而始终保持着向现代性进阶的进取姿态，是承续前提下的发展，亦是转变意义上的更新。我们不能说环境法调整机制既现代又传统，即使兼具二者的特性，也只可能是处于流变过程中的过渡期，是未完成的转化过程。环境法现代调整机制不仅在运作结构、调整模式上与传统调整方法大相径庭，在价值观念上也与传统调整方法有天壤之别，其进步意义和显著优势不言自明。可以说，方法的发展态势成为时代对环境法现代调整机制的侧写，是它最鲜明的实践表征。

第一节　环境法现代调整机制中的方法更加多元

一、集中与非集中的综合调整方法的出现

集中的调整方法即"管"的方法，如行政调整方法、刑事调整方法；非集中（任意、自由）的调整方法即"放"的方法，如民事调整方法。[1] 集中的调整方法赋予当事人的自主权较小，相对地，在非集中的调整方法中，当事人自主权较大。前文提到，环境法调整方法的此种认识进路有泛化的风险，但本书强调的是不能仅以这种单一化的视角来认识环境法的调整方法，而主体说能够很好地展现环境法调整方法的特征，因此需要将之作为认识环境法现代调整机制的一个方面，即作为环境法现代调整机制的实践表征加以理解。

由于环境法长期以命令控制式的行为模式为主导，环境问题完全依赖于中央自上而下的立法予以解决，集中式调整方法挤占了其他调整方法的成长空间，致使非集中式的调整方法发展不充分。环境法传统调整方法走向现代调整机制离不开对多元化调整方法的探寻，非集中式的调整方法大量出现，形成了集中式调整方法与非集中式调整方法综合调整的局面，实现了行为模式和法律后果上的现代创新。在环境法现代调整机制中，集中与非集中调整方法既可以同时存在于同一个环境法律制度中，也可以在不同环境法律制度中分别呈现。

---

[1] 孙国华、杨思斌：《公私法的划分与法的内在结构》，《法制与社会发展》2004 年第 4 期。

如排污权交易制度，就是综合运用集中与非集中调整方法的典型例证。早在 1988 年，原国家环境局就发布了《水污染物排放许可证管理暂行办法》，2000 年国务院颁布的《中华人民共和国水污染防治法实施细则》（现已失效）在第十条规定了排污权许可的具体内容，排污权许可现已成为我国环境保护法律制度的重要组成部分。2016 年国务院办公厅发布了《关于印发控制污染物排放许可制实施方案的通知》，改超标排污为持证排污、按证排污，为排污许可制度与污染物排放总量控制制度、落后工艺淘汰制度、环境影响评价制度、环境税制度的有效衔接奠定了基础。继 2019 年生态环境部修正《排污许可管理办法（试行）》后，2021 年国务院正式颁布《排污许可管理条例》，2024 年，生态环境部出台了《排污许可管理办法》，除明确排污许可分类管理制度、排污登记表制度、污染防治可行技术制度外，在事中事后的监管力度和责任追究方面也均有所加强。

排污权交易制度规定，相关排污主体在第二阶段可以通过市场交易对"排污权"[1]进行权利交换，将"排污权"作为交易对象实质上是对环境资源利用权的商品化，此时的排污权交易可以被看作是一种动态债权，[2]是非集中法律调整方法的表现形式，但由于排污权交易是基于解决环境外部性问题和公共物品分配而产生的制度[3]，第一阶段基于总量控制的行政许可部分依然属于集中式的调整方法。从排污权交易制度的外观来看，该制度当属环境

---

[1] 排污权并不像经济学家认为的那样，将污染环境的权利作为一项权利看待，高丽红教授认为在法律中，排污权可以被看作一种用益物权。参见高丽红：《论排污权的法律性质》，载《郑州大学学报》（哲学社会科学版）2003 年第 3 期。

[2] 高丽红：《论排污权的法律性质》，《郑州大学学报（哲学社会科学版）》2003 年第 3 期。

[3] 陈德湖：《排污权交易理论及其研究综述》，《外国经济与管理》2004 年第 5 期。

法律授权，由允许性环境法律规范规定，只是在排污许可的授予和取得方面属于特别允许，在排污权交易方面属于一般允许。但囿于环境问题的特殊性，国家必须对排污行为进行严格管控，2017年《中华人民共和国水污染防治法》第二十一条以严格义务条款和禁止性规定，要求直接或间接向水体排污的企事业单位、污水处理单位必须取得排污许可证，并按要求排放，禁止无证排放或违反规定排放。该法第八十三条为无证排污行为和超标、超量排污规定了明确的法律后果，县级以上环境保护主管部门可根据具体情形责令改正、限产、停产整治、罚款，情节严重的可经政府批准责令停业关闭。相关法律法规对第二阶段的交易行为并无具体规定。2015年修订《中华人民共和国大气污染防治法》时增加了"逐步推行重点大气污染物排污权交易"制度，并在2018年的修正稿中予以重申，但仍未作出实质性的操作规定。

　　虽然法律层面对排污权交易的相关规定并不具体，但在国家的大力推动下，地方纷纷展开探索实践，与之相关并现行有效的地方性法规多达52部，❶分别结合地区发展实际，对排污权交易制度作了细化规定。不仅如此，多地纷纷建立了数字化交易平台，地方排污权交易信息平台与全国排污许可证管理信息平台配合运行，既能减轻行政审核负担，提高行政效率，也为统一全面监管和信息公开打下了坚实基础。如江苏省在出台《关于印发江苏省排污权有偿使用和交易管理暂行办法的通知》后，于2021年正式启动运行江苏省排污权交易平台，以电子竞价、挂牌交易和协议转让方式推进排污权交易，并制定了排污权交易出让方和受让方的资格审核制度，对同一行政区域内交易主体分阶段进行预审、

---

❶　统计数据来源于北大法宝，https://www.pkulaw.com/。

审核，对跨设区的市交易主体资格实行预审、初审、审核三级审核制度。又如宁夏回族自治区生态环境厅等出台的《宁夏回族自治区排污权交易规则》对排污权交易的主体进行限制，规定六种特定情形下相关主体不得进行排污权交易，并细化了排污权交易的程序性规则。《临沂市排污权交易试点暂行办法》规定，政府在污染物总量控制的基础上建立排污权储备制度，通过收储和投放进行双向调控。项目建设单位对拟建项目所需主要污染物排放总量进行核算，由环境保护主管部门进行确权，建设单位根据确权情况购买政府储备的排污权或通过公共资源交易平台购买其他企事业单位的排污权，再由环境保护主管部门对购买后的总量指标进行二次确认，排污权使用费一级市场基准价由政府拟定，二级市场交易价格由市场决定。

总体来看，排污权交易制度遵循了平等自愿原则，环境行政主管部门在排污许可方面严格管控，但在排污许可的交易阶段根据区域污染物排放总量，仅对交易主体的资格、条件等进行审核，对虚假行为、瞒报谎报行为进行管控，整个交易阶段的行为主要依赖市场调整。

环境税制度表面上看是以单向度管理为主的强制调整，属于集中式的调整方法，但实质上是对集中式调整方法的直接运用和对非集中式调整方法间接运用的综合形式。过去的排污收费制度虽然也是将环境负外部性内部化的制度措施，但在此种制度结构下，行政管理手段往往容易吞噬依赖市场的非集中调整方法，丧失制度的本身效用。政府财政税收往往依赖于本地龙头企业，政府对这些企业的环境污染和生态破坏行为常持放任态度，而且行政机关对环境污染行为的收费、罚款在很大程度上代替了污染治理和对环境污染行为的禁止，生态环境并不能得到改善。企业的排污获益大于收费损失时，就会助长污染者以扩大生产规模弥补收费支出的势头，滋生"收费排污"的怪相，因为污染物排放的累积效应产生的环境危害还是会转嫁给社会，这种制度措施就失去了它原本应当发挥的作用。环境保护费改税将原来的行政收费改革为国家征税，主要依靠税收法定原则，弱化了环境行政主管机关的绝对控制，推动了非集中调整手段的发展，从而更有效地将环境污染和生态破坏的社会成本内化到生产成本中，再通过市场实现对环境资源的分配，改善企业和消费者的生产或消费行为。

从国家主动运用权力对税收的分配关系看，税收具有强制性，应纳税人在环境税法规定的时间和条件下不依法纳税将受到制裁。与排污费相比，环境税的手段更强硬有效，过程更规范透明，制度更公正明确。从国家主动运用权力对税收的分配关系看，税收具有强制性，应纳税人在环境税法规定的时间和条件下不依法纳税将受到制裁，这从根本上解决了过去排污费收取率低的问题。在环境税收入使用方面，环境保护主管部门肩负治理污染、修复环境的重任。环境税并不以增加财政收入为主要目的，学界对环境税收入使用的基本共识是"专款专用"，而不同的讨论主要集中于对专款专用基本模式的发展：设立环保基金与专项资金；短期内实行专款专用，长期来看纳入一般公共预算；对环境税收入在央地间作出分配，分别进行专款专用；等等。❶ 国家将环境税收入

---

❶ 蒋海勇、秦艳：《发达国家环境税实施中出现的问题及启示》，《税务与经济》2010 年第 4 期。徐艳茹、刘文洁、路红光：《中国环境税专款专用制度探讨》，《财会月刊》2013 年第 12 期。陈斌、邓力平：《对我国环境保护税立法的五点认识》，《税务研究》2016 年第 9 期。徐艳、伍月倩：《对环境税的开征及其征管的探讨》，《环境科学与管理》2011 年第 9 期，转引自叶莉娜：《论我国环境税收入使用制度之构建》，《上海财经大学学报》2019 年第 1 期。

用于环境保护就是维护承载于生态环境之上的社会公共利益的方式，一方面补偿了环境监测、监控的成本和治理污染、修复生态的成本，另一方面对于特定给付的环境税收入不以相对给付的形式使用，可以让其进入再循环，从而加强环保效能，如投资可再生能源、补贴清洁节能项目、实行降碳补助等。

环境税制度在强制调整能力增强的同时使市场机能得以充分发挥，经济理性得到了更为有效的保障。环境税是排污者为了享用公共产品，利用生态环境的自净能力和包容能力而以缴税的形式向国家支付的对价，不仅可以以从量征收的原则直接引导排污者减排，还可以以市场价格反映排污成本引导消费，间接促使排污者减排。

从规范创制开始到规范实施，以命令控制为主要特征的集中式调整方法与平等主体依赖市场交易的非集中式调整手段共同作用于特定的污染物排放行为并产生相应的法律后果，形成了具有完整运行链的环境法律制度，正是这种多元综合的、对环境法调整方法的有机运作构成了环境法现代调整机制的实践样态。

二、市场机能的作用彰显

《中华人民共和国循环经济促进法》和《中华人民共和国清洁生产促进法》的出台预示着利用市场配置资源实现节能减排、清洁生产成为时代自觉，自新发展理念、经济高质量发展目标和"双碳"目标确立之后，市场机能的作用更显得举足轻重。市场主体间关于环境保护的绿色资本流动集中体现了市场机能的重要作用，除上文提到的排污权交易制度和环境税制度能够在一定程度上反映市场机能之外，绿色金融政策最能体现市场的激励和约束作用。

　　为突出经济对企业环境违法行为的制约作用，严格的信贷管理成为加强建设项目环境监管的主要金融手段。原国家环保总局联合中国人民银行、中国银行业监督管理委员会于 2007 年发布《关于落实环境保护政策法规防范信贷风险的意见》，强调了信贷手段对保护环境的意义，为商业银行落实产业政策和环境政策、履行社会环保责任，加强授信管理、信贷管理，防范信贷风险提供了根本指南。2012 年中国银监会印发《绿色信贷指引》，不仅使环境和社会风险被纳入贷前、贷中和贷后阶段，还加强了境外建设项目的授信管理，2018 年天津银监会首次以《绿色信贷指引》为依据，对平安银行向环保未达标企业提供贷款的行为作出处罚，❶ 彰显了金融机构深入贯彻、切实执行绿色信贷政策的决心。目前，我国已经实现了政银合作的政府性融资担保机构在市级和业务县级的全面覆盖，❷ 用风险补偿资金池来分担绿色信贷风险，而且出台了一系列相关政策文件，❸ 搭建起体系完备的绿色信贷制度框架。其

---

❶ 《天津银监局行政处罚信息公开表（平安银行股份有限公司）》（津银监罚决字〔2018〕35 号），2018 年 6 月 28 日。银保监会网站：http://www.cbirc.gov.cn/branch/tianjin/view/pages/common/ItemDetail.html?docId = 184839&itemId = 1809&generaltype = 0。

❷ 财政部：《关于政协十三届全国委员会第四次会议第 2155 号（资源环境类 238 号）提案答复的函》，2021 年 7 月 9 日。http://yss.mof.gov.cn/jytafwgk_8379/2021jytafwgk_1/zxwytafwgk/202108/t20210805_3743281.htm。

❸ 主要的绿色信贷政策包括：2007 年 11 月 23 日，中国银监会发布的《节能减排授信工作指导意见》（银监发〔2007〕83 号）；2013 年 7 月 4 日，中国银监会办公厅发布的《绿色信贷统计制度》（银监办发〔2013〕185 号）；2014 年 6 月 27 日，中国银监会办公厅发布的《绿色信贷实施情况关键评价指标》（银监办发〔2014〕186 号）；2015 年 1 月 13 日，中国银监会、国家发展和改革委员会发布的《能效信贷指引》（银监发〔2015〕2 号）；2016 年 8 月 31 日，中国人民银行、财政部、发展改革委发布的《关于构建绿色金融体系的制度意见》；2016 年 12 月 20 日，国务院印发的《"十三五"节能减排综合工作方案》(2017)；《绿色贷款专项统计制度》(2019)。中国人民银行《关于建立绿色贷款专项统计制

中，七部委在 2016 年联合发布了《关于构建绿色金融体系的指导意见》，强调灵活运用绿色信贷、绿色债券、绿色基金、绿色保险等金融工具为环境保护领域的项目投资融资、运营和风险管理提供专门的金融服务，解决环境外部性问题。

首先，各地金融机构通过调整贷款利率和贷款期限转变资金投向，对新能源和可再生能源的开发利用、循环生产和清洁生产、低碳建筑和建筑节能、新兴产业、环保科技研发和技术投入、环保设施升级改造等环境友好项目给予贷款优惠，抵消了绿色企业的环境合规成本，使资金流向循环经济产业、低碳和低污染产业，提高绿色产业的市场竞争力；其次，金融机构内部绿色金融业绩评价体系和外部绿色信贷指标体系的相互配合，可以提升绿色金融的激励作用，积极帮扶企业在加大环保投入，实行节能减排、低碳循环的同时提高经营绩效，以内生激励的形式提高企业环境保护的自主性，改变能源消费结构，提高资源利用率，促进产业结构升级，实现经济可持续发展；最后，基于环境保护的资金配给，还能约束污染企业的融资行为，限制污染性项目的投资，将环境污染内化为企业的融资成本，降低污染型产业的投资收益率与资金可得性，❶从而改变生产要素流向，倒逼高能耗、高污染企

（接上页）度的通知》（国发〔2016〕74 号）；2018 年 7 月 27 日，中国人民银行发布的《关于开展银行业存款类金融机构绿色信贷业绩评价的通知》（银发〔2018〕180 号）已失效；2019 年 2 月 14 日，国家发展改革委、工业和信息化部、自然资源部、生态环境部、住房城乡建设部、人民银行、国家能源局联合发布了《绿色产业指导目录（2019 年版）》（发改环资〔2019〕293 号）；2020 年 12 月 15 日，财政部印发了《商业银行绩效评价办法》（财金〔2020〕124 号）；2021 年 7 月 1 日，中国人民银行、发展改革委、证监会印发了《绿色债券支持项目目录（2021 年版）》（银发〔2021〕96 号）。

❶ 李戎、刘璐茜：《绿色金融与企业绿色创新》，《武汉大学学报（哲学社会科学版）》2021 年第 6 期。

业通过改进工艺、创新技术，实现产业转型升级或退出市场。此外，绿色基金、绿色债券、绿色保险、绿色融资、绿色担保等绿色金融产品以及绿色金融衍生品对于转变资源错配、内化环境成本的作用也不可小觑，如广东绿色产业投资基金、青岛银行发行的绿色金融债券、环境污染责任保险、绿色装备供应链融资、旅游融资、林权抵押、碳排放权期货交易等。

　　政府主要通过绿色投资、绿色采购、绿色财税、补贴等方式发挥鼓励正外部性活动的作用。一方面，环保财政支出通过加大对生态产业的投资力度或在绿色项目建设端对符合特定要求的普惠金融对象进行专项补贴，以税收贴息、费用补贴的方式给予价格或收入支持，借由市场对经济信号的敏感性实现产业资源配置的优化；或通过引导性、扶持性的财政支持对绿色技术创新进行补偿，既能引导企业技术投入，利用收入效应吸引人才，还能激发生态效益型经济的增长潜力；又或者通过绿色关税影响进出口商品的供需市场，使资源损害合理受偿，实现资源的合理配置。另一方面，政府通过落实绿色产业税收优惠政策等举措促进经济发展与环境保护相协调，包括对低于排污标准一定比例的企业实行减税优惠；对从事节能环保项目或购置使用节能环保设备的企业给予税收优惠；对资源综合利用项目实行增值税即征即退政策。2021 年财政部等四部门公布最新《环境保护、节能节水项目企业所得税优惠目录》以及《资源综合利用企业所得税优惠目录》，2022 年版《资源综合利用产品和劳务增值税优惠目录》也已经发布。根据最新优惠目录，财税优惠政策更加严格、规范、合理，企业所得税优惠目录的更新回应了碳达峰、碳中和的愿景目标，增值税优惠目录增加了再生资源回收简易计税的计税方法，取消了除达不到起征点的自然人外的自制凭证，区分了再生资源回收销售和自产资源综合利用产品或提供劳务的征免情形，从根本上解决了一线回收企业的收购获取进项难和实际税负成本过高的问题，大幅降低了法律风险。❶

三、环境责任承担方式多样

责任往往与不利后果相关，与日常语境中的"责任"不同，需要承担的环境责任多来源于国家强制，与严格的环境义务相联系。环境法现代调整机制注重对环境行为进行严格监管，即强化环境责任，包括对政府环境保护责任的加强和对企业、个人环境责任的加强。在党政同责、一岗双责的制度背景下，环境责任显然不仅限于法律责任，政治责任业已成为重要的责任承担方式，如约谈整改。

2020年《生态环境部约谈办法》将约谈定性为行政措施，❷但该种行政措施针对的是未依法依规履职或履职不到位的环境行政行为和未落实环保责任的企业环境行为，既有监督性，也有监管性；约谈对象不仅包括地方人民政府及其部门负责人，还包括企业负责人，既有内部性，也有外部性；约谈组织启动方既包括生态环境部以及督察办，还包括生态环境部党组会、部务会、部常委会，约谈建议均需经生态环境部主要领导同意；新增的约谈情形包括中央领导指示批示的问题和党中央国务院交办的事项；约谈方式主要是指出问题、听取说明、告诫谈话、提醒谈话、提出整改建议、责令整改纠正；最后以约谈整改方案的编制落实告终，累积性后果督促限期修改完善或组织重新编制约谈整改方案和函告、通报、专项督察，且不取代（法律）责任追究。虽然

---

❶ 财政部、税务总局：《关于完善资源综合利用增值税政策的公告》（2021年第40号），2021年12月30日。

❷ 生态环境部：《生态环境部约谈办法》（环督察〔2020〕42号），2020年8月24日。

《中华人民共和国噪声污染防治法》《中华人民共和国海洋环境保护法》《中华人民共和国湿地保护法》《中华人民共和国长江保护法》《中华人民共和国黄河保护法》《中华人民共和国森林法》《中华人民共和国大气污染防治法》《中华人民共和国土壤污染防治法》《中华人民共和国水污染防治法》等均规定了约谈制度，但无论是从约谈的主体、依据，还是行为模式和后果来看，其政治性都大于法律性，约谈本质上是依赖于政治压力传导的软约束力、强威慑性执行监督，更偏向于环境责任承担方式中的一种环境政治责任。

而环境法律责任受制于法的效力，主要依赖于国家强制力，国家强制力是一种严厉的、有组织的力量，法律强制不是一般的国家强制，只有包含权利和义务内容的国家强制才是法律强制，当然也不是狭义的行政强制措施或刑事诉讼中的强制措施，这里指适用于环境法的、可以在环境法中完成特定任务的国家强制。环境法调整机制的正常运转离不开环境法律强制的保障，而环境法律强制就体现为国家强制的环境法律内容，是使环境保护领域的个人意志服从于国家意志的重要手段。

通常人们习惯将法律责任等同于法律制裁，但实际上除了承担法律责任要承担不利的法律后果，法律强制还包括法律制裁、预防性法律强制措施、权利保护措施。阿列克谢耶夫根据法律制裁的特点，将其分为恢复权利性制裁和处罚性制裁，以说明法律制裁的内容和法律制裁对于非法行为发生前就存在的法律关系的意义；将法律制裁分为保护措施和责任措施，反映制裁的作用、制裁所包含的社会目标以及制裁给受制裁人带来的后果。[1] 这两种

---

❶ ［苏］C. C. 阿列克谢耶夫：《法的一般理论》（上册），黄良平、丁文琪译，法律出版社，1988，第 282 页。

分类在本质上是一致的。从后果来看，承担环境法律责任并不一定意味着接受环境法律制裁，某些环境法律制度中暗含了国家强制的内容，不履行或不完全履行环境法律义务产生的环境法律责任，可以通过义务人私下的积极赔偿、采取补救措施等方式自愿主动地实现，违法者与权利人之间的环境法律关系无须国家强制的直接介入。只有当义务人拒不履行环境法律义务，或权利人请求国家权力机关保护环境利益或保障权利实现时，环境法律制裁才能以追究法律责任的方式要求违法行为人承担不利的法律后果，义务人拒不改正、拒不执行等行为会直接导致具有制裁性质的环境法律责任的产生。此外，在国家绝对保护的环境利益面前，或者在出现重大财产损失和人身伤亡的严重后果时，环境法律制裁才在国家和违法行为人之间形成直接的环境法律关系，无须义务人有不履行环境义务的情形或由权利人提出请求。

环境法是偏重行政调整方法的法律，大量环境保护工作依靠国家行政管理完成，这就意味着在某些情形下，可以通过承担环境法律责任起到某些预防性调整的作用（见图5.1）。

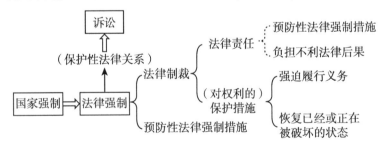

图5.1 法律责任与法律强制的所属关系

图片来源：改编自［苏］C. C. 阿列克谢耶夫：《法的一般理论》（上册），黄良平、丁文琪译，法律出版社，1988，第283页。

环境法传统调整方法中（制裁性）环境法律责任以传统法律

责任为限，现代环境法不仅以传统法律责任为基础在责任承担方式上实现了创新，如在停止侵害基础上发展出来的禁止令、在罚款基础上发展出来的按日连续处罚等，而且已经发展出越来越多极具自身特性的责任承担方式，如补植复绿、增殖放流、生态损害赔偿、生态修复等。

如果狭义的环境法律责任仅指制裁性的法律责任，那么广义的环境法律责任就可以与环境法律强制同义，包括由预防性法律强制措施产生的环境法律责任、由恢复性权利保护措施产生的环境法律责任、由制裁性权利保护措施产生的环境法律责任、由惩罚性责任措施产生的环境法律责任。

第一，由预防性法律强制措施产生的环境法律责任是环境法防治结合、综合防治的要求，该种责任承担对已经出现的、不可避免的环境危害后果起到防止危害扩大的作用，通过提前采取措施，将环境危害控制在允许范围内，如暂扣许可证、限制生产等。预防性强制措施的特殊性在于它可以被解释为存在于国家管理场域中的调整性环境法律关系，而非纯粹的保护性环境法律关系。预防性强制措施是对造成危害的可能行为采取的预防措施，而且这种可能性能够被法评价为需要采取措施的状况，可以通过危害行为及其后果进行判断，从而与环境法律制裁相区别。

第二，恢复性权利保护措施旨在以恢复性质的制裁保护被侵害的权利，承担相应的环境法律责任可以消除或减轻环境危害，恢复已经或者正在被破坏的关系状态或生态环境，如排除妨碍、消除危险、生态修复、治理污染、拆除污染设施等。由于环境法的特殊性，往往需要结合处罚性的责任措施和恢复性的保护措施一起使用，因此许多环境法律责任既有处罚性也有权利保障性，如责令停产停业等。保护措施的恢复性职能有时难以发挥，在受损的生态环境无法恢复时，需要以替代性处罚来代替恢复性制裁，但必须具有止损性、恢复性或补救性，如环境公益劳动代偿、完成体系修复项目、退耕还林、补植令、放养令、修复令等，又或者责令改正、进行重新环评、环境技术改造、金钱补偿、向环境基金捐款、成立信托等。强调对恢复性权利的保护措施使我们能够更加明确环境法现代调整机制中追究法律责任时的着力点，转变环境领域重惩罚、轻修复的观念。

第三，由制裁性权利保护措施产生的环境法律责任的重点是通过强制制裁手段强迫义务人履行环境法律义务，如按日连续处罚、责令行政机关履行职责等。同样地，当义务人难以履行义务或无条件履行义务时，可以以生态环境损害赔偿、行为罚、委托第三方治理等方式来代替履行义务。由于保护权利的任务也可以通过环境法律责任来实现，因此，制裁性权利保护措施和惩罚性责任措施在具体内容和功能上可能会出现一致甚至重叠。但是制裁性权利保护措施的最终目的并不在于惩罚环境违法者，为其设定新的负担，在环境法领域，权利保护措施更重要的作用体现为保护权利人的权利，权利人的权利又依赖于生态环境功能的发挥，因此权利保护措施较责任措施而言更有利于维护良好的生态环境。从这个意义上来说，权利保护措施比责任措施更为重要。但是强迫履行环境义务的措施只有在积极型环境法律关系中才更有意义，对于消极的环境义务，义务人做了不应做的行为时（如超标排污），权利保护措施需要以追究环境法律责任的方式达到保护目的。

第四，由惩罚性责任措施产生的环境法律责任是权力机关对非法行为的积极反应，通过对非法环境行为进行特殊的法律评价，针对引起异常状态的非法行为人施加强制性法律措施，进而达到纠正环境法现代调整机制当中异常的环境法律关系，处罚非法行为人、恢复正常法律秩序的保障效果，具有惩罚性。因此，从国家强制的环境法律内容来看，惩罚性环境法律责任是形成于国家与违法者之间的权利和义务关系，是国家对违法者的一种权利，❶违法者负有容忍或接受惩罚性措施的义务，如进行生态环境惩罚性赔偿。

《中华人民共和国民法典》继受原《中华人民共和国侵权责任法》相关规定并实现升级，在侵权责任编增设"环境污染和生态破坏责任"，❷以侵权之债重拾被遗漏的生态利益，形成与公法管制规则相对应的私法填补规则，完善了环境私益侵权责任并创造性地发展了环境公益侵权责任。最受瞩目的当属第 1232 条规定的生态环境惩罚性赔偿制度，该项规定突破了损害填平原则，提高了环境违法成本，拓宽了被侵权人的权利救济渠道，使惩罚性赔偿正式由《中华人民共和国消费者权益保护法》《中华人民共和国反垄断法》延伸至环境法领域，加大了对环境违法行为的处罚力度，有利于实现对环境权益的充分救济，推动环境法律责任体系向前迈进了一大步。

2022 年最高人民法院发布《最高人民法院关于审理生态环境侵权纠纷案件适用惩罚性赔偿的解释》（以下简称《解释》），解决了学界长期争论的生态环境损害赔偿能否适用惩罚性赔偿、如何适用的问题，使生态环境惩罚性赔偿真正起到了对恶意污染环境、破坏生态行为的震慑、预防、惩罚作用。为保障主体的合法权益，避免制度被滥用、惩罚过当，《解释》规定了适用生态环境惩罚性赔偿的审慎原则：被侵权的自然人、法人或其他组织可以在提起生态环境侵权诉讼时一并提起对生态环境损害的惩罚性赔偿。在

---

❶ 范健主编《法理学——法的历史、理论与运行》，南京大学出版社，1995，第 367 页。
❷ 《中华人民共和国民法典》第 1229—1235 条。

构成要件方面，若侵权人实施了不法行为、具有主观故意，且造成了严重后果，则被侵权人对此负举证责任；赔偿金数额需要综合考量侵权人主观恶意、侵权后果、最终获益、事后采取的修复措施和效果等因素，且按照不超过人身损害赔偿金、财产损失数额基数的2倍来确定；侵权人因同一行为应承担的法律责任发生竞合时，惩罚性赔偿责任顺位后于民事责任、行政责任和刑事责任。

区分惩罚性责任措施和制裁性保护措施可以有效辨别环境赔偿责任与环境补偿责任，对厘清各项环境法律制度中的权利和义务关系有重要意义，为保障环境法现代调整机制的有效运行奠定了坚实基础。以环境赔偿为主的制度措施必须以惩罚为目的对行为人进行否定性的法律评价，要求其承担不利的环境法律后果，如行政罚款、刑事罚金；环境补偿为主的制度措施必须是以恢复为目的的填补性规定，以弥补环境义务履行的未完全状态，恢复或抵消对生态环境造成的影响，如金钱补偿。生态补偿虽然也是填补性的制度措施，但只有当生态补偿作狭义解释，仅指因环境污染或生态破坏行为而需要对生态环境造成的损失进行抵消填补的时候，才能被认为是环境法律责任中的补偿，即"破坏者补偿"，而不包括"受益者补偿"。

第二节　系统性理念全面发展

一、流域统一和专门立法

流域管理往往涉及跨区域、跨部门环境利益的整合，涉及复合环境要素的综合保护，涵括流域上中下游、左右岸、干支流，以及水上、水面、水中与水底的统筹保护和系统治理等内容，因此，在环境法现代规范创制机制中，流域立法最能体现系统性理念。

流域是以水为基础的完整生态单元，具有流动性、跨界性和系统性。流域生态环境的特殊性决定了流域环境污染的产生地与污染防治地不一致、流域生态保护地与生态收益地不同，负外部性受害者的环境利益无法得到保障而正外部性受益者的生态收益外溢。跨界使环境问题更加复杂，上游地区一般资源存量好、生态质量高，但同时经济发展不充分，污染治理和生态保护能力弱，产业结构不合理，技术工艺落后，天然的水循环系统不断将污染物、沉积物带至全流域，流域治理需要大量的人财物的投入且短期内的可量化效益低，行政驱动力严重不足。而行政区隔加大了环境社会关系的调整难度，尤其在承载了渔业捕捞、交通航运、砂矿勘采、农业灌溉、生活饮用等多种功能的流域，更需要在系统、整体环境观的指导下开展流域协同合作和统筹联动。

为此，国务院机构改革建立起系统而集中的管理体制，由生态环境部水生态环境司拟订和监督实施国家重点流域生态环境规划，统筹协调重点流域生态环境保护工作，监管水污染源排放管控和排污口设置，由生态环境执法局协调解决跨区域环境污染纠纷，[❶] 并在珠江流域建立了省级水行政主管部门协商机制，在太湖流域建立了水环境综合治理省部际联席会议制度。[❷] 打破了部门利益壁垒，解决了"政出多门""九龙治水"的断裂式管理问题，职权分工更加合理，提高了流域管理效率。在河湖长制、环境目标责任制和环保督察制的多重强压作用下，流域生态环境保护的力

---

❶　生态环境部网，http://www.mee.gov.cn/zjhb/bjg/。
❷　张菊梅：《中国江河流域管理体制的改革模式及其比较》，《重庆大学学报（社会科学版）》2014 年第 1 期。

度和强度有了根本保障。

此外，自 2007 年起，国家开始研究建立跨省的流域生态补偿机制，并推行跨省流域生态补偿试点，❶ 根据 2013 年国务院《关于生态补偿机制建设工作情况的报告》，浙江最先在全省全流域 8 大水系开展流域生态补偿试点，先试先行取得的突破性进展以"新安江模式"为典型。❷ 在新安江成功经验的推广以及国家一系列政策文件的推动下，❸ 以长江、黄河流域为代表的流域齐治、共治、同治格局已经形成。流域生态补偿制度扩大了环境行为与后

---

❶ 2007 年 3 月 15 日，原国家环境保护总局发布《关于进一步加强生态保护工作的意见》（环发〔2007〕37 号），要求开展流域生态补偿试点工作，推动解决重点流域生态环境问题。《节能减排综合性工作方案》（国发〔2007〕15 号）也明确要求改进和完善资源开发生态补偿机制，开展跨流域生态补偿试点工作。同年 8 月 24 日，原国家环境保护总局发布《关于开展生态补偿试点工作的指导意见》（环发〔2007〕130 号），明确流域生态补偿标准体系，搭建有助于建立流域生态补偿机制的政府管理平台，促进流域上下游地区协作，采取资金、技术援助和经贸合作等措施，支持上游地区开展生态保护和污染防治工作，引导上游地区积极发展循环经济和生态经济，限制发展高耗能、重污染的产业。

❷ 新安江流域是全国首个跨省界的流域生态补偿试点，创新提出以补偿指数 P 值作为核算补偿资金的依据，通过实施流域生态补偿，以环境保护倒逼产业结构不断优化，大力推进生态产业化、产业生态化，在经济结构优化、总量提升的同时流域污染治理的成本显著下降、环境质量显著提升，实现了生态效益和经济效益双赢，为各流域实施生态补偿提供了发展参考。参见孙宏亮：《中国跨省界流域生态补偿实践进展与思考》，《中国环境管理》2020 年第 4 期。

❸ 主要包括：《关于预防与处置跨省界水污染纠纷的指导意见》（环发〔2008〕64 号）、《长江中下游流域水污染防治规划》（环发〔2011〕100 号）、《生态文明体制改革总体方案》（2015 年 9 月 21 日）、《关于健全生态保护补偿机制的意见》（国办发〔2016〕31 号）、《关于加快建立流域上下游横向生态保护补偿机制的指导意见》（财建〔2016〕928 号）、《关于建立健全长江经济带生态补偿与保护长效机制的指导意见》（财预〔2018〕19 号）、《长江保护修复攻坚战行动计划》（环水体〔2018〕181 号）、《中央财政促进长江经济带生态保护修复奖励政策实施方案》（财建〔2018〕6 号）、《建立市场化、多元化生态保护补偿机制行动计划》（发改西部〔2018〕1960 号）、中共中央、国务院印发《长江三角洲区域一体化发展规划纲要》（2019 年 12 月 1 日）、《支持引导黄河全流域建立横向生态补偿机制试点实施方案》（财资环〔2020〕20 号）等。

果的发生空间,将本身难以量化的生态利益以价格传导的方式平衡环境行为的正负效应,达到填平跨界环境损害和弥补流域生态质量保证的直接成本、牺牲经济发展的机会成本的目的。目前,长江流域内"已建立新安江、赤水河、酉水、滁河、渌水等多个跨省流域生态补偿机制,发挥了较好的示范作用"。❶ 中央对黄河流域内生态补偿的引导和补助也在逐年加强,"中央财政在 2020 年水污染防治资金中,安排黄河全流域生态补偿机制建立引导资金 25 亿元",❷ 且资金安排向上游倾斜,"每年下达青海省 2 亿元,占资金总量的 20%,是黄河流域九省(区)资金分配最多的省份"。❸ 随着流域生态补偿制度的发展,流域内跨区域的政府间合作日益增多,如签订横向流域生态补偿协议、建立跨区域污染联防联控机制、污染物排放跨区替代消减等。

流域治理是将流域生态空间与域内社会空间整合进法律空间中的过程,如果流域治理与三重空间的嵌套性构成不符,则会出现"选择执法"的错配逻辑;流域管理不仅仅是涉水资源、水生态的管理体制,如果将这种基础性因素错当作唯一重要的因素,流域治理当然就会走向"就水论水"的片面模式;流域生态环境保护是一个与流域经济、安全、人文密不可分的系统工程,如果认识不到这种一体化的社会统合,就会陷入"头痛医头、脚痛医脚"的实践困境。为了从根源上克服"抓管异效",回应国家生态安全的客观需要,将既有实践成果定型化、制度化,实行统一的流域

---

❶ 《财政部对十三届全国人大三次会议第 3188 号建议的答复》(财资环函〔2020〕35 号)2020 年 9 月 7 日。

❷ 《自然资源部对十三届全国人大三次会议第 6279 号建议的答复》(自然资人议复字〔2020〕074 号)2020 年 9 月 10 日。

❸ 《财政部对十三届全国人大四次会议第 4814 号建议的答复》(财资环函〔2021〕62 号)2021 年 6 月 28 日。

管理，具有划时代意义的《中华人民共和国长江保护法》应运而生。

《中华人民共和国长江保护法》的出台既取决于长江生态环境正面临的严重威胁，也决定于长江在我国经济社会中的重要地位。在国家的经济发展战略中，"京津冀""粤港澳""长三角"等区域的发展打通了行政区隔，走向区域经济一体化，这种经济功能区与流域区域高度重合，长江流域生态保护和高质量发展即对应"长江经济带发展"。长江经济带是我国综合实力最强、发展势头最猛的区域，对我国经济发展具有重要的战略支撑作用，但是"长江经济带"与"长江流域"并非同一概念，其范围划定是区域经济学所指，地理范围大于"长江流域"。根据《中华人民共和国长江保护法》第二条的规定，该法是针对长江流域生态环境保护的法律，并非长江经济带区域法。因此，"共抓大保护，不搞大开发"并非极端的只保护不开发，而强调的是坚持生态优先，并以此为前提倒逼长江流域的产业转型升级，实现长江流域的高质量发展，防止无序开发、大规模开发、破坏性开发、超范围开发，在生态自然规律、社会发展规律的基础上发展生态经济、循环经济，实现可持续发展、绿色发展，是"两山"理论和"新发展理念"的生动实践。作为"流域空间的法律化和法律的流域空间化"的典型，[1] 该法整合了不同层级和区域的行政资源与制度资源，形成了中央协调、各部门依职责管理、各地方协作、河湖长负责的管理体制，实现了对"政府与流域、中央与地方、地方与地方"三重关系的理性型构。[2] 长江流域协调机制的建立，为不同自然单

---

[1] 陈虹：《流域法治何以可能：长江流域空间法治化的逻辑与展开》，《中国人口·资源与环境》2019 年第 10 期。

[2] 杜辉、杨哲：《流域治理的空间转向——大江大河立法的新法理》，《东南大学学报（哲学社会科学版）》2021 年第 4 期。

元和经济单元内复合性流域环境利益的交融与同构理顺了管理体制的基本逻辑，解决了分散管理、分割治理的弊端，有助于流域内各环境利益的并重保护，进一步实现了全流域的科学发展。基于利益关系建立的合作模式从根本上区别于传统的对抗模式。长江立法是由法律赋予长江流域秩序化意义的主观产物，对流域开展求同存异的区际合作作出了明确要求，《中华人民共和国长江保护法》中权力的适度上移和责任的严格下压对我国流域治理起到了积极的示范作用。

《黄河流域生态保护和高质量发展规划纲要》和《中华人民共和国黄河保护法》的出台，使"保护母亲河"不再是宣示性、口号性活动，黄河流域规划、水质监测、水土保持、可供水量分配、水资源保护、污染治理、防洪治洪等工作都被整体、系统地统合于国家战略目标之中。与长江保护不同，黄河流域的发展尚不充分、生态问题更加突出、生态环境更加脆弱，长江流域的治理以"共抓大保护、不搞大开发"为要旨，而对于黄河流域，除了保护和治理任务非常之重以外，还需要肩负适应现代化要求的发展使命。黄河保护是千秋之计、万代之业，在新的时代背景下，更需要以保障黄河生态、促进沿黄流域高质量发展为根本，立足于黄河流域的生态自然特点和黄河保护实际，建立"一带五区多点"空间架构布局和"一轴两区五极"发展动力格局，❶ 将"共同抓好

---

❶ "一带五区多点"："一带"，是指沿黄河生态带。"五区"，是指水源涵养区、荒漠化防治区、水土保持区、以污染防治区、以生态保护区。"多点"，是指重要野生动物栖息地和珍稀植物分布区。"一轴两区五极"："一轴"，是指依托新亚欧大陆桥国际大通道，串联上中下游和新型城市群，以先进制造业为主导，以创新为主要动能的现代化经济廊道，是黄河流域参与全国及国际经济分工的主体。"两区"是指粮食主产区和能源富集区。"五极"，是指山东半岛城市群、中原城市群、关中平原城市群、黄河"几"字弯都市圈和兰州－西宁城市群等，是区域经济发展的增长极和黄河流域人口、生产力布局的主要载体。中共中央、国务院：《黄河流域生态保护和高质量发展规划纲要》，2021年10月8日。

大保护，协同推进大治理"贯穿于黄河治理始终，确保生态修复与绿色发展同步推进，水质、水量、水势统筹保障，水污染、水资源、水生态齐抓共管，将黄河治理纳入我国流域治理体系，增进沿黄人民福祉，切实实现人水和谐，落实"一河一策"的重要指示，与长江治理一同开启中国特色社会主义的大江大河治理新实践，打造长治久清的生命河和母亲河，保障我国重要流域水清岸绿鱼肥，实现生态扩容。

二、综合联动的环境行政执法

与传统调整方法相比，环境法现代调整机制不仅更加注重环境法的执行，而且向着统一综合的方向逐步迈进。1996 年国务院发布《关于贯彻实施〈行政处罚法〉的通知》，要求探索建立权威、高效的行政执法体制，我国行政执法体制走上了变革的道路。随着政府机构改革的推进，国务院于 1999 年出台了《关于全面推进依法行政的决定》，理顺行政执法体制成为主旋律，我国开始转变政府职能，改变工作方式和作风。最先作出响应的是渔业部门，农业部提出要推进渔业行政执法体制改革，建立渔业综合执法队伍，"实行统一、综合执法"。❶ 2002 年，国家为满足市场经济发展的需要，开展清理整顿行政执法队伍工作，实行综合行政执法试点，并于 2003 年推行相对集中行政处罚权，包括相对集中部分

---

❶ 1999 年 7 月 14 日，原农业部发出《关于加强渔业统一综合执法工作的通知》，根据我国行政执法体制改革和实行农业综合执法的总体要求，依照《中华人民共和国渔业法》确定的"统一领导、分级管理"的原则，突出强化统一行政执法职能，建立一支高素质的、规范化的、统一的渔业综合执法队伍，以更有效地行使国家法律赋予的渔政渔港监督管理职能。加强领导，积极推进渔业行政执法体制改革，实行统一、综合执法。

环境保护行政处罚权的工作，❶ 解决多头执法问题，尤其是行政处罚中的乱罚款问题。2004 年，综合行政执法改革由相对集中行政处罚权扩展到相对集中的行政许可权，3 月国务院印发《全面推进依法行政实施纲要的通知》，为行政执法改革提供了基本方向，即建立"权责明确、行为规范、监督有效、保障有力的行政执法体制"。

在环境保护领域，林业部门在 2003 年率先启动林业行政执法体制改革，随后，水利部门（2004 年）、海洋管理部门（2008 年）也跟进理顺行政执法体制，开展行政执法体制改革，林业、水利、海洋保护系统内部综合执法体制建立。2008 年原环境保护部发布《关于印发〈全国生态脆弱区保护规划纲要〉的通知》，首次提出"健全生态保护行政执法体制"，环境行政执法由多头分散向综合集中的全面转变。当时水利部总结了试点工作的经验，体制改革已经走在前列，水利部选择了 9 省 14 县的水利局作为综合执法联

---

❶ 2002 年 10 月 11 日，国务院办公厅转发中央编办《关于清理整顿行政执法队伍实行综合行政执法试点工作意见的通知》（国办发〔2002〕56 号），进一步探索从体制上、源头上改革和创新行政执法体制，推动行政管理体制改革。调整机构，精简人员，实行综合行政执法。完善日常管理制度，健全监督制约机制，整顿和规范市场经济秩序，逐步建立与社会主义市场经济体制和世界贸易组织规则相适应的统一、规范、高效的行政执法体制，建设廉洁公正、作风优良、业务精通、素质过硬的行政执法队伍。2002 年 8 月 22 日，国务院发布《关于进一步推进相对集中行政处罚权工作的决定》（国发〔2002〕17 号），指出相对集中行政处罚权是深化行政管理体制改革的重要途径之一，最终目的是要建立符合社会主义市场经济发展要求的行政执法体制。2003 年 3 月 18 日，第十届全国人民代表大会第一次会议作出《关于〈〈政府工作报告〉的决议》，正式推进行政执法体制改革，开展相对集中行政处罚权试点工作。2003 年 1 月 13 日，原国家环境保护总局发布《关于相对集中部分环境保护行政处罚权工作有关问题的通知》（环发〔2003〕5 号），在环境保护领域推行相对集中行政处罚权，落实国务院为深化行政管理体制改革，探索建立与社会主义市场经济体制相适应的行政管理体制和行政执法体制采取的重要措施。

系点，以保障水行政综合执法体制改革成效和法律实施效果。此后，环境行政执法以"减少行政执法层级，下移执法重心"的整体思路进一步推进行政执法体制改革。❶ 2012 年，综合执法被运用至长江流域的管理和保护，长江流域综合执法体系建立。2016 年，环境执法方式再度创新，综合执法和大数据监管并举，市场调节、社会信用、法治保障手段相互结合，行政执法和刑事司法有效衔接，环境行政执法能力大幅提升，环境行政执法体制改革继续深化。❷ 2017 年，我国提出综合执法改革要实现"双随机、一公开"，2018 年该项监管举措全面实行，跨部门双随机联合检查全面展开，❸ 国务院机构改革后，生态环境保护综合执法队伍正式组建，环境违法行为的监督检查权和处罚强制权能整合，由环保综合执法队伍统一行使。

现代的环境行政执法更强调发展较为灵活和温和的柔性执法，以劝导、告诫、教育等方式保证执法效率，拓展多元的执法方式以增加执法体制的活力。对环境行政执法体制的发展要求由"权

---

❶ 2011 年 11 月 3 日，原环境保护部发布《关于贯彻落实国务院加强法治政府建设意见的实施意见》（环发〔2011〕131 号），要求建立健全国家监察、地方监管、单位负责的环境监管体制，减少行政执法层级，下移执法重心，基本形成权责明确、行为规范、监督有效、保障有力的环境行政执法体制。

❷ 2016 年 3 月 16 日，《中华人民共和国国民经济和社会发展第十三个五年规划纲要》指出，要创新监管机制和监管方式，推进综合执法和大数据监管，运用市场、信用、法治等手段协同监管。深化行政执法体制改革，推行综合执法，健全行政执法和刑事司法衔接机制。同时，第十二届全国人民代表大会第四次会议作出《关于 2015 年国民经济和社会发展计划执行情况与 2016 年国民经济和社会发展计划的决议》，要求推进综合执法和大数据监管，运用市场、信用、法治等手段协同监管。

❸ 2017 年 3 月 15 日，第十二届全国人民代表大会第五次会议提出，实现"双随机、一公开"监管全覆盖，推进综合执法改革。2018 年 3 月 20 日，第十三届全国人民代表大会第一次会议指出，要推行综合执法改革，全面实行"双随机、一公开"监管，推动跨部门双随机联合检查。

责明确、行为规范、监督有效、保障有力"到"职责明确、边界清晰、行为规范、保障有力、运转高效、充满活力",❶ 生态环境保护综合执法体系不断加强,❷ 我国环境综合执法队伍建设不断完善,综合执法能力不断提升,强制与指导并进、交叉执法与非现场执法结合、统一执法与联合协作执法共济的综合环境执法体制全面发展。

三、环境行政与环境司法的积极协作

环境行政与环境司法都是国家权力的运作形式,两者虽同属执行权,但积极主动的行政运作与被动谦抑的司法运作在运行逻辑上有本质区别。行政与司法本身是既竞争又合作的关系,环境司法既监督和制约着环境行政,又与其相互配合协调,一同构成现代环境法治的主要内容。在强调环境治理水平和治理能力现代化的时代背景下,环境行政与环境司法以积极协作的形式贯彻综合性、系统性理念,形成执法合力,成为环境法现代调整机制的主要内容。

环境行政与环境司法的积极协作和互动是环境法现代调整机制关键特征的实践表达,主要包含三个层次:

第一个层次是业务上的衔接和技术上的协助,主要是指环境保护主管部门与公安机关、人民检察院、人民法院之间的联动配

---

❶ 2019 年 2 月 3 日,生态环境部办公厅发布《关于贯彻落实〈关于深化生态环境保护综合行政执法改革的指导意见〉的通知》(环办执法函〔2019〕149 号),要求 2020 年基本建立职责明确、边界清晰、行为规范、保障有力、运转高效、充满活力的生态环境保护综合行政执法体制,基本形成与生态环境保护事业相适应的行政执法职能体系。

❷ 2020 年 12 月 23 日,《全国人民代表大会常务委员会专题调研组关于〈全国人民代表大会常务委员会关于全面加强生态环境保护依法推动打好污染防治攻坚战的决议〉落实情况的调研报告》。

合，既包括案件移送、联合调查、证据互享，还包括技术互通、信息共享等。

首先体现为环境保护主管部门与公安机关之间的积极协作。环境保护主管部门是距离环境违法行为最近的国家机关，最容易在日常环境监管活动中发现涉嫌环境犯罪的线索，是环境犯罪案件线索的重要来源。环保部门和公安机关是最普遍、最常见的环境联动主体，早在 2011 年，中共中央办公厅和国务院办公厅就转发了国务院法制办等 8 部门联合出台的文件，要求加强行政执法和刑事司法衔接工作，打击遏制违法犯罪。● 结合国务院 2020 年修订后的《行政执法机关移送涉嫌犯罪案件的规定》、2017 年版《环境保护行政执法与刑事司法衔接工作办法》和《关于环境保护行政主管部门移送涉嫌环境犯罪案件的若干规定》，环保部门和公安机关的联动协同工作重点体现在案件移送和案件调查方面。此外，环保部门和公安机关应实行双向案件咨询制，开展联合调查、查办协作。环保部门借助公安机关的专业经验提升对复杂案件证据固定、保全等能力，公安机关依靠环保部门对环境污染和生态破坏的排查、勘验、监测、监察能力，以及对违法行为的辨别、判断能力获得专业技术协助。在联合调查时，环保部门和公安机关按照职能分工分别进行事实查明工作。

其次是行政机关与检察机关的积极协作。由于检察机关具有法律监督者和公益诉讼起诉人的双重身份，在检察环境行政公益诉讼中，检察机关作为法律监督者，其主要职能是监督行政机关

● 中共中央办公厅、国务院办公厅转发国务院法制办、中央纪委、最高人民法院、最高人民检察院、公安部、国家安全部、司法部、人力资源社会保障部《关于加强行政执法与刑事司法衔接工作的意见》（中办发〔2011〕8 号），2011 年 2 月 9 日。

正确、充分履行法定职责，监督对象不限于环保部门，负有环境保护职责的职能部门都有义务与之配合。在检察环境民事公益诉讼中，检察机关处于公益诉讼起诉人的地位，补位保障环境公共利益，环境行政与环境司法联动主要是破除环保部门对违法认定的垄断，实现证据互享，在检察机关查明案件事实的过程中进行联合调查。2021 年最高人民检察院发布的《人民检察院公益诉讼办案规则》还规定，检察机关可以咨询相关部门对专门问题的意见。

最后是环境保护主管部门与审判机关之间的积极协作。根据《环境保护行政执法与刑事司法衔接工作办法》第 20 条、第 30 条和《最高人民法院关于适用〈中华人民共和国刑事诉讼法〉的解释》（2021）第 75 条、第 101 条的规定，环保部门在执法过程中收集的证据材料经查证属实且程序合法的，可以作为定案根据，形成的调查报告可以作为证据使用，涉及专业意见的，经查证属实且符合调查程序的，可以作为定案根据。需要环保部门的执法人员或技术人员出庭说明情况的，应当出庭。

第二个层次是实质性的联动和经常性的交流。2008 年昆明市率先开展环境行政与环境司法联动，并于 2009 年由四家联动主体扩展到十九家。[1] 2013 年原环境保护部、公安部联合发布《关于加强环境保护与公安部门执法衔接配合工作的意见》,[2] 细化了实质性、经常性环境行政与环境司法联动的实践样态。主要通过联席会议制度、联动执法联络员制度、对重大案件的会商和联合督

---

❶ 郭武:《论环境行政与环境司法联动的中国模式》,《法学评论》2017 年第 2 期。
❷ 环境保护部、公安部:《关于加强环境保护与公安部门执法衔接配合工作的意见》(环发〔2013〕126 号),2013 年 11 月 4 日。

办制度、紧急案件联合调查制度与各环境联动主体建立经常性的交流合作。环境法现代调整机制中环境行政与环境司法的协作，已经由便捷、操作性强的"点式合作联动机制"发展为民主、社会参与度高的"递进式整体联动机制"。❶

实践中，审判机关与人民政府也在积极探索环境联动合作模式。在"五河县和协家禽养殖有限公司诉五河县人民政府行政强制案"中，法院通过"府院联动"，最后以五河县政府协助原告另寻养殖地，承诺对其搬迁损失进行补偿，协调相关部门依法及时办理继续养殖审批手续的方式，公正、高效、实质性地化解了矛盾，从根本上解决了问题。还有环保部门与司法机关、监察部门之间的联动，如无锡市环境保护局、公安局、中级人民法院、人民检察院、监察局于 2013 年联合发布的《关于建立环境行政执法与司法联动工作机制的意见》，以及无锡市人民政府办公室出台的《关于建立无锡市环境执法与司法联动工作联席会议制度的通知》，都将监察部门纳入环境行政与环境司法联动工作联席会议制度中。❷

第三个层次是更大范围的实质性协作，包括区域、流域内上下级法院之间，法院内部刑民行案件的立案、审判、执行部门之间，以及法院与政府法制部门、行政执法机关、流域管理机构之间的协作。环境行政与环境司法协作过程中的技术性问题和信息

---

❶ 郭武：《论环境行政与环境司法联动的中国模式》，《法学评论》2017 年第 2 期。
❷ 无锡市环境保护局、无锡市公安局、无锡市中级人民法院、无锡市人民检察院、无锡市监察局发布的《关于建立环境行政执法与司法联动工作机制的意见》（锡环发〔2013〕41 号），2013 年 5 月 20 日。参见无锡市人民政府办公室《关于建立无锡市环境执法与司法联动工作联席会议制度的通知》（锡政办发〔2013〕226 号），2013 年 10 月 8 日。

不对称问题相对容易解决，要根除结构性矛盾却十分不易，实行跨区域、跨流域的环境行政与环境司法联动就是为了将生态环境保护工作放在更加系统、整体的位置，以更广泛的联动形式建立环境法现代调整机制。2017 年《"十三五"全国司法行政信息化发展规划》和最高人民法院发布的《关于全面加强长江流域生态文明建设与绿色发展司法保障的意见》，进一步加深了环境法现代行政执法机制和现代司法适用机制间的辐射性影响。

　　2019 年 9 月，上海市青浦区人民法院、浙江嘉善县人民法院、江苏吴江区人民法院共同签订的"司法协作协议"，为全方位、多层次的司法协作体系提供了整体合力；❶ 11 月，沪苏浙皖高级人民法院联合发布《长江三角洲地区人民法院环境资源司法协作框架协议》，❷ 形成了区域内常态化司法协作的发展新格局。《中华人民共和国长江保护法》和 2021 年水利部印发的《关于印发推动黄河流域水土保持高质量发展的指导意见》打通了流域内省际环境行政与环境司法协作，甚至在吉林、安徽、山东、甘肃等地省市县三级的人大常委会也采取了联动工作方式，邀请五级人大代表参加执法检查。❸ 目前我国的环境行政和环境司法联动工作已经有大量的依据支撑和坚实的实践基础，夯实了环境违法案件联合查办、

---

❶ 《上海青浦法院、浙江嘉善法院、江苏吴江法院服务保障长三角生态绿色一体化建设司法协作协议》，2019 年 9 月 11 日。

❷ 上海市高级人民法院、江苏省高级人民法院、浙江省高级人民法院、安徽省高级人民法院发布的《长江三角洲地区人民法院环境资源司法协作框架协议》（苏高法〔2019〕353 号），2019 年 11 月 5 日。

❸ 水利部：《关于印发推动黄河流域水土保持高质量发展的指导意见》（水保〔2021〕278 号），2021 年 9 月 8 日。参见全国人民代表大会常务委员会专题调研组：关于《全国人民代表大会常务委员会关于全面加强生态环境保护依法推动打好污染防治攻坚战的决议》落实情况的调研报告，2020 年 12 月 23 日。

跨域立案、异地执行、跨域矛盾解决和生态保护的内在组织力。❶

第三节　对环境公共利益的保护力度增强

一、环境决策科学化与民主化

所谓"决策",指的是决策主体"对未来工作(行动)方向、目标、原则和方法所作的决定"。❷ 这里用"决策"一词,主要为将党的环境政策、国家法律、行政决定等在环境法现代调整机制中所有起实质性约束作用的规范性文件一并纳入讨论范围,揭示多种权力合力保护环境公共利益的客观现实及其进步意义。从这个层面上讲,环境决策的科学化与民主化就包括但不限于科学立法与民主立法,而要求所有环境决策的内容具有科学性与所有环境决策的制定具有民主性。

环境决策要求决策主体有较高的对历史经验的总结能力、对

---

❶ 除了文中提及的法律法规、政策文件、司法解释外,环境行政和环境司法联动相关规定还散见于:2014 年最高人民法院、民政部、环境保护部《关于贯彻实施环境民事公益诉讼制度的通知》(法〔2014〕352 号);2016 年最高人民法院《人民法院审理人民检察院提起公益诉讼案件试点工作实施办法》;2017 年最高人民法院、最高人民检察院《关于办理环境污染刑事案件适用法律若干问题的解释》;2019 年最高人民法院、最高人民检察院、公安部《关于办理环境污染刑事案件有关问题座谈会纪要》;2020 年最高人民法院修改的《关于审理环境侵权责任纠纷案件适用法律若干问题的解释》;2021 年最高人民法院修改的《关于审理环境民事公益诉讼案件适用法律若干问题的解释》;2021 年最高人民检察院关于印发《最高人民检察院关于推进行政执法与刑事司法衔接工作的规定》的通知;2021 年最高人民法院修改的《关于全面加强环境资源审判工作为推进生态文明建设提供有力司法保障的意见》;等等。

❷ 韩明安主编《新语词大词典》,黑龙江人民出版社,1991,第 255 页。

客观世界的把握能力、对未来实践的驾驭能力，我国环境决策科学化与民主化的重要保证就是始终坚持党的领导。党的优越性及其主观认识的进步性经过了历史的考验和实践的检验，中国共产党既是人民的选择，也是时代的选择。党的环境决策是根植于中国历史广袤土壤的集体决策，尤其是党的十八大以来，党中央根据长期的执政经验，在系统而科学的理论和方法的指导下，通盘考虑社会发展形势和国际环保趋势，准确锚定了我国环境问题的痛点，提出了一系列具有前瞻性指引意义的重大战略，对新时代环境保护工作作出了重要部署，是环境法律完善和发展的直接驱动力。基层党组织和党员领导干部"学思用、知信行"的先锋模范作用成为推动行政机关高效公正地执行法律和适用法律的组织保障与执行力保障。而我国政治体制的独特优势在于协商民主，在国家治理领域体现为人民民主制度和党的群众路线，● 中国共产党始终把为中国人民谋幸福、为中华民族谋复兴确立为自己的初心使命，在环境保护领域坚持以人民为本、走群众路线，着眼于解决事关群众民生的环境问题，将"问需于民、问计于民、问效于民"贯穿始终，● 开展环境决策的全过程人民民主。通过人民代表大会制度和各民主党派参政议政、委托专家起草立法和向全社会征求意见以及环境治理过程中的公众参与制度有效汇集民智，倾听人民呼声、回应人民期待，将人民作为科学环境决策、民主环境决策、依法环境决策的力量源泉，着力解决人民最关心、最直接、最现实的利益问题，● 不仅调动了全社会各主体参与环境决

● 张文显：《法治与国家治理现代化》，《中国法学》2014 年第 4 期。
● 王江伟：《"全过程人民民主"的实践形态：结构要素与生成机制》，《求实》2021 年第 5 期。
● 习近平：《论坚持党对一切工作的领导》，中央文献出版社，2019，第 67 页。

策的积极性，更加强了党群、干群之间的联系，成为环境决策吸收基层治理实践经验和人民社会生活经验的创新动力，是环境决策科学性与民主性的关键支点。

环境法现代调整机制体现的是社会性知识的累积，人们在回归适度的物欲中寻找"增长"与"保护"的平衡点，力求达到人类社会与生态自然的和谐，一种"环境管制与环境民主双轮模式"渐进展开。❶ 随着社会整体智识的进步，更广泛的对话和交流从经验中习得、在观察学习中生长，与现代性更相匹配的科学与民主以自我管理和自我实现渗入环境治理。正如布朗所言："一个合适的公民间民主交流的范式必须将效率和在生活世界中的自我理解和意义，加入管理的综合体系中去。也就是说，它必须使我们能够以一种理性的方式管理我们的政体，以确保共同的生产，并为我们提供在我们自己的生存经验中的意义和尊严。因此这样一个话语不仅在科学和技术层面必须是恰当的，而且在道德和政治层面上也必须是恰当的。"❷

环境决策主体在决策制定和决策实施中所倚重的必然是公共参与、民主协商和理性科学知识，习近平总书记指出，"推进科学立法、民主立法，是提高立法质量的根本途径"，❸ 科学化与民主化也是与环境决策质量息息相关的发展模式。环境决策的科学化包含两层含义：一是决策制定符合法治要求、符合基本理性、符

---

❶ 李挚萍：《环境法的新发展——管制与民主之互动》，人民法院出版社，2006，第96页。

❷ ［美］理查德·哈维·布朗：《修辞性、文本性与社会学理论的后现代转向》，载史蒂文·塞德曼：《后现代转向》，吴世雄等译，辽宁教育出版社，2001，第322页。

❸ 习近平：《关于〈中共中央关于全面推进依法治国若干重大问题的决定〉的说明》（2014年10月20日），载《中国共产党第十八届重要委员会第四次全体会议文件汇编》，人民出版社，2014，第84页。

合现代价值，二是决策内容与生态自然规律相符、与当前社会发展客观实际相符、与国际社会环保形势相符。环境决策的民主化要看环境决策能否回应人民的环境诉求、是否符合人民的环境期待，能否有效调整环境社会关系，能否通过利益安排解决环境冲突。据此，环境决策的科学性与民主性可以归结为目的、程序、结果三个方面（见图 5.2）。

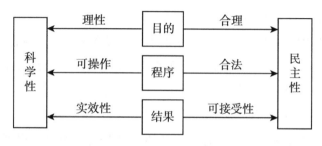

图 5.2 环境决策的科学性与民主性

首先，环境决策决定了环境治理的后续走向，往往包含多个决策目标，决策主体的价值判断和价值选择决定了环境决策的目的，而环境决策是否科学首先取决于决策目的是否符合现代理性要求。环境法现代调整机制优越于传统调整方法的例证之一就是环境法在立法目的上规定环境保护优先于经济发展，可以说现代环境决策在决策目的上较传统更为理性。而环境决策的目的是否合理与客观上是否具有民主性关联更强，能够正确、有针对性地回应社会现实，有效调整环境社会关系、型构现代环境秩序的决策则具有合理性。其次，科学决策是为了科学施策，环境决策在内容上的可行性、在程序上的可操作性是决策实施的关键，否则再科学的环境决策都只是水中月、镜中花，只有切实可行的环境决策才能以科学决策代替经验决策。而环境决策在实施上的合法性决定了决策是否具有民主性，合法施策既是保障人民权益和环境公共利益的核心要件，也是传递环境决策的关键环节，既是国家机关公信力的体现，也是民主监督的重要内容。最后，环境决策是立足于国家管理职能进行的环境利益合理分配和环境风险公平分担，兼具长效性和常态化特征，在决策结果上能否起到实际作用也是判定决策是否科学的条件，虽然实效性依赖于后续具体实践，但决策能够指导实践的前提是它本身来源于实践，是对既有经验的提炼和定格，因此科学决策必然具有实效性，相反，实效不佳的环境决策说明其欠缺科学性。就决策结果的民主性而言，环境决策在道德层面、情感层面的可接受性是连通程序民主形式正义与权益保障实质正义的桥梁，可接受程度越高的环境决策越能激发社会的环保自觉性和监督维权意识，社会参与越充分，决策传递效果的折损度就越小，对环境公共利益的保障程度也就越强。

二、保护主体多样化：行政机关作为生态环境损害赔偿诉讼的主体

环境公益诉讼制度拓展了环境公共利益的保护渠道，为保障环境公益筑起了最后一道防线。自社会环保组织被赋予提起环境公益诉讼的主体资格后，法院受理环境公益诉讼案件的数量明显攀升，但受制于环境案件调查取证的难度以及起诉的时间成本、经费投入、人员水平等因素，环保组织起诉热度逐年递减，而且起诉效果差、最终执行难达预期，更影响了环境公益诉讼制度的实效。为了更有力、有效地维护环境公益，检察环境公益诉讼成为补位性制度，检察院的公益诉讼起诉人地位最终确立，但检察机关的双重角色在转化上尚待细化和优化设计。在环境执法日益加强的背景下，环境法现代调整机制进一步将行政机关在取证、

专业性等方面的优势扩展到生态环境损害赔偿诉讼制度中，将行政机关纳入保护主体。目前，司法手段对环境公共利益的保护形成了以社会环保组织为主、以检察机关为补充、行政机关并进的多样形态。

生态环境损害赔偿制度发端于 2015 年的改革试点，标志着我国环境诉讼制度朝着全新的方向发展，经过两年试点后，我国正式建立了生态环境损害赔偿制度。[1] 该制度创设了"官告民"的新型诉讼模式，开启了以管理与被管理主体平等方式进行磋商并予以前置的制度先河，将生态环境管理、修复和损害索赔统一于行政与司法相衔接的制度框架中。但该制度因诉讼性质模糊、制度基础不明、原告权利错位、正当性和必要性存疑等问题而饱受诟病。关于生态环境损害赔偿的法理依据，目前获得较多肯定的观点是"自然资源国家所有权"理论，而基于保障物权权利的诉讼明显带有私法色彩。可以认为，生态环境损害赔偿制度实际上是给行政机关赋予了一个"公法性质上、私法操作上的请求权"[2]。最高人民法院发布的《关于审理生态环境损害赔偿案件的若干规定（试行）》和生态环境部、最高人民法院、最高人民检察院等 14 部门联合出台的《生态环境损害赔偿管理规定》还明确了生态环境损害赔偿诉讼的优先顺位。与环境法的传统调整机制相比，生态环境损害赔偿制度是我国环境司法制度中最具改革性和创新性的制度，极富现代意味。

海洋生态环境损害诉讼不完全属于生态环境损害赔偿诉讼的

---

[1] 2015 年 11 月，中共中央办公厅、国务院办公厅印发《生态环境损害赔偿制度改革试点方案》；2017 年，《生态环境损害赔偿制度改革方案》正式颁布。

[2] 王树义、李华琪：《论我国生态环境损害赔偿诉讼》，《学习与实践》2018 年第 11 期。

制度体系，我国对于生态环境损害赔偿制度的相关规定，明确排除了"海洋生态环境损害"❶，因此，海洋自然资源和生态环境损害诉讼适用《中华人民共和国海洋环境保护法》。❷ 根据 2023 年《中华人民共和国海洋环境保护法》第 114 条，具有海洋环境监督管理权的部门具有损害赔偿请求权，可以代表国家对污染海洋环境、破坏海洋生态，给国家造成重大损失的责任者提出损害赔偿要求。该权利以国家"对辖区内海洋自然资源的主权权利、对海洋环境保护事务的管辖权、对海洋环境质量负责的公法义务"为基础。❸ 海洋环境监管部门属于《中华人民共和国民事诉讼法》中"法律规定的机关"，❹ 检察机关依据环境公益诉讼中的补位原理，可以在相关部门不提起诉讼时提起诉讼，相关部门依法提起诉讼的，检察机关也可以支持起诉。法律修改与相关环境法律制度实现了衔接。

但由于学界对生态环境损害赔偿诉讼本身的性质仍有较大争议，该项制度尚未被纳入环境法律层面，检察机关的地位也并不明朗。海洋生态环境损害赔偿诉讼在诉讼构造上既有生态环境损

---

❶ 根据《生态环境损害赔偿制度试点方案》（2015）与《生态环境损害赔偿制度改革方案》（2017），生态环境损害，是指因污染环境、破坏生态造成大气、地表水、地下水、土壤、森林等环境要素和植物、动物、微生物等生物要素的不利改变，以及上述要素构成的生态系统功能退化。其中并不包括海洋生态环境损害。该《方案》还进一步明确：涉及海洋生态环境损害赔偿的，适用《中华人民共和国海洋环境保护法》等法律及相关规定。

❷ 2019 年最高人民法院发布的《关于审理生态环境损害赔偿案件的若干规定》第 2 条规定，"下列情形不适用本规定：……（二）因海洋生态环境损害要求赔偿的，适用海洋环境保护法等法律及相关规定"。

❸ 王秀卫：《海洋生态环境损害赔偿制度立法进路研究——以〈海洋环境保护法〉修改为背景》，《华东政法大学学报》2021 年第 1 期。

❹ 2018 年最高人民检察院发布《检察机关民事公益诉讼案件办案指南》（试行），法律规定的机关中有明确规定的是行使海洋环境监督管理权的部门。

害赔偿诉讼的特征，在检察机关的地位上又与环境民事公益诉讼类似。有观点认为，海洋自然资源和生态环境损害诉讼实质包含两种诉讼类型：海洋自然资源损害赔偿诉讼和生态环境民事公益诉讼，检察院于前者处于督促起诉地位，于后者处于补充起诉地位。❶ 制度规定的模糊性以及排除社会组织的法律实践表明，涉海诉讼与我国环境民事公益诉讼制度的设计并不完全一致，只能将其作为环境诉讼制度的特殊情形。

三、保护时间与阶段提前：预防性环境公益诉讼制度

预防性环境公益诉讼一改事后的传统救济模式，将对环境公共利益的救济和保护提前到损害结果发生之前，突破了传统侵权责任认定的思维惯式，是环境法现代调整机制中最瞩目的成就之一。虽然预防性环境公益诉讼制度的实践探索已有积极成果，但在我国的司法样本仍严重匮乏，仅有寥寥数例，如"自然之友与中国水电顾问集团新平开发有限公司环境民事公益诉讼案"❷ "自然之友与云南华润电力版纳公司、电建昆明设计院环境民事公益诉讼案"❸ "自然之友与中石化云南石油有限公司环境民事公益诉讼案"。❹ 其中，"自然之友诉新平公司、昆明勘测设计公司案"，又称"绿孔雀案"，预防性环境公益诉讼以该案最为典型，该案不仅在世界环境司法大会上被评为全球十大生物多样性案例之首，❺

---

❶　竺效、梁晓敏：《论检察机关在涉海"公益维护"诉讼中的主体地位》，《浙江工商大学学报》2018 年第 5 期。

❷　云南省高级人民法院（2020）云民终 824 号民事判决书。

❸　云南省玉溪市中级人民法院（2018）云 04 民初 15 号民事调解书。

❹　张洋、毋爱斌：《论预防性环境民事公益诉讼中"重大风险"的司法认定》，《中国环境管理》2020 年第 2 期。

❺　靳昊等：《云南绿孔雀栖息地保护案》，《光明日报》2022 年 1 月 2 日，第 6 版。

还于 2022 年 1 月 22 日入选"新时代推动法治进程 2021 年度十大案件"。● 这是我国首个预防性环境民事公益诉讼案，是预防原则在环境资源审判中的体现，突破了传统"无损害即无救济"的司法理念，将生态环境保护的阶段从事后提至事前或事中。预防性环境民事公益诉讼不以实际损害的发生为必要，对尚未实际发生的、生态环境的损害可能性进行司法救济，是对环境公益诉讼制度目的和理念的重大拓展。"绿孔雀案"将环境公益诉讼的重心从事后移至事先，将补偿性司法救济转变为预防性司法救济，环境公益诉讼的风险预防功能被落实于生动的司法实践，法院突破侵权责任的认定框架，充分发挥创造性和能动性，阻止了有环境损害或环境损害之虞的环境行为，避免了对生态环境可能造成的不可逆损害，这种对生态环境利益提前而周延的保护，为生物多样性保护特别是濒危野生动植物保护提供了可供参考的实践路径，也为开展预防性环境公益诉讼制度提供了可资借鉴的审判经验。

但是，稀薄的法益保护关联性背后，其实隐藏着强化行为规范效用的真实目的，● 该案暴露的根本问题是环境影响评价的不到位、不充分，被告建设单位遵照法律法规办理并取得了所有审批手续，环评制作单位也并无违法行为，所谓的环境损害行为客观上获得了危险正当化的依据，因此，该项环境司法创新在根本上对环境监管秩序形成了冲击，这点是不容忽视的。司法作为最后一道防线，本应在环境行政管理手段救济不能时，司法机关才介入，即在依靠环境行政公益诉讼无法保障环境公共利益时，环境

● 《人不负青山，青山定不负人！十大案件之绿孔雀预防性保护公益诉讼案》，2022 年 2 月 11 日，云南法院网，https://fy.yngy.gov.cn/article/detail/2022/02/id/6524441.shtml.

● 陈京春：《抽象危险犯的概念诠释与风险防控》，《法律科学（西北政法大学学报）》2014 年第 3 期。

民事公益诉讼才能补位。在"绿孔雀案"中，存在一种有可能发生但尚未发生环境损害后果的特殊情况，环境法律关系的转化动因并不是不合理或不合法的事实行为，因此，在此类预防性环境公益诉讼中，需要进行合法/非法判断的是引起环境法律关系转化的环境事实，即该案中的环境影响评价行为，包括环评报告制作单位的行为和审批机关的行为，而非被告建造水电站的行为。不可否认的是，预防性环境公益诉讼制度改变了传统救济性诉讼的性质，体现了与环境法传统调整方法截然不同的现代性特征，也为未来制度发展留下了很大的研究余地。

第四节　对多元环境利益的整合与积极增进

一、时间维度下的环境利益的整合与积极增进

当人类活动能够在很大程度上改变自然的生态状况时，自然的自我调节机制就会随之改变。潜在的环境风险广泛存在，其性质和表现方式又复杂多样，社会对于环境风险的可接受水平非常低，环境风险容易转化为社会风险进而对各个领域产生影响。地球正在重塑自然法则，对于整个生态而言，人类是渺小的，而人类活动产生的影响又是巨大的，环境风险将给人类社会带来无力应对的、不可逆转的后果。加上风险本身显现时间的滞后性、发作的突发性和超常规性，❶ 人们对环境风险的可控性较弱，人类认

---

❶ 薛晓源、刘国良：《全球风险世界：现在与未来——德国著名社会学家、风险社会理论创始人乌尔里希·贝克教授访谈录》，《马克思主义与现实》2005 年第 1 期。

知的局限也决定了对环境风险的预测难度较大，即人们对环境风险的了解程度不足，不容易对之产生警惕，预防难度极大。环境法的出现打破了传统法律部门对利益关系的调整定式，环境法的现代调整机制更凸显了时间维度下对不同环境利益的整合与增进的特征。

（一）时间维度的微观层面

乌尔里希·贝克以风险社会理论诠释了现代社会的本质，他认为"自反的现代性"造就了当前超越工业社会的反思图式，现代社会所具有的自反性的风险是"以系统的方式应对由现代化自身引发的危险和不安"❶。因此，人类生存赖以维系的关键问题面临危机，生态环境问题实际上是风险释放的结果。在生产力发展的高级阶段，其副作用也会更加明显，社会中的危险随着现代化的程度而增加，科学回旋的余地减小，只有不把危害后果作为环境风险的感知门槛，通过理论模型或科学计算得出的环境风险的"灾难阈值"（katastrophenschwelle）❷才更容易被接受，风险的不可量化属性使得风险计算失效，未知性成为主宰。环境风险是现代社会特有的风险，产生环境风险的原因永远不可能被消除，而且环境风险的不受控制性侵蚀着科学理性指引的生产力理想，❸生态贬抑始终难以避免，大规模、多领域的风险使人们处于自陷危机的状态。

尼克拉斯·卢曼在《风险社会学》中区分了危险与风险，"风

---

❶ ［德］乌尔里希·贝克：《风险社会——新的现代性之路》，张文杰、何博闻译，译林出版社，2018，第7页。

❷ ［德］尼克拉斯·卢曼：《风险社会学》，孙一洲译，广西人民出版社，2020，第15页。

❸ ［德］乌尔里希·贝克：《风险社会——新的现代性之路》，张文杰、何博闻译，译林出版社，2018，第77页。

险被归因于决定，危险被归因于外部"，❶ 他认为，风险带来损失
的可能性与决策系统相关联，而危险影响人们对风险的感知，是
决定风险应对能力的变量。风险联系了现实性与潜在性，意味着
不采取相应的措施将会受到损失，因此，风险问题涉及法律，关
系着行动领域，当人的行动不符合预期时，就会产生副作用，从
而外化为环境问题。❷ 风险以"可能/不可能"形式为中介，具有
极强的不确定性，产生环境风险的原因不是个人的，而是诸多份
额的累积，难以进行有效的沟通，而"权威起着免除沟通的作
用"❸，因此，"风险/安全""风险/危险"的归因指向了决策系
统，❹ 权威决策可以降低损失发生的可能性或者消减损失的程度。

　　面对环境风险，等到科学确定时再采取行动则为时已晚，1992
年《里约环境与发展宣言》第 15 条规定，各国不得以缺乏科学充
分确实证据为由，延迟采取符合成本效益的措施防止环境恶化。❺
环境风险打破了法律对"行为—后果"的固有思维，预防原则和
预防性环境法律制度将法律介入的时间提前到后果发生之前，甚
至在有可能产生环境危害的行为作出之前就进行干预，如总量控
制、排污许可证制度等，环境法对环境社会关系的调整阶段提前
意味着对环境公共利益的保障力度增强、对环境利益的整合性更

---

❶　[德] 尼克拉斯·卢曼：《风险社会学》，孙一洲译，广西人民出版社，2020，第
　　160 页。
❷　[德] 尼克拉斯·卢曼：《风险社会学》，孙一洲译，广西人民出版社，2020，第
　　145 页。
❸　[德] 尼克拉斯·卢曼：《风险社会学》，孙一洲译，广西人民出版社，2020，第
　　173 页。
❹　[德] 尼克拉斯·卢曼：《风险社会学》，孙一洲译，广西人民出版社，2020，第
　　46 页。
❺　1992 年《里约环境与发展宣言》第 15 条规定："为了保护环境，各国应按照本
　　国的能力广泛适用预防措施，遇到严重或者不可逆转的损害威胁时，不得以缺乏
　　科学充分确实证据为由，延迟采取符合成本效益的措施防止环境恶化。"

加系统。根据图 4.2, 环境法现代调整机制通过环境规划制度、环境影响评价制度, 以及绿色循环经济、可持续发展等一系列前端控制举措, 对人与生态环境之间的第一个环境事实进行管控, 有效防止生态环境恶化和生态功能减损, 在保障整体生态环境质效的同时避免了环境损害的个体化流向, 将环境私益整合进环境公益进行保护, 对环境私益的保护成为环境公共利益保障的附带结果。

(二) 时间维度的中观层面

环境法现代调整机制扩大了生态环境问题在整体时间上的延展度, 法律对环境利益关系的调整主要是围绕环境风险展开的, 由对环境危害的预防向对环境风险的预防进阶, 预防原则进一步向谨慎原则发展。

严格来讲, 环境损害、环境危害、环境危险、环境风险是相近但不相同的概念, 基于风险社会理论, 有学者根据环境损害发生的可能性程度区分了危险、风险、剩余风险。❶ 环境损害可以等同于环境侵害, 而环境危害不仅包括侵害行为已经造成的环境损害, 还包含由环境损害造成的潜伏性、非显性的环境危险。因此, 环境危害实际上包含了环境损害和环境危险, 仅在环境危害发生的可能性上和环境危害后果出现的阶段不同而已 (见图 5.3)。

图 5.3　环境危害与环境风险

---

❶　张旭东:《预防性环境民事公益诉讼程序规则思考》,《法律科学 (西北政法大学学报)》2017 年第 6 期。

以环境危害后果发生的可能性大小为参照，环境危害包括环境损害和环境危险，环境损害是已经发生的或必然即将发生的环境危害后果，环境危险是极有可能发生的或可能发生的环境危害后果。环境危险行为不一定导致环境危害后果的发生，但必定有造成环境危害后果的可能性，即环境危害后果有极大可能发生，而且可能产生的环境危险能够被充分地科学评估，否则环境危险将与环境风险难以区分，也就没有预防性强制措施发挥作用的余地。

能够导致环境危险的行为包括两种：其一，非法的环境危险关联行为已经出现，环境危害后果尚未发生但有极大可能发生的，如企业污染治理设施不完善或不正常运行；其二，合法的、直接的环境危险行为已经出现，未发生环境危害后果但有可能发生，如合法排污行为、废物或垃圾填埋等。国家允许人们在不超过环境自净能力范围内的合理环境行为，诸如此类的环境危险行为虽然是法律允许的，但从表面看是具有违法外观的环境危险行为，在环境法中也属于需要由预防性强制措施进行规制的领域，因此，国家制定的环境标准、总量控制、生态红线等制度具有预防性强制调整的含义。此外，环境危险行为也有可能产生一定的环境危害后果，同环境损害一样，预防性强制措施可以预防该后果进一步扩大，将其控制在合理范围内。综上，预防性强制措施可以作用于环境危害，但难以作用于环境风险。

风险一般指遭受损失、损伤或毁坏的可能性，或者说发生人们不希望出现的后果的可能性，它存在于人类的一切活动中，不同的社会活动会带来不同性质的风险，如经常遇到的灾害风险、工程风险、投资风险、决策风险等。目前对于风险比较通用和严格的定义是：风险指在一定时期内产生有害事件的概率与有害事件后果的乘积。● 可见，环境风险的决定性因素是有害事件发生的可能性和有害事件产生的后果。可以认为，环境风险是由自然原因或人类活动引起的、通过环境介质传播的、能对人类社会及自然环境产生破坏、损害乃至毁灭性作用等环境危害事件发生的概率及其后果。虽然自然原因带来的环境风险难以归入法律规制领域，但是诸如地震、海啸引起的核泄漏、核污染与人的活动是脱不了干系的。

尽管环境风险是通过在时间维度上的推演，窥视未来社会的现代产物，但它并未充分隔绝事件序列，也就是说，产生环境风险的过程是可控的，可以通过预防原则进行风险分配，从而稀释风险。现代"社会的未来对决定（决策）的从属性有所增长"❷，预防原则可以减少未来的损失，依赖于以规范理性推动风险向安全的方向转化。法律处理预设风险的方式是"去时间化"（detemporalisieren），❸ 将未来的可能性问题转化为现实的社会性问题，但这个过程离不开技术性化约，卢曼将技术解释为"因果性中介内的功能简化"❹，以技术为参照系并通过规范引导，预防性的风险管控就能实现规范理性和技术理性的统一，社会应对环境风险的能力就能增强。只有当生态自然意义上的危险确实来临时，预防的疏忽才会又转化为风险，❺ 从而形成不规律的循环

❶ 曹希寿：《区域环境风险评价与管理初探》，《中国环境科学》1994 年第 6 期。
❷ ［德］尼克拉斯·卢曼：《风险社会学》，孙一洲译，广西人民出版社，2020，第10 页。
❸ ［德］尼克拉斯·卢曼：《风险社会学》，孙一洲译，广西人民出版社，2020，第92 页。
❹ ［德］尼克拉斯·卢曼：《风险社会学》，孙一洲译，广西人民出版社，2020，第132 页。
❺ ［德］尼克拉斯·卢曼：《风险社会学》，孙一洲译，广西人民出版社，2020，第54 页。

反复。

　　而对于生物安全、气候变化等环境风险问题，则需要以谨慎的态度通过其他方式加以预防，或者将其转化为国家认可的有环境危害之虞的行为进行调整，如在气候议题中，国际上开展的广泛合作也只能以气候协定的方式互相首肯约定，即便在国内法中进行转化，也将面临难以获得用强制性规范保障实施的法理难题，而以国家能力建设和国家自主贡献的方式进行积极回应，并在国内采取转化性的实效措施控制二氧化碳排放是可以部分实现相关目的的。2020 年碳达峰、碳中和目标的提出向世界表明了中国决心，[1] 2021 年国务院政府工作报告指出要制定 2030 年前二氧化碳排放达峰行动方案，[2] 3 月，"双碳"目标被纳入生态文明建设总体布局，[3] 2021 年生态环境部发布《关于统筹和加强应对气候变化与生态环境保护相关工作的指导意见》[4]，二氧化碳排放达峰成为需要与生态环境保护统筹谋划的时代命题，控碳降碳行动促进了绿色发展和可持续发展的环保协同效应，环境公共利益得到扩充，为增强我国应对气候变化的适应能力，气候治理成为实现环境治理水平和治理能力现代化的重要内容。

---

[1]　参见徐嘉祺等：《"双碳目标"引领生产生活方式绿色转型研究》，《理论探讨》2021 年第 6 期。

[2]　周佳苗、林伯强：《推动碳达峰、碳中和，未来五年如何发力？》，2021 年 3 月 7日，新华网。http://www.xinhuanet.com/multimediapro/2021 - 03/07/c_1211054763.htm。

[3]　2021 年 3 月习近平总书记主持召开中央财经委员会第九次会议，将碳达峰、碳中和纳入生态文明建设整体布局，明确了"双碳"目标的工作定位。参见《习近平主持召开中央财经委员会第九次会议强调　推动平台经济规范健康持续发展　把碳达峰碳中和纳入生态文明建设整体布局》，2021 年 3 月 15 日，新华网。http://www.xinhuanet.com/politics/leaders/2021 - 03/15/c_1127214324.htm。

[4]　生态环境部《关于统筹和加强应对气候变化与生态环境保护相关工作的指导意见》（环综合〔2021〕4 号）。

（三） 时间维度的宏观层面

环境法现代调整机制对环境利益的调整延伸到对后代人伦理诉求的关照。可持续发展将环境事实累积扩展至后代人的环境需求，前文提到，这首先是一种道德上的公知和共识，环境法需要将其转译为法律调整机制能够调整的对象才能从根本上实现分配正义，保证后代人在环境利益和环境负担上的均衡。有学者认为这种转译可以通过环境义务来实现，"当代人的环境义务才是后代人权利理论的本质"。[1] 可事实果真如此吗？

虽然无法直接证立后代人的环境权利，但我们强调的对他人的环境义务是确定的，即使"他人"被环境法在时间上扩大到后代人，这种环境义务也是不会发生改变的无差别义务，现有的法律调整机制也依然以保护环境要素、环境容量和环境功能为主。那么再将其置于积极型法律关系中来看（见图5.4），积极型法律关系的积极中心在于法律义务，义务人需要执行环境法律，为了满足权利人的利益而积极行为，只要义务人完成了特定的行为，义务的履行实现了环境法律调整的目的，权利人的利益就能够得到满足。环境法的现代规范创制机制为行为人设置了许多具有积极内容的义务，义务人按照环境法律的规定履行义务，从事积极保护环境的行为，就能够与权利人发生环境法上的联系，此类义务的履行不需要具有相对性。而且法律也规定了许多类似义务，如《中华人民共和国环境保护法》第六条规定了政府、企事业单位和公民保护环境的义务，这样似乎可以解释当代人的义务与后代人的利益在环境法上是相关的，但这种认识忽视了一个最重要

---

[1] 黄锡生：《民法典时代环境权的解释路径——兼论绿色原则的民法功能》，《现代法学》2020 年第 4 期。

的前提，即环境法律关系具有社会属性。无论何种环境法律关系，其首先一定是社会关系，当代人与后代人之间难以实际形成社会上的联系，而且如何定义"后代人"亦无法明确，缺少这个先决条件，也就无须进行权义对等、相对的后续讨论了。

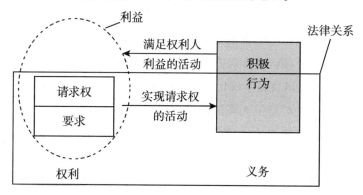

图 5.4　积极型法律关系中的权利义务构造

图片来源：改编自［苏］C. C. 阿列克谢耶夫：《法的一般理论》（下册），黄良平、丁文琪译，法律出版社，1991，第 500 页。

　　而法律对积极义务的规定通过义务人完成一定的肯定行为即可实现，仅阐明义务的内容就能够揭示权利的内容，而无须对权利的具体内容进行额外规定，并不意味着没有权利内容，权利人环境利益的实现主要依赖于义务人具有积极内容的环境义务，而权利人的环境权利只具有辅助作用，即保障环境保护义务的充分履行。与环境保护义务相对应的权利人的环境权利，往往通过实现请求权的活动或通过诉诸公权力的行为，以请求权或要求的形式表现出来。各环境主体都有保护环境的义务，指向的是环境公共利益的满足，而环境利益与环境权利并非简单的一一对应关系，义务人的积极行为有可能会部分超出环境法律关系本身的范围，指向权利人的环境利益。但在环境义务越发加强的趋势下，不能排除环境公共利益的"公共"之意涵可以包含后代人的利益的可能，或有未来进一步拓展的理论能够解释这一问题。

二、空间维度下的环境利益的整合与积极增进

生态自然既连通了空间，也割裂了空间。大气、水等流动性环境要素受到的污染会不分空间区隔地向四处扩散，根据能流物复律，几乎所有环境要素遭到的污染和破坏都会反复不停地循环蓄积，而且经济贸易全球化和频繁的国际交流也在加重这个趋势。现代科技极大扩展了人类的活动疆界，甚至扩展至宇宙太空，可以说地球上几乎没有人类足迹未达之境，就地球整体生态而言，没有所谓的空间区别，只有整体环境利益、共同环境利益。但是生态自然分布的地理差异终归会影响各地区的环境保护程度，进而产生异质性的环境利益。按照地理决定论者的观点，生态环境不仅能影响某一地区的文化形态，连政治、经济、人口等其他方面都由地缘因素所决定。❶ 这种论断虽然饱受诟病，但还是有一定道理的，对于自然禀赋条件不同的地区虽不易判断其环境利益的高低多寡，但区别是显著的，因此环境利益的空间形态必然不同。就我国的现实情况来看，诸多要素相互交织，共同影响着环境利益的空间分布，既包括生态环境、地理位置，还包括历史发展、政治中心、法治水平、人口素质、宗教文化等，难以用类型化方法将之逐一细化并统合，因此，这里仅以环境法现代调整机制中显现的典型空间为依据进行简要讨论。

---

❶ 孟德斯鸠、拉策尔、巴克尔、森普尔、亨廷顿都不同程度发展了"地理决定论"，始终认为人类的文化形态由自然地理所决定。陈宇：《中华民族共同体的复合互嵌格局与多元一体交融》，《广西民族研究》2018 年第 2 期，转引自余谋昌：《地球哲学：地球人文社会科学研究》，社会科学文献出版社，2013，第121 页。

从生活生产空间看，首先，环境利益具有区域集聚性，我国东部地区生态文明发展水平较高，中西部地区生态文明发展水平较低，❶与经济发展水平呈正相关，生态文明发展水平是环境利益调整能力的综合体现，东部发达地区对环境利益的保障更加充分。其次，城乡发展的差序格局是造成整体利益结构断裂的主要原因，农村应对环境风险能力弱，却饱受城市污染转移的威胁，环境风险和环境利益分配不合理。最后，流域上下游、污染源上下端环境利益不协调，上游地区或污染源前端地区的环境行为对生态环境产生的影响，会减少下游地区或污染源后端地区接触生态环境的机会，削减生态环境功能，进而对环境利益产生影响。

环境法现代调整机制在生活生产空间上的利益整合措施必然是多元综合的，其中最主要的是环境规划制度和生态补偿制度。环境规划对于因地制宜地综合协调经济、环境、社会关系起关键作用，在环境调查、环境质量评价和预测分析的基础上，通过环境规划技术制订并实施规划计划，从而控制污染、规划管制国土空间。生态补偿既可以是国家对中西部地区、农村以政策优惠、实物补偿等方式对环境弱势群体进行补偿，对环境利益进行倾斜保护，也可以是区际、城乡、上下游之间对发展机会的补偿、对生态保护成本的补偿、对额外环境投入的补偿等，或者经济发达地区、城市在人力、技术等方面对经济欠发达地区、农村进行支持，以帮助带动的方式进行补偿。

从生态空间看，根据环境法现代调整机制对环境要素的整体性保护，可以将生态空间区分为纵向复合生态要素和横向复合生态要素。"生态空间是某物种为维持自身生存与繁衍而需要或占据

---

❶ 成金华等：《中国生态文明发展水平的空间差异与趋同性》，《中国人口·资源与环境》2015 年第 5 期。

的环境总和。"●

在纵向空间剖面上，大气、动植物、土壤、水体、矿藏等都能被涵盖其中。事实上，我国的环境保护目标责任制就体现了对生态空间纵向复合生态要素的保护，该制度将纵向空间环境利益以各级地方政府对辖区环境质量负责的形式分解，环境利益的集成性与行政区划一致，但就生态空间角度，属于纵向复合。而每一部专门保护某一环境要素的法律几乎都属于横向保护，如《中华人民共和国水法》《中华人民共和国草原法》《中华人民共和国森林法》等，我国综合保护生态空间横向复合生态要素的法律就更多，如《中华人民共和国湿地保护法》《中华人民共和国长江保护法》《中华人民共和国黄河保护法》等，具体的制度措施如流域保护制度、自然保护区制度、自然保护地制度、生态红线制度、生态空间管制等。

如果将生态空间与生活生产空间内的环境保护任务视为生态保护和污染防治的两极，根据生态空间与生活生产空间的重合度可以将环境调整策略区分为生态保护型，污染防治与资源利用型，生态保护与污染防治、资源利用结合型。

第一，适用生态保护型环境调整措施的地区的生态空间与生活生产空间重合度最低，人对自然的干扰最小。国家基于这种生态空间的生态脆弱性和生态功能的重要价值严格限制开发或污染行为，如禁止开发自然保护区、水源涵养地等，又如生态功能红线对重要生态功能区和敏感区、脆弱区的划定与保护等。2021 年国家在 6 年试点和《建立国家公园体制总体方案》的基础上正式设立了 5 个国家公园，禁止建设、严格管理，维护其生态价值。

● 刘超：《生态空间管制的环境法律表达》，《法学杂志》2014 年第 5 期。

《中华人民共和国湿地保护法》也将湿地分为国家或省级重要湿地和一般湿地进行分级管理。因此，生态保护型环境调整策略是在维护整体环境功能的前提下，重点保护人们以生态精神性和享受性功能为基础的环境利益，但对这种利益的保护并不是极端化、唯一化的，环境教育、生态体验、精神文化、原住民可持续生存利益等都能与之兼容。此外，在一些自然条件恶劣、但易对整体生态环境产生不利影响的地区，生态保护策略就无必要以限制为主，而应转向灾害防治，如防沙固沙、植树造林或补植复绿等生态复育、保育手段等，保护人们以生态生存性功能为基础的环境利益。

第二，污染防治与资源利用型调整措施适用于生态空间和生活生产空间重合度高的地区，人类活动对自然的影响最大，需要重点保护以生产性功能为基础的环境利益。与传统调整机制的片面保护不同，在现代环保理念和环保任务指引与要求下，污染防治与资源利用型调整措施并不是单纯地防治环境污染和合理利用自然资源，在严守环境质量底线和资源利用基线的同时，修复被污染的环境和运用自然规律的可持续利用更为重要。也就是说，在环境法现代调整机制中，纯粹的污染防治和资源利用措施已经越来越少，而逐渐向结合型趋同，生态保护成为所有环境调整措施必不可少的考量要素。

第三，结合型调整措施的适用地区介于生态保护型和污染防治、资源利用型之间，既有可能偏向于生态保护型，也有可能偏向于污染防治、资源利用型。环境法现代调整机制对环境利益关系的协调以结合型调整措施的适用最为广泛，也最为复杂。利益源自人的需要，需要产生价值，价值产生利益，❶ 多元环境主体形

---

❶ 朱雯：《论环境利益》，博士学位论文，中国海洋大学，2014，第32—36页。

成的不同环境利益，首先需要环境法对其进行区分与识别，在综合性的空间形态中，个人环境利益和公共环境利益、环境优势群体利益和环境弱势群体利益得以区别，生存性、生产性、精神性和享受性环境利益层次递进。环境法对各种利益的调整过程，就是以环境法调整机制的运行逻辑对环境利益进行合乎正义的分配，将环境利益以权利义务的方式进行整合，实现多元环境利益共生、共进、再生。❶ 环境法现代调整机制用制度化手段保障多元利益主体的环境利益表达，塑造价值共识，协调环境利益博弈与利益争夺，通过利益确认、保护与限制、救济的法律过程，矫正倾斜的利益配置，实现环境利益衡平，达到整体环境利益增进的效果，形成环境利益均衡的格局。❷

---

❶　钭晓东：《论环境法功能之进化》，科学出版社，2008，第 72 页。
❷　杜健勋：《环境利益分配法理研究》，中国环境出版社，2013，第 115—123 页。

第六章
环境法现代调整机制的发展趋势

　　当环境法传统调整方法遭遇诘难时，肩负时代使命的环境法调整机制以全新的面貌向现代推进，环境法现代调整机制去粗取精、汰劣留良，融贯了系统性、现代性、法治化和市场化，贯通了国内外、前后代、人与生态，呈现出欣荣态势。但是我国社会的结构性失衡依然存在，复杂性累积还在持续，新的问题不断出现，环境法现代调整机制仍处于"未完成时"，需要向着恒长的文明目标持续发展。而这种发展路径必然要从环境法现代调整机制中的机制要素、各机制环节中发现线索，根据环境法调整方法的演化判断其发展趋势，沿着历史性发展轨迹在反思纠偏的基础上继续延续，这样才能使环境法现代调整机制充分发挥其功能，在不可逆的历史进程中、在偶然性的派生结果上保证环境法律调整的连续性、稳定性、实效性和渐进性。

第一节 环境法现代调整机制方法的发展

一、正激励导向的环境法律内部规范结构的优化

"激励，就是我们常说的调动人的积极性，是指主体追求行为目标的愿望程度。"[1] 就法律的行为激励功能而言，激励实际上是赏与罚的有机结合，既包括正激励，又包括负激励。正激励通过允许、授权性规范或法律倡议和肯定性法律后果激发人们发挥自觉性的能力和程度；负激励通过义务、禁止性规范和否定性法律后果对偏轨行为进行矫正来达到激励人们行为合规的目的。

上文已经提到，从环境法律规则的角度出发，产生于禁止性规范、义务性规范和允许性规范的一整套"行为模式"加"法律后果"揭示了环境法调整方法的本质，环境法的调整方法据此可分为强制指令方法、授权任意方法、引导激励方法三种。但就目前的环境法治状况而言，禁止性、义务性规范基数大、适用广，否定式法律后果种类多、效果强，强制指令方法仍然在环境法调整方法中占据主导地位，虽然近来授权任意方法和引导激励方法有增加的趋势，但远未能实现对多种方法恰如其分的均衡适用，授权性规范并未发挥出其本身的功能和价值，肯定式法律后果的重要性被严重低估，更遑论灵活运用。

与义务不同，权利本身具有导向正激励效果的功能，如法律确权和赋权等，类似的行为模式即便不与功利性后果相连，也能

---

[1] 付子堂：《法律的行为激励功能论析》，《法律科学》1999 年第 6 期。

在法律上产生满足人们需要的结果，从而发挥隐性的激励效应。因此，当环保组织获得公益诉讼起诉权时，社会环保力量飞速成长，环境民事公益诉讼迅速发展。明晰的山林权属能最大限度地激发权利人护林、育林的积极性。在现代法治环境向好和社会法治意识增强的情境下，借由权利的正向法律激励更应被强调，尤其是对环境权利中社群主义的强调。在环境法现代调整机制的发展脉络中，我们能越来越明显地看到法治对自私倾向、利己主义的摒弃和对共同利益、所有人自由的追求。社会本位权利观既承认个体权利，也重视集体权利，既有对自我权利和他人权利的平衡，也有对个人权利和群体权利的关怀。❶ 要实现个人权利，包括政府在内的社群"有所为"强过"有所不为"百倍，个人在与政府合作实现权利的意义胜过单独行动实现权利千倍。❷

从环境法行为激励的发生机制来看，主观动机引起客观行为并产生相应后果，整个过程又以人们的需要为前提，"需要本身不能产生行为，动机才是人类行为的直接驱动力"。❸ 法律虽然不能直接作用于动机，但是能够提供满足需要的行为模式，正因如此，发展中的环境法能够回应多变的环境诉求，根据环境诉求的变化提供环境诉求实现的可能性，将其有效地转化为环境行为的动机。通过环境教育、环保宣传、环境法律和政策引导、倡议等方式增强个人的"类主体"意识和对共同体价值的认同感，即以内部激励的方式强化人们作出环境友好行为的动机，还可以以外部激励的方式，如实物性奖励或象征性符号奖赏等，为行为策略的选择

---

❶ 马长山：《法治的平衡取向与渐进主义法治道路》，《法学研究》2008 年第 4 期。
❷ 俞可平：《当代西方社群主义及其公益政治学评析》，《中国社会科学》1998 年第 3 期。
❸ 付子堂：《法律的行为激励功能论析》，《法律科学》1999 年第 6 期。

提供足够强的趋利动机。

具体而言，正激励导向的实现可以通过在环境法的现代规范创制机制中，为法律希望发生的行为模式创设有利的法律后果，以相对明确的肯定性法律后果引导环境行为走势；为环境保护行为增设有利条件，提高有益行为发生的可能性。在环境法的规范实施机制中，保证在弹性幅度内灵活实施正激励措施，综合发挥"能动激励""互动激励"与"自我激励"的功能优势；● 保证实施环节的民主性，推动环境治理朝着更为绿色、文明、理性的方向发展，增强环境法的预防效果。

此外，还可以综合运用经济激励、政绩激励和声誉激励等不同的激励方式强化正激励效果。

（1）积极引导市场经济激励方式。以合法补偿的方式降低内化环境成本对企业的不利影响，提高企业保护环境的积极性；通过企业之间的帮扶加快产业转型，减少环境负外部性，加强企业技术创新、降低能耗水平；减少企业的投机行为，实现可持续的绿色发展；改变传统的经济增长方式，关注长期收益，创造新的经济增长点。让企业不再以经济利益为唯一追求，使自然资源不单被当作可以转化为经济收益的原料，生态环境不再是可以随意毁损、污染的对象，保证企业利益与国家所保护的公共环境利益同轨同向。

（2）转变政绩激励方式，实现以绿色 GDP 为内容的政绩考核观的复归。我国行政体制具有纵向传导晋升压力和考核压力的特征，以前某些地方以经济建设为单一指向的政绩考核方式加重了考核异化的风险，易出现政企合谋，滋生腐败；以高强度压制型

● 丰霏：《法律激励的理想形态》，《法制与社会发展》2011 年第 1 期。

环保绩效为标准又架空了激励效果，易导致流于表面的文牍主义或运动式的目标偏离。政府在我国环境保护工作中起绝对主导作用，公务人员的个人贡献累积值绝不能局限于显化的政绩表现，个体价值也绝非取决于职务的提拔、升降。将环境法治建设或生态环境质量纳入考核内容，是为了扭转环境保护行政投入与回报比的绩效逆差，通过政绩激励的正效应和负效应调整行政施政方向。正效应并不是"为出政绩搞环保"，而是指政府间的标尺竞争，通过设立示范点、先进地、领头区形成良性竞争，如评选并表彰生态文明建设优秀城市、生态文明先进区（地）、环境保护先进个人等，既鼓励了政府的能动性、创新性，也通过先进、表率的获得感和荣誉感推动了其他政府的效仿和学习。负效应也不是"为怕闹事抓环保"，而是指具有量化指标的行政考核标准和问责体系，提高"有为政府"贯彻新发展理念的能力，实现环境治理的现代化。党作为统领主体，是把握政绩激励的关键，对党政领导干部实绩的统一考核既保证了权变策略的前瞻性、指标设置的引领性，也保障了奖优罚劣激励的驱动效应，以"能者上、优者奖、庸者下、劣者汰"的正确导向，❶ 提高政绩考核评价指标的权重，实现考人与考事的结合、精神嘉奖和物质奖励的结合、定性与定量的结合。

　　（3）以声誉激励增进整体社会环境福祉。企业环境信用评价

---

❶ 2020 年 10 月 24 日，中共中央组织部发布《关于改进推动高质量发展的政绩考核的通知》，指出党政领导干部政绩考核工作要以推动高质量发展工作实绩践行"两个维护"，以高质量发展优化政绩考核内容指标，把人民群众的获得感、幸福感、安全感作为评判领导干部推动高质量发展政绩的重要标准，综合运用多种方式考准考实领导干部推动高质量发展政绩，以奖惩分明、奖优罚劣激励领导干部担当作为、推动发展，加强推动高质量发展的政绩考核工作组织协调等六项内容。

制度的建立，将企业的环境违法信息记入社会诚信档案，以"守信激励，失信惩戒"的方式，推动企业环境信用信息的公开和共享，增强企业环保意识，以市场声誉和社会信用推动建立同质化的市场竞争格局。❶ 声誉激励是一种隐性激励方式，绑定了环境私益与环境公益，沟通了内在的自我约束和外在制约。于企业而言，抛弃环境公益意味着社会评价降低、市场信誉受挫，其行为的可信度将难以得到认可；于政府而言，政府履行环境保护职能的水平越高、能力越强，公开度和透明度越高，声誉的生命周期就越长，良好的声誉可以强化人们对政府环境行为的获益预期，增加人民的幸福感和安全感；于个人而言，环境声誉是积极、健康、潮流的代名词，保护生态环境的贡献度与个人价值实现的适配程度呈正相关，物质奖励和称号授予带来极大的成就感和荣誉感，批评谴责将引起挫败感、羞愧感和失落感。

二、"嵌合"思维下环境法调整方法的创新

"嵌合"是生物遗传学中的概念，嵌合体分为同源嵌合和异源

---

❶ 2005 年原国家环保总局出台《关于加快推进企业环境行为评价工作的意见》，为增强企业环保意识，加强企业环境监管规定了详细的企业环境评价制度。2011年国务院发布的《关于加强环境保护重点工作的意见》中指出要建立企业环境行为信用评价制度，随后，2013 年生态环境部等四部委联合发布《企业环境信用评价办法（试行）》和《企业环境信用评价指标及评分方法（试行）》，规定了"守信激励，失信惩戒"的环境信用评价制度。2014 年《中华人民共和国环境保护法》第五十四条明确规定企业的环境违法信息将被记入社会诚信档案，2019 年生态环境部出台《关于启用环境影响评价信用平台的公告》，推动了企业环境信用信息的公开和共享，2020 年中共中央办公厅、国务院办公厅印发的《关于构建现代环境治理体系的指导意见》强调加强政务诚信建设、企业信用建设，巩固了我国全面建立企业环境信用制度的根基，2019 年国务院办公厅发布《关于加快推进社会信用体系建设、构建以信用为基础的新型监管机制的指导意见》，将生态环境列为需要实施严格监管的领域。

嵌合两种形式，异源嵌合体又包括整体嫁接、组织合并、胚胎合并、移植等构建方法。在社会科学领域，"所谓嵌合是指作为整体层面的系统内部各要素之间所具备的包含、重叠、互补，并且具备内在一致性的一种结构性联系"。● 以集中的调整方法和非集中的调整方法为例，利用集中和非集中的调整方法调整环境社会关系，虽然二者的属性和来源迥异，但在调整目标上具有一致性，都是通过调整人们在与环境交互作用的过程中构成的环境法律关系，实现保护环境、防治污染的目的。囿于环境保护的客观需求，异源异质的行政调整方法和民事调整方法不是割裂的、孤立的，它们在某些方面的重叠性使它们具有交相呼应的嵌合关系，能够形成有机连接的嵌合结构。因此，按照异源嵌合的逻辑框架，大体可以将不同环境法调整方法的组合概括为嫁接、吸收、新设三种模式（见图6.1）。

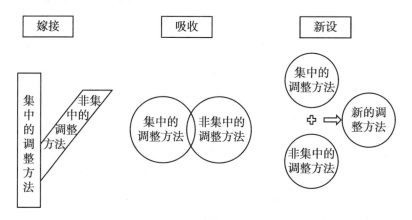

图6.1　不同环境法调整方法的嵌合模式

● 张晓岚、沈豪杰：《内部控制、内部控制信息披露及公司治理——嵌合治理框架的建构及理论诠释》，《当代经济科学》2011年第6期。

图 6.1 中的"集中的调整方法"和"非集中的调整方法"也可以替换为"集权式调整方法"和"分权式调整方法"、"服从式调整方法"和"配合式调整方法"、非法律责任或法律部门意义上的"行政调整方法"和"民事调整方法"等其他分类，原理相同。

"嫁接"模式是指在一种调整方法上完整嫁接另一种调整方法，二者具有可分性。结合实际情况，目前我国的"嫁接"模式只能是将非集中的调整方法嫁接于集中的调整方法之上，如排污权交易制度就是在集中的调整方法之上嫁接非集中的调整方法。"吸收"模式指多种调整方法相互融合的内嵌形式，"内嵌"即无法分离的结合形式。"吸收"模式的环境法调整方法不属于任何一种传统的调整方法，但又同时具备集中和非集中的调整方法的性质，如环境税制度。"新设"模式指在既有的调整方法上进行创新，虽具有各调整方法的主要特征，却是不归属于任何一种方法的新型调整方法。

"新设"模式与"吸收"模式的差别在于，前者暗含着多种传统调整方法的性质，既有可能更偏向集中的调整方法，也有可能更偏向非集中的调整方法；后者虽然也同时具备各种传统调整方法的特征，但可以轻易地将主体、对象、手段等要素在性质上加以区分。如生态环境损害赔偿制度中的磋商前置，相关部门经省政府、设区的市政府指定，与赔偿义务人就生态环境损害赔偿有关事宜开展磋商，在磋商主体之间形成了管理与被管理的关系，属于集中的调整方法；而磋商方式是平等协商，属于非集中的调整方法。磋商主体的特殊性和权利处分的合意性使磋商制度既不属于集中的调整方法又不属于非集中的调整方法，无法将其仅归属于任何一种传统的调整方法之中，因而称为四种新的调整方法。

第二节　环境法现代调整机制要素的发展

一、环境法典：体系化的环境法律规范

目前，我国已经形成了几近完备的环境法律规范体系，政策指示、法律规制、经济诱导、道德劝诫等政治化、法律化、市场化、社会化手段多方奏鸣，调整范围既涉及专门环境要素保护、复合环境要素保护、整体生态环境保护，也涵盖了政治任务、法治转向、经济转型和文化促进。但环境法律规范体系依然存在诸多问题，环境治理要求与环境治理能力不相匹配，环境管理目标与实际落实情况不相适应。此外，各环境法律规范之间内在逻辑性不强，大量规范依据重复、制度手段重叠，《中华人民共和国环境保护法》与各单行法的条文重复率超过 30%，[1] 下位法纵向照搬、横向抄袭现象严重，使得"以环境法的法典化为手段来消解其复杂化的发展趋势"成为必然。[2] 从实质上看，以强制命令为主导的环境法制变迁容易诱发无效制度供给，使法律处于虚置境地，给人们传达制度供给不足的错误信号，陷入立法不断被强化、被架空的循环怪圈，而且部门本位容易使环境法中夹带创造寻租空间的条款，大量法律移植还容易引发制度增生，难以与地方性知识调适，因此必须以整全性的保护体系缓解选择性执法和制度软化问题。[3]

---

[1]　吕忠梅：《环境法回归　路在何方？——关于环境法与传统部门法关系的再思考》，《清华法学》2018 年第 5 期。

[2]　陈海嵩主编《中国环境法典编纂的基本理论问题》，法律出版社，2021，第 204 页。

[3]　陈海嵩主编《中国环境法典编纂的基本理论问题》，法律出版社，2021，第 206—208 页。

环境法学界自 2003 年就展开的环境法典化讨论，已经从编纂环境法典的必要性争论转向对具体编纂模式的构想，问题主要集中于对"编纂什么样的环境法典"的讨论，相应地，学界分别提出了编纂实质性环境法典、形式性环境法典的方案。持"实质环境法典说"的学者认为，环境法典化具有外源性和内生性动因，应当对环境法律规范体系进行超越形式主义的体系化整合。❶ 而"形式环境法典说"主张采用松散体例的汇编型环境法典模式，并指出我国环境法律体系尚未定型、环境领域的党规国法仍难以区分、僵化的环境法典与生态环境的特性不相符、环境立法价值多元而缺乏共识性原则、环境行政管理体制正在发生结构性变化，环境法法典化的概念基础不够清晰、环境法典编纂边界难以确定，环境权等基本理论储备不够充分。❷ 上述观点将环境法典编纂模式的问题集中于"环境法典编纂条件是否成熟"。条件成熟论者以执政者政治态度、国家治理体系的现实要求、真实存在的环境法实

---

❶ 张梓太：《论法典化与环境法的发展》，《华东政法大学学报》2007 年第 3 期。张梓太：《论我国环境法典化的基本路径与模式》，《现代法学》2008 年第 4 期。夏凌：《法国环境法的法典化及其对我国的启示》，《江西社会科学》2008 年第 4 期。竺效、田时雨：《瑞典环境法典化的特点及启示》，《中国人大》2017 年第 15 期。吕忠梅：《新时代环境法学研究思考》，《中国政法大学学报》2018 年第 4 期。吕忠梅、窦海阳：《民法典"绿色化"与环境法典的调适》，《中外法学》2018 年第 4 期。王灿发、陈世寅：《中国环境法法典化的证成与构想》，《中国人民大学学报》2019 年第 2 期。李艳芳、田时雨：《比较法视野中的我国环境法法典化》，《中国人民大学学报》2019 年第 2 期。何江：《为什么环境法需要法典化——基于法律复杂化理论的证成》，《法制与社会发展》2019 年第 5 期。

❷ 汪劲：《环境法法典化：迷思与解谜》，《中国地质大学学报（社会科学版）》2010 年第 3 期。党庶枫、郭武：《中国环境立法法典化的模式选择》，《甘肃社会科学》2019 年第 1 期。郑少华、王慧：《环境法的定位及其法典化》，《学术月刊》2020 年第 8 期。彭峰：《中国环境法法典化的困境与出路》，《清华法学》2021 年第 6 期。

践体系化动力为判定成熟条件已经具备的主要依据。❶ 而反对者则认为，我国环境法律规范虽然在数量上具有一定规模，但质量上仍未达精细化要求，作为增强适用性的环境法典，实务界对此迫切性不足，而且我国当前的立法技术、法治状况和法治意识都难以支撑复杂的环境法典编纂工作。❷ 另有学者认为，现阶段环境法典编纂条件尚未成熟，因此提出"延期编纂说"。❸ 在"为环境法做减法"的要求下，虽然不乏在环境法典化研究热潮中的冷思考，❹ 但无论是环境法典编纂形式化方案还是实质化方案，都显示环境法法典化已经成为大多数学者的共识。

　　学者们普遍赞同以体系化的环境法律规范助力系统的环境法律调整，以环境法典调适环境法律规范体系内部的价值冲突与规范冲突，整合弥散的环境立法，厘清环境法律规范之间的内在逻辑，解决法律碎片化问题，消减危机应对型立法数量，加强环境法律规范之间的结构性联系，增强环境法制的适用性、逻辑性和稳定性。2021 年全国人大常委会年度立法工作计划提出要"总结民法典编纂的立法经验，开展相关领域法典化编纂和体系化研究"。❺ 我国环境法法典化研究论证工作展开良久。吕忠梅组织主编的《中国环境法典研究文丛》面世，《生态环境法典草案专家建议稿及说明》发布。❻ 目前，环境法"适度法典化"方案被广泛接

---

❶　吕忠梅：《中国环境法典的编纂条件及基本定位》，《当代法学》2021 年第 6 期。

❷　张珍旭：《环境法法典化"条件成熟论"之反思》，《华北电力大学学报》（社会科学版）2021 年第 5 期。

❸　黄锡生、史玉成：《中国环境法律体系的架构与完善》，《当代法学》2014 年第 1 期。

❹　李传轩：《环境法法典化的基本问题研究》，《华东政法大学学报》2007 年第 3 期。

❺　《全国人大常委会 2021 年度立法工作计划》2021 年 4 月 16 日发布。

❻　蒲晓磊：《为编纂环境法典提供建设性思路》，《法治日报》2022 年 1 月 4 日，第 6 版。

受，"采用适度法典化的路径"编纂环境法典成为国家立法任务，❶环境法典出台在即。适度法典化是中国环境法典编纂的必经之路，但并非环境法典的终极追求，而是立足当下实际情况，为解决环境法律法规零散化、碎片化问题的阶段性目标，以总分架构搭建预防、控制、救济的内部制度体系，形成框架空间弹性开放、体系结构稳定和谐、具体内容周延完整的法典体例。❷以规范整合、融贯统一的环境法法典为规范依据，未来必将成为环境法现代规范创制机制的总体发展方向，作为环境法现代调整机制的要素和环节，兼备实质理性与形式理性的环境法典正式出台只是时间问题。

二、多元共治：变动中的环境法律关系

经济模型中的理性人是个体理性的化身，在经济发展的起步阶段，人们过于注重经济效益、片面追求个人利益，在资源利用方面一心为利，在环境污染方面独善其身，环境管理也是各自为政，整体展现出竞争大于合作的非理性状态。随着经济的进一步发展，环境负效应使人类社会和生态环境的依赖关系更加明显，人们的环境保护意识日渐提升，"各扫门前雪"式的漠然态度被摒弃，取而代之的是以去功利主义为导向的集体合作。当价值追求由自私自利的个体竞争转变为克己奉公的集体合作时，多边协作、机制协同、共同治理、多元共治已然成为新时代的代名词。

党及其领导下的四类主体构成现代环境法律关系的主体，决定了环境多元共治体系中的主体多元性。环境法律关系的主体是

---

❶ 《全国人民代表大会宪法和法律委员会关于第十三届全国人民代表大会第四次会议主席团交付审议的代表提出的议案审议结果的报告》，2021 年 12 月 20 日。

❷ 陈海嵩主编《中国环境法典编纂的基本理论问题》，法律出版社，2021，第 148—150 页。

能够实际参加环境法律关系的权利和义务的承担者，必须外在地表现为独立的人格，而且由环境法律规范明确规定其范围，生态自然不能成为环境法律关系的主体。从逻辑上来看，环境法律关系主体的基本类别是个人主体和集体主体，个人主体即公民，集体主体即组织，在环境法领域包括社会环保组织和企业组织。国家当然也是政治权力组织，但是，国家组织与公民的集体组织除了形式标准之外，还有本质上的差别，所以将国家作为一个单独的权利主体，在主体构成上是可能的，此种划分也更符合社会中环境法律参与者的实际。因此，环境法律关系的主体由国家、组织、公民三部分构成。

国家主体又可以分为党和政府，党组织和政府组织无论是在社会作用还是所属规范领域都是完全不同的两种组织架构，人们往往只强调政府的权力和义务，而将政府同公民与组织并列为环境法律关系主体，显然忽视了党在环保工作中的作用。党的十八大以来，党和国家高度关注生态环境问题，在关系到党和国家发展的全局性、稳定性领域，特别是生态环境保护领域，坚决维护党的领导，这是在总结中国宝贵经验的基础上得到的宝贵精神财富。这里并不是说党可以直接作为环境法律关系的主体，党属于纯粹政治系统的范畴，不是法律意义上权利的享有者和义务的承担者，它在政治生活中有着与法律完全不同的作用方式，在环境法现代调整机制中单独强调党的地位，是说明党对社会生活的领导作用和对企业、社会组织、公民环境影响的统领作用，党和政府在一定意义上是统一在国家这个主体类别中的，可以说环境法律关系的主体是国家、组织、公民，也可以说环境权利主体是党领导下的政府、组织、公民，其他的划分方式在逻辑上就显得稍欠妥当。企业和环保组织都属于组织主体，在环境法领域区分不同性质的组织对于确定环境权利义务十分必要，对于厘清现代环境多元共治体系更是意义重大。

我国市场经济的发展催生了一大批公司、企业，这些公司、企业支撑了国家的现代化建设和工业发展，也相应地带来了一系列环境问题，成为造成环境污染、生态破坏的直接责任主体。现在仍然有许多人认为环境法是以污染防治为主要内容的法律，而将环境污染的罪魁祸首指向企业，因此将社会中以营利为目的、从事生产经营的企业作为与政府相对的主体。近年来我国环保组织迅速崛起，作为非营利、非官方性质的社会组织，对环境保护事业的推动作用不容忽视。我国环境法治发展过程中，公众参与制度的完善以及环保组织在环境民事公益诉讼中作为原告地位的确立，都是对其环境权利主体地位的肯定。

根据"两办"联合印发的《关于构建现代环境治理体系的指导意见》，"以坚持党的集中统一领导为统领，以强化政府主导作用为关键，以深化企业主体作用为根本，以更好动员社会组织和公众共同参与为支撑，实现政府治理和社会调节、企业自治良性互动，完善体制机制，强化源头治理，形成工作合力"。❶ 文件中提到的党、政府、企业、社会组织、公众分别具有不同的地位和性质，在我国环境法律体系中，典型主体的构成与其他国家明显不同，党及其领导下的政府、企业、公众和社会组织四类主体这种主体结构反映了我国社会制度最显著的特征。

多元化的主体增加了环境法律关系内容的复杂性。环境法调整机制为了兑现变化中的价值追求由传统转向现代，通过实现环

---

❶ 中共中央办公厅、国务院办公厅：《关于构建现代环境治理体系的指导意见》，2020 年 3 月 3 日。http://www.mee.gov.cn/zcwj/zyygwj/202003/t20200303_767074.shtml。

境法律关系的方式，将一般的行为模式转变为具体行为，把饱含
生态理性和系统思维的环境法律规范落实于人的行为中，使应然
秩序构想具体化为践行生态文明秩序的行动。但是法律形式与物
质内容并不是环境法律关系的构成部分，而是同一个内容的不同方
面，只有将环境法律关系作扩大解释，把环境法律关系理解为法律
形式与现实物质内容的统一，才能将环境法律关系视为社会生活中
体现人们行为的要素，我们才能继续讨论环境法律关系的内容。

　　一方面，权利能够揭示环境法律调整的现代化水平，义务标
示了人们在现代社会中必要行为的尺度，权利通过义务与国家强
制（权力）相联系，相互对应的权利和义务构造共同形成了前后
连贯的法律联系的链条。另一方面，多元主体合作共治是解决现
代环境问题的根本所在，因此，环境权利和环境权力作为环境法
的"元概念"，在现代环境治理中是不可偏废、合作共进、竞争成
长的制度基石。❶ 多元的主体结构在环境法现代调整机制的发展进
程中决定着环境法律关系的变动结构。

　　请求权即要求他人履行一定义务的权利，请求权及其与之相
对应的义务是一切法律关系的核心。（1）现代环境法律关系中的
环境请求权既可以是政府基于行政管理要求（请求）企业、公众
履行义务的权力，也可以是企业、社会组织和公众基于行政监督
和社会责任感请求政府积极行使行政职能的权利。理论上，无论
是出于私益满足目的还是公益保障目的，在企业、公众、社会组
织之间形成的环境义务履行请求应该是最普遍的。但是由于生态
环境的公共物品属性，公权管理关系在实施效率和环保效果上具
有天然优势，对党的领导地位的强调则强化了现代环境行政管理

---

❶　史玉成：《环境法学核心范畴之重构：环境法的法权结构论》，《中国法学》2016
年第 5 期。

关系在多元共治体系中的地位。（2）当平等主体之间的环境请求权的直接接受者为国家机关时，权利的内容就表现为另外一种形式，即要求国家权力机关对环境义务人采取让其可能行动的措施，这不仅包括义务人在不履行义务或不完全履行义务时的国家强制，还包括承认。此时的国家机关本身并不在法律关系内，只起对权利人权利的保障作用。此种环境行政管理关系的产生发端于社会主体的要求，是建立在环境民事法律关系实现不能的前提下的。（3）权利人有依据自由意志作出法律赋予的积极行为的权利，相应地，环境义务人的义务就是不侵犯和忍受，既然环境法确定了应该行为的界限，环境义务人就必须无条件遵守。但是可以看到，我国许多环境法律规范当中"有义务""应该"的表述并不是严格意义上的义务，如果认为义务与国家强制是直接关联的，那么义务的严格性就应以"责任"的形式体现。所以，只能将那种非严格的义务看作合规律的必要行为，或能够产生某种期待的法律后果的行为，这种意义上的"义务"得不到遵守并不违法，只是妨碍权利的实现，后续法律效果的产生与国家强制无关。

党的领导加强和深化了环境法律关系中"环境权力—环境义务"的内容，除政府外的其他三类主体日渐扩充着"环境权利—环境义务"的纵深维度。

从环境法治的演变过程中可以看到，保护性环境法律关系的发展速度要快于调整性环境法律关系的发展速度，这种发展趋势以环境法律制裁和环境公益诉讼制度的快速发展为典型，而调整性环境法律关系中，积极型环境法律关系的发展明显比消极型环境法律关系的发展更快。虽然"义务本位论"在学界有较大影响力，法律对环境义务的强调在事实上也超过了对环境权利的重视，但为实现良法善治，从"义务本位"到"权利本位"的逻辑嬗变

才是最终归宿。❶

　　就目前我国环境法的调整职能而言，动态调整有余而静态调整不足，根本原因就在于对消极型环境法律关系的关涉过少，这也是环境法现代调整机制在环境多元共治体系下未来发展的应然方向。消极型环境法律关系通过规范创制机制确认稳定的社会关系状态，旨在维护现有的环境社会关系，并保证环境社会关系的进一步发展。当一种环境社会关系在法律上被固定下来，通过环境法律规范的创制机制赋予权利和义务的内容时，主体就能够在特定的框架内按照环境法的要求活动，环境社会关系就进入了环境法的现代调整机制中，完成了由环境社会关系向环境法律关系的转变过程。在消极型法律关系中，环境法律关系的客体是权利人的积极行为指向的对象，即权利的客体，这种类型的客体经常与权利人的行为相独立（见图6.2）。

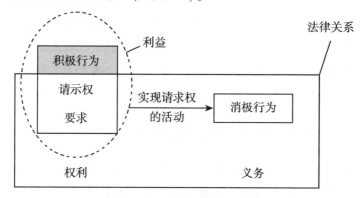

图 6.2　消极型环境法律关系

　　图片来源：改编自［苏］C. C. 阿列克谢耶夫：《法的一般理论》（下册），黄良平、丁文琪译，法律出版社，1991，第500页。

---

❶　王彬辉：《论环境法的逻辑嬗变——从"义务本位"到"权利本位"》，科学出版社，2006，第78页。

消极型环境法律关系中权利人有积极内容的权利是对环境法律规范的积极运用，义务人有消极内容的义务是对环境法律规范的被动遵守，二者共同构成了环境法规范创制机制中的基础性框架，这种基础性框架并不是不断重复的静态公式，而是一种有机的动态弹性结构。由于环境事实的多变性，每一个环境事实的累积要素都可能以各种各样的方式组合，不断更新的社会实际会使环境法律事实的累积持续迭代和变化，环境法律关系也随之不断发展，权利和义务发生变化的形式与相互转换的场景更加多元。本被排除在环境法调整范围外的社会事实，可能会由于新的情势变化或新的发展目标被纳入环境事实的累积过程中，成为影响环境法律关系的要素，也可能会有原本不存在的社会事实在持续发展的社会中孕育而生，从而真正实现多元共治体系中对变动性的环境法律关系的调整。但环境法律关系的发展走势一定是沿着最基本的模式进行的，对机制内起支撑作用的基础结构的影响仅仅是在权利和义务基础之上的丰富与扩充，尤其是权利人积极行为的权利和义务人消极行为的义务。正是在这个意义上，"环境权利—环境义务"内容才能被实质性地落实于社会生活当中。

三、全球共治：更广泛的环境法律秩序

伴随着经济和信息网络的全球化，当今世界多元统一的特征被不断强化，生态危机全球化使世界各国利益的联系更加紧密，为全球化进程开辟了新境界。但面对全球环境问题，霸权主义下的环境利益竞争令国际法律原则式微，零和博弈中的角斗和失调使国际法治不彰，跨国环境污染随着国际贸易恣意转移，环境风险在国际合作中无形扩散，在资源争夺和危险转嫁的大环境中，全球生态安全难以有效维系。从干涉石油出口国内政到争抢港口

要塞，再到无端经济制裁，全球生态安全与国际安全杂糅在一起，复合了政治、军事、经济等因素的非理性外交策略在国内利益和单边主义的驱动下将全球秩序推向失序境地，更加大了全球环境治理的难度，国际社会不时有拒绝合作的情形，如退出气候变化协议等，呈现出逆全球化的变异现象。

虽然在可持续发展的共识下，各国对先进环境制度的相互移植借鉴使世界范围内的环境法在保持特性的同时日益趋同，但生态环境作为全球公共产品，唯有打破制度壁垒，实现互联互通、互商互谅的全球合作共治才是正解。现代环境问题和环境风险制造了"新的利益对立和新的危险共同"，❶ 任何国家都无法独善其身，根据新的时代条件和客观要求，"构筑尊崇自然、绿色发展的生态体系，共建清洁美丽的世界"已经是大势所趋。❷ 环境风险背景下的世界各国成为相互依存的利益共同体，而我们如何看待全球环境保护共同体，终归取决于我们如何定义它。❸

习近平总书记多次提到构建以"持久和平、普遍安全、共同繁荣、开放包容、清洁美丽"为面貌特征的"人类命运共同体"，❹ 在国际社会上发出了中国声音、表达了中国态度，在事关国际秩序建立的全球性环境挑战面前介绍了中国方案、彰显了中国气派，为全球环境治理贡献了中国智慧、发扬了中国特色。

❶ ［德］乌尔里希·贝克：《风险社会——新的现代性之路》，张文杰、何博闻译，译林出版社，2018，第 44 页。

❷ 《加快生态文明建设必须坚持的原则》，习近平在全国生态环境保护大会上的讲话，2018 年 5 月 18 日，载习近平：《习近平谈治国理政》（第三卷），外文出版社 2020 年版，第 364 页。

❸ 吴宇：《论全球环境法的形成与实现》，博士学位论文，武汉大学，2010，第 59 页。

❹ 习近平：《习近平主席在出席世界经济论坛 2017 年年会和访问联合国日内瓦总部时的演讲》，人民出版社，2017，第 22 页。中共中央宣传部：《习近平新时代中国特色社会主义思想学习纲要》，学习出版社、人民出版社，2019，第 219 页。

一方面，人类命运共同体思想的提出打开了我国涉外环境法治的格局，希冀以国际和国内统筹协调的战略观推进全球治理体系变革，维护多边合作的国际环境体制，践行人类命运共同体理念，❶ 我国已经成为全球环境治理体系的积极参与者、主要贡献者。在环境科学的不确定性面前，我国以对待生态环境的谨慎态度以及大国担当积极应对气候变化，并将其落实于本国实践。"十四五纲要"制定了具体的碳排放达峰行动方案，规划纲要首次提出推进细颗粒物和臭氧协同控制的措施。我国在极力提升科学技术水平的基础上，以生态文明为价值皈依，在自然资源承载能力范围内严守生态保护红线、环境质量底线和资源利用上线，形成了先进、完整的理论体系。另一方面，人类命运共同体思想的提出为世界各国的经济增长模式和社会发展模式提供了有益参考，为构建新型国际关系和国际话语体系提供了重要的理论价值，不仅推动了国际社会在国际法基本原则和国际协议框架下探索义利兼顾、同舟共济的环境责任承担和环境利益共享的新模式，还促进了各国在多边互动的政治、经济、生态、文化多维合作模式中的同频共振。我国以负责任的大国姿态，以世界性的全局观在生态环境保护领域以新体系、新机制搭建全球生态战略平台，推出新倡议、配合新行动，坚持合作共赢、共同发展，促进各国共享生态红利，并长期致力于凝聚可持续发展的国际共识、拓展世界的新发展路径。习近平法治思想为全球生态治理的中国实践作出了卓越的理论贡献，为世界各国以绿色发展的方式应对气候变化、海洋污染、生态危机、资源和能源危机等全球性环境问题提供了全新思路。

---

❶ 郭雳：《新时代国际法律风险应对与全球治理推进》，《中外法学》2021 年第 4 期。

　　我国作为国际秩序的积极维护者、全球环境治理的切实行动派，高举人类命运共同体的大旗，树立了切合国情实际的国家安全观、国际秩序观和全球治理观，确立了助力内源创新的绿色发展观、系统生态观和理性文明观，创立了符合价值创造的现代人权观、生态民生观，为跳出孤立自保的窠臼、冲破单边主义的枷锁指明了方向，为构建共商、共建、共享的全球共治体系拓展了空间。作为可持续发展的践行者、全球生态文明建设的倡导者，我国所引领的全球生态环境法治秩序正沿着全新道路为全球化进程扫清障碍，国际社会重新形成了法律系统与政治系统紧密耦合的趋势，推动着国际关系法律化和跨国法的发展，❶ 成为全球生态昌明、各国目标协调、国际互助团结的象征。

第三节　环境法现代调整机制环节的发展

一、规范创制机制中的更新：党的环境政策与环境法律的理性互动

　　在第一部环境法出台之前，我国环境保护工作就长期依赖党的环境政策，作为党和国家环境治理的重要制度工具，环境政策和环境法律往往以交织复合的形式呈现。如今，环境保护越来越受到党和国家的重视，在建设生态文明、美丽中国的过程中，党的环境政策与环境法律的互动越来越频繁，这种现象推动着环境法现代规范创制机制的自我更新。自我更新的逻辑

---

❶ 泮伟江：《法律全球化的政治效应：国际关系的法律化》，《求是学刊》2014 年第3 期。

理路源自环境法系统与政治系统能够进行系统间沟通，通过组织角色转换的方式由环境政策弥补环境立法上的不足，使环境保护实践中的政策与法律相得益彰。政策与法律于实践层面是高度关联的，环境治理属于党、政权力交叉的领域，具有混合性特点。作为中国独特的制度现象，党的环境政策和环境法律的相互配合既由环境事务复杂性的现实需要决定，也取决于我国特殊的政治体制。

（一）环境政策及其与环境法律的区别

我国党内组织从中央到地方的科层体系与行政体系构成"归口管理"式的复合体，党通过行政机关实现党对各项国家事务的领导，这种二元权力体系和双重科层制组合决定了党的执政活动和行政管理活动在国家重大事项上具有重合性，党的环境政策与环境法律的关系体现为复合权力体系下的党政治理新逻辑。❶ 但党的环境政策和环境法律是完全不同的两个体系，有着本质的区别，环境政策是党和国家为了保护环境所确定的根本性行为指导，而环境法律以具有强制力保证的行为规范具体调整着环境社会关系，二者虽同为上层建筑的组成部分，却承担着不同的国家治理职能。

环境政策带有党的实质性权威，是党的意志的集中体现，符合党领导国家公共事务的政治要求。有些学者认为除了党中央制定的环境政策外，国家机关制定的有关环境与资源保护的规范性文件都属于环境政策的范畴。❷ 这种观点忽视了党的环境政策与环

---

❶ 封丽霞：《党政联合发文的制度逻辑及其规范化问题》，《法学研究》2021 年第 1 期。

❷ 何劲玥：《党的十八大以来中国环境政策新发展探析》，《思想战线》2017 年第 1 期。

境法律在性质上的差别。根据卢曼系统论的观点，人类社会的演进是一个功能分化的过程，政治系统、经济系统、法律系统等在社会发展的过程中逐渐从社会系统中分离出来，形成社会系统的各个子系统，分别承担不同的社会功能。党的环境政策是政治性与规范性的统一，但根本上脱胎于政治系统，以"有权/无权"为二元符码；而国家机关制定的环境规范性文件本质上与环境法律同属于法律系统，是对环境法律的细化或执行规则，以"合法/非法"为二元符码。

　　实践中，不乏将党的环境政策与国家机关制定的环境规范性文件统称为环境政策的现象，根本原因在于他们对党的环境政策与党内法规的关系认识不清晰。环境政策往往以党政联合发文的形式出现，在所有党政联合发布的文件中，环境政策几乎占了五分之一。❶ 那么，党政联合发布的环境政策与党内法规的关系如何？一般而言，我们将符合一定形式要件、具有一定作用的党内规范性文件称为党内法规，其不仅直接适用于党内，而且对国家公共事务具有重要的指导作用。❷

　　从制定主体来看，党内法规的制定主体包括党的中央组织、中央纪律检查委员会以及党中央工作机关、省（自治区、直辖市）党委、中央军事委员会等。❸ 但是党的环境政策的发文主体与纯粹的党内规范性文件不同，主要以中共中央、国务院和"两办"的联合发布为主。从内容上看，中共中央发布的党内法规诸如《党

<hr />

❶ 数据来源：中华人民共和国中央人民政府网，http://www.gov.cn/zhengce/wenjian/zhongyang.htm。

❷ 常纪文：《把握好国家立法与党内法规制定的关系》，《学习时报》2014 年 3 月 3 日，第 5 版。

❸ 《中国共产党章程》及《中国共产党党内法规制定条例》第 3 条、第 5 条、第 10 条、第 11 条、第 12 条、第 41 条。

政领导干部考核工作条例》《深化党和国家机构改革方案》等或包含生态环境事项，或对环境治理有着重大影响，也有如《关于调整国家应对气候变化及节能减排工作领导小组组成人员的通知》此类仅规定组织成员的环境政策。从发文字号来看，党的环境政策既有以党组织字号发布的，如《建立国家公园体制总体方案》（中办发〔2017〕55 号），也有以政府机关字号发布的，如《绿色出行行动计划》（交运发〔2019〕70 号），还有一些重要的环境政策则以党组织字号和国字号分别发布。从名称来看，环境政策除了《中国共产党党内法规制定条例》（2019）第五条规定的条例、办法、细则外，还常以规定、意见、指导意见、方案、纲要等形式发布，如《中央生态环境保护督察工作规定》《关于深化生态保护补偿制度改革的意见》《黄河流域生态保护和高质量发展规划纲要》等，大量党政联合发布的环境政策，仅从上述形式要件看，很难将其归于严格意义上的党内法规的范畴。

《中国共产党党内法规制定条例》（以下简称《条例》）第 13条第 2 款明确规定："制定党内法规涉及政府职权范围事项的，可以由党政机关联合制定。"是否可以认为党政联合发布的环境政策属于规范性文件意义上的党内法规？《中国共产党党内法规和规范性文件备案审查规定》（以下简称《规定》）适用对象包括党内法规和规范性文件，根据《规定》第 2 条，党内规范性文件需具备以下三个要素：第一，主体是党组织；第二，党内规范性文件必须是党组织在履行职责的过程中形成的；第三，党内规范性文件是具有普遍约束力、在一定时期内可以反复适用的文件。因此，我们可以得出以下结论：广义的党内法规除了严格意义上的党内法规外，还包括党内规范性文件。《条例》中所指的"党内法规"属于广义的党内法规，《规定》中"党内法规"指狭义的党内法规，与党内规范性文件并列。

根据制定主体和内容将党内法规划分为严格意义上的党内法规和规范性文件意义上的党内法规之后，实践中现存的环境政策基本都可以被解释为党内规范性文件。尽管某些党的环境政策表面上既不属于狭义的党内法规，也不属于党内规范性文件，但从实质要件看，的确符合党内规范性文件的规范属性，于事实层面可以作为国家行政机关从事环境保护工作的依据。因此，党的环境政策属于广义党内法规的范畴，是含有党内法规属性，涉及环境与资源保护的规范性文件，从而也能佐证党的环境政策与国家机关制定的环境法的执行政策的根本性差异。

（二）环境政策与环境法律的联系

借助系统论原理，党的环境政策与环境法律得以区分，但二者绝不只是一种简单的区分。"区分"是系统论的前提，政策与法律得以并行是由系统规范封闭和认知开放的双重属性所决定的。"如果一个系统总是以自己环境的某些特征为前提，而且在结构上依赖于此，那么就应该说存在着结构性的联系。"❶ 这种系统间的结构性联系就是系统认知性开放的表现，而系统的开放是以封闭为前提的，系统内部的规范封闭是先决条件，党的环境政策与环境法律的运作过程于内受制于系统的规范封闭性，于外取决于政治系统、环境法系统与其环境的系统间沟通，此为环境政策和环境法律的封闭与开放双重属性。

如果将视角置于法律系统内，法律系统在具有封闭性的同时也具有开放性，来自外界的侵扰会不断地刺激系统内部递归网络，

---

❶ ［德］尼克拉斯·卢曼：《社会的法律》，郑伊倩译，人民出版社，2009，第233页。

这时一个具有张力的网络结构系统会通过对外来刺激的"观察"❶在系统内部形成映射，法律和政治系统无法突破系统边界直接互动，它们只能相互观察而已，用卢曼的话说，"系统可以在自身中——也只能在自身中——再生产环境的图像"。❷ 这个"环境图像的再生产"过程涉及系统之间的相互作用，卢曼的观点与旧的系统论观点不同，他认为该过程不是简单地在系统内反映外部世界的尝试，而是通过"结构性联系"与其环境发生高选择性的信息交换，托依布纳也认为系统际沟通并非简单的输出和输入，而是通过"信息"和"干涉"实现的。

但在环境法系统中则是另一番景象。法律系统是社会系统的一个子系统，这就意味着，一方面，社会首先是法律系统的环境，法律系统以自身运作的形式把一个特殊的方面置于社会之中，由此产生了一个外在于法律的、存在于社会内部的环境。但社会又不仅仅是法律系统的环境，法律的运作本身就包含在社会系统当中，法律系统的所有运作始终是在社会中进行的。另一方面，就系统的统一性来看，法律系统的运作也与社会系统的环境有关，社会系统的环境也一定是法律系统的环境。❸ 按照这个逻辑，环境

---

❶ 简单讲，"观察"是一个区分再入的过程，也就是自我重构，典型的法律系统的自我观察是法律教义学和法律学说，以法理的形式说明法律行为、规范等，并通过批判和评论影响法律的形成、发展。卢曼所称之"观察"即"自我观察"，他认为自我观察无非就是把单个具体的运作归入法律系统的结构和运作，也就是说主要是区分在一个交往中究竟是不是涉及正当或不正当的问题。托依布纳认为，观察只是意味着一个系统把区别引进它自己的内部运行，并指示出以这些区别为基础的某些东西。[德] 尼克拉斯·卢曼：《社会的法律》，郑伊倩译，人民出版社，2009，第 218 页。[德] 贡塔·托依布纳：《法律：一个自创生系统》，张琪译，北京大学出版社，2004，第 88 页。

❷ [德] 尼克拉斯·卢曼：《法社会学》，宾凯、赵春燕译，上海人民出版社，2013，第 10 页。

❸ [德] 尼克拉斯·卢曼：《社会的法律》，郑伊倩译，人民出版社，2009，第 8、14—15、26 页。

法系统的环境包括法律系统内部同时存在于环境法系统之外的环境、法律系统的环境和社会系统的环境。如果仅以"输出/输入"模式看待环境法系统与其他社会子系统之间的交互关系，就无法解释国家战略、党的政策、经济制度与环境法的关联，其他法律部门的"生态化"现象就会被认为是环境法的"入侵"。而以卢曼的观点来看，政治系统与法律系统的耦合只形成于宪法的层面，难以解释党的环境政策在环境治理中的作用原理。

托依布纳认为社会是一个自创生系统，法律、政治、经济等功能子系统是次级自创生系统，在一个自创生系统之中分化形成的同质次级自创生系统之间存在一定的干涉，法律、政治、经济和其他子系统是社会内部分化的产物，它们的"结构耦合"具有干涉的特殊品质，干涉使众多社会系统以一种远不止是观察的方式直接接触。不同功能子系统直接接触的可能条件是：第一，拥有同样的基本材料——"意义"；第二，基于相同要素的运行——"沟通"；第三，子系统中专门化的沟通形式同时也总是一般社会沟通的形式。❶ 环境法系统作为法律系统中分化的子系统，与其他部门法可以以直接接触的方式进行沟通，但与政治、经济等系统无法直接沟通，因为它们并不符合直接接触的条件。

环境法与民法、刑法等其他部门法可以超越自我观察，以同样的沟通事件相互连接。当一个环境违法行为触及民法和刑法的禁止性规定时，可以适用相关法律进行合法/非法评价。信息在各子系统中同步产生，在各个部门法系统中的实际表达行为是同一个，行为信息所表达的法律理解随着关联系统的不同而改变，系统对信息的选择过程是一致的，只是选择的理解语境发生了变化，

---

❶ ［德］贡塔·托依布纳：《法律：一个自创生系统》，张琪译，北京大学出版社，2004，第95页。

能够直接干涉的系统具有相同的意义世界，它们的要素以相似的方式构成法律事实，这意味着它们可以耦合。民法的"绿化"可以被看作是民法系统对（狭义的）环境法或对政治、经济系统观察之后进行的内部重构。

如果认为环境法可以作为第三级的自创生系统，在纵向关系上，环境法与政治系统、经济系统是无法实现直接干涉的，只能通过非常间接的形式，增加系统内部变化的可能性来影响系统之间的共同演化，也就是托依布纳所称的"通过自我调整而调整他者"。因为经济行为和环境行为本质上是利益对冲的两种行为，政治沟通和法律沟通也不可能一致，环境科学和环境法律不同属专门到一般的沟通形式，直接干涉的条件不能或不能完全得到满足，在这个意义上，环境法与这些系统的认知开放只能是内部建构的。

虽然环境法律系统与上一级系统无法直接沟通，但并不意味着不会受其影响，环境法律系统可以通过间接干预的形式实现与政治系统的互动。托依布纳为间接干预提供了三种可能的方式：交互观察、干涉的耦合及组织的沟通。❶ 但是他又指出，"交互观察"过程最终可能导致两个系统"盲目"共同进化；"干预的耦合"在信息和动力方面具有明显缺陷；"组织的沟通"似乎是一种可能的选择。❷ 环境法的各类主体在环境法系统和政治、经济甚至社会系统之间的角色转换，为环境法系统与更高层级的系统际沟通提供了可能，但是这种间接沟通方式依然只能根据在系统内部产生的信息进行系统内部的结构更新。

---

❶ ［德］贡塔·托依布纳：《法律：一个自创生系统》，张琪译，北京大学出版社，2004，第 88 页。

❷ ［德］贡塔·托依布纳：《法律：一个自创生系统》，张琪译，北京大学出版社，2004，第 103 页。

（三）角色转换——环境政策与环境法律的互动方式

就政治系统与环境法系统的互动而言，角色转换指的是国家机关工作人员的身份在政治系统与环境法系统中不断变换的情形。按照系统论的观点，政治系统围绕权力语言建构社会公共事务，法律系统通过合法性话语体系判断和解释社会事实。环境行政机关、司法机关需要保持其独立性，执政党无法直接进入环境法系统，党内规范性文件的效力只能留存于政治系统，党组织本身并不能作为环境政策与环境法律得以有效沟通的组织，而行政机关的工作人员，尤其是领导干部大多具有双重身份：既是党员又是国家公务人员，既属于党组织又属于行政组织，他们才是实现角色转换的关键。国家机关工作人员的角色由政治系统中的党员向环境法系统中的国家公务人员转变时，角色要求被重新定义，权力关系作为政治因素被纳入环境法系统，促进环境法系统内部的信息再生，环境法系统中的权利和义务关系被部分改造为权力和义务关系，因此，环境法系统的核心结构发展为"权利/权力—义务"，这也是环境保护作为政治战略得以规范化落实的根本性变化理路。

环境法律和环境政策都是对环境利益的权衡安排，在对环境行为的指引方面具有连贯性和一致性。有些环境政策偏重国家环境治理宏观层面的价值取向，有些环境政策则着重具体环境制度的推行，后者具有过渡性和临时性。从国家治理手段来看，党的环境政策拓展了治理工具，具有高敏感性、前瞻性、综合性的特点，多元的决策圈层缓解了环境保护工作的压力，环境政策的出台减少了环境规范性文件的制定成本，在一定程度上弥补了制度供给的短板，在处理环境问题方面具有积极的正向效应。法律本身的滞后性和谦抑性使环境法难以及时回应环境社会关系的变化，而环境政策最主要的优势就在于其灵活性，政治系统中的环境政策不仅可以解决环境法律中的难以预见性和僵化的问题，也为环境法律系统内部的多元变化提供了可能。

环境政策与环境法律都以环境问题为驱动，以维护环境公共利益为出发点，以保障环境社会秩序为目标。中央层面的党的环境政策对全国环境保护工作的开展起引领和规范作用，地方层面的党的环境政策着重于对上位政策文件的贯彻和执行，环境政策已经成为推动我国环境治理体系现代化的重要依据，也是国家环境战略和政治号召的主要载体，以党政联合的形式发布环境政策为环境法系统的自我更新提供了基础。中央领导小组、管理委员会、环保督察小组、党政合署办公的组织形式增强了环境法系统的开放能力，使碎片化的职权行动系统能够积极寻求进化方向。

从我国环境治理实践来看，党的环境政策作为治国理政的制度依据由来已久，其作用的发挥早于环境法律。早在 1978 年 12 月 31 日，中共中央就批转了国务院环境保护领导小组第四次会议通过的《环境保护工作汇报要点》，这是中国共产党历史上第一次以党的名义对我国环境保护工作作出的具体指示。❶ 1992 年 8 月 10 日，经党中央和国务院批准，中共中央办公厅、国务院办公厅转发了外交部、国家环保局《关于出席联合国环境与发展大会的情况及有关对策的报告》，提出中国环境与发展的十大对策，这些对策对于我国实行可持续发展、治污治害、保护环境具有重要意义。❷ 在法律供给能力薄弱的情况下，党的环境政策于特定时代积极发挥政治作用，及时有效地回应了当时的环境问题。党的十八

---

❶ 《中国环境保护行政二十年》编委会：《中国环境行政保护二十年》，中国环境科学出版社，1993，第 20 页、第 456 页。

❷ 《我国环境与发展十大对策》，《环境保护》1992 年第 11 期。

大以来，为了推进生态文明建设，国家在 2014 年以后出台了大量新的环境政策，不仅在很多方面弥补了环境立法上的空白，还为环境法律制度的正式确立积累了丰富的实践经验，以"先行试错"的姿态引领着环境立法。

中国共产党领导核心地位的确立是环境法治建设的根本保证，环境政策对政治方向的把握，能够更有效地配置资源、协调利益，辅以中央环保督察制度矫正地方政府"偏离失控"，塑造环境政策权威，提高政府执行政策的忠实度，❶ 以紧抓"关键少数"提升党政领导干部在角色转换中的关键作用，充分发挥党的领导性、先进性，以政治责任与法律责任共同保障党政共治在环境领域的效用。

（四）环境政策与环境法律的理性互动路径

党政统一管理模式和一岗双责制度的确立扩大了角色转换过程中的内在张力，解决了达到特定规模的党政组织在直接调整环境社会关系方面的困难，但应当注意的是，目前我国国家机关工作人员的身份转换是单向度的，生态环境是关系到党和国家发展的重点领域，坚决维护党的领导是历史经验的总结，始终维护党中央权威和集中统一领导才能在环境问题上将我国的制度优势转化为治理效能。环境政策的核心主体是中国共产党，其居于对国家一切事务的最高领导地位，从动力学的角度看，物体运动的方向总是与力大的一方保持一致，正如耶利内克所说，"只有当国家把权利给予私人以限制国家官吏在行为上的自由裁量的时候，国

---

❶ 娄成武、韩坤：《嵌入与重构：中央环保督察对中国环境治理体系的溢出性影响——基于央地关系与政社关系的整体性视角分析》，《中国地质大学学报（社会科学版）》2021 年第 5 期。

家才进入法律的领域"。● 如果"角色转换"过当，环境政策中的权力信息将会干扰甚至破坏环境法律的系统运作，出现"以权代法""以权谋私"现象。因此，必须在权力信息进入环境法律系统前对环境政策提出规范化要求，在权力信息进入环境法律系统后对环境法律进行结构性改革。

综上，环境政策与环境法律的理性互动应当沿着如下路径展开：

（1）加强环境政策的合规范性。环境政策多以中共中央、国务院，中共中央办公厅、国务院办公厅为发文主体，因缺乏国家强制力而不属于法律，又因为涉及国家公共事务的管理，不是纯粹的党内法规，这种以联合发文形式出现的环境政策，在权力信息进入环境法律系统前，不符合法治要求，将会造成环境法系统内部复杂性化约难度过大，非均衡的结构进化影响环境法系统对内部信息的筛选。权力信息随着角色转换过程内生于环境法系统之中，如果政治系统中的环境政策干涉异常，环境法律内部结构将难以恢复至"权利/权力—义务"结构，而使权力要素波动脱离，在"权利—义务"结构之外形成权力控制的非理性结构，环境法系统的自主性将无法得到保持，法律与政治的暧昧关系彰显，这与现代法治理念背道而驰。因此，在政治系统内部必须使环境政策规范化。

①严格实行环境政策的备案审查制度。环境政策的制定均适用《条例》规定的规划、计划以及起草、审批、发布的程序。《规定》修改前后都仅在表述上区别了党内法规和规范性文件，在备案审查制度层面并无相异之处。2012 年《中国共产党党内法规和规范性文件备案规定》第 4 条规定："联合发布的党内法规和规范

● 博登海默：《博登海默法理学》，潘汉典译，法律出版社，2015，第 75 页。

性文件由主办机关报送中央备案。具体工作由制定机关或者主办机关所属负责法规工作的机构承担。"而 2019 年的修订版删除了联合发布的党内法规和规范性文件的备案审查规定，因此，无论是何种环境政策，其备案审查都适用相关规定。

根据《规定》环境政策原则上需要向上级党组织报备，由其法规工作机构或承担法规工作职能的机构办理。中央纪律检查委员会以及党中央工作机关、有关中央国家机关部门党组（党委）可以建立系统内备案制度；党的基层组织制定的环境政策应向批准其设立的党组织报备。环境政策的审查包括形式审查和实质审查，主要是对政治性、合法合规性、合理性、规范性的审查。此外，审查工作还注重对改革创新积极性的保护，避免机械化审查。

环境政策的所有备案工作需要遵循"有件必备、有备必审、有错必纠"的基本原则。根据审查结果的不同，一般有五种处理决定：通过并及时反馈、通过并提出建议、通过并告知、通过并书面提醒、不予通过并纠正。其他机关如人大常委会、政府发现环境政策可能违法违规时，可以向同级党委备案审查机构提出审查建议，审查机构应当及时处理并反馈；即便是备案通过的环境政策，只要审查机关发现问题，就可以重启审查程序，而且还有备案审查责任追究制度作为保障。除了事后的报备和审查以外，在审批阶段，还有以审议批准机关所属负责法规工作的机构为主体的前置审核程序，如果环境政策存在问题，审议批准机关所属负责法规工作的机构可以经批准提出修改意见，若不被采纳，法规工作机构就可以向审议批准机关提出修改、缓办或者退回的建议。❶ 既

---

❶ 2019 年《中国共产党党内法规和规范性文件备案审查规定》第 3 条、第 5 条、第 6 条、第 7 条、第 11 条、第 12 条、第 15 条至第 19 条。2019 年《中国共产党党内法规制定条例》第 27 条。

然环境政策同时含有环境治理依法行政的内容，那么环境政策在接受党委系统备案审查的同时是否需要在行政系统中同步备案，接受人大和社会的监督？根据《中国共产党党内法规和规范性文件备案审查规定》第四条，环境政策包括联合发文的环境政策由各级党委办公室（厅）牵头办理备案审查，各级党委与同级人大常委会和政府建立备案审查衔接联动机制。党、政双系统备案审查的延伸性联动机制十分必要，但目前却没有相应的制度予以明确和落实。

②强化环境政策的信息公开制度。我国已经出台的环境政策同时包含党务信息与政府信息，无法纳入政府信息公开的制度实践中。有学者认为，司法实践中的形式化审查可能诱发行政机关将党政联合发文作为规避信息公开约束的脱逸通道。❶《中国共产党党内法规制定条例》第二十九条❷明确了党内法规的公开规则，与《政府信息公开条例》"以公开为原则，不公开为例外"的规定一致，包含生态环境保护内容的狭义党内法规当然应当遵照该规定进行公开，但对于该范围外的环境政策信息公开制度似乎并不明确。

对于党政联合发布的文件是否应当公开的问题，在司法实践中大体有两种处理方式：一种认为其属于政府信息，但将其解释为内部事务信息，依法可以不公开；另一种认为其属于非政府信息，不适用于政府信息公开的相关规定。对于特殊的国家政策，

---

❶ 张力：《党政联合发文的信息公开困境与规则重塑：基于司法裁判的分析》，《中国法学》2020 年第 1 期。

❷ 《中国共产党党内法规制定条例》（2019）第 29 条第 3 款规定："党内法规除涉及党和国家秘密不得公开或者按照有关规定不宜公开外，应当在党报党刊、重点新闻网站、门户网站等党的媒体上公开发布。"

发文字号常常作为法院判定某项信息是否应当公开的外在标准。❶
在瓦泉寨矿业有限公司诉淄博市人民政府环境保护行政管理一案
中，原告要求确认被告未完整公开《淄博市贯彻落实省环境保护
督察组第四组督察反馈意见整改方案》（淄委〔2017〕101 号）的
行为违法，法院认为该文件是中国共产党淄博市委员会、淄博市
人民政府联合发布的、使用党委文号的文件，属于党务信息，不
属于应当公开的政府信息，故遵循"党委授权"的原则，驳回了
原告的诉讼请求。❷ 环境政策在外观上的确易被混淆，实践中不能
以简单的形式化标准进行认定。吉林省四平市中级人民法院就曾
以"市委办公室不是政府行政机关，也不是政府信息公开职责的
责任主体"作为驳回上诉的判决理由。❸

　　环境政策的信息公开应当结合形式和实质双重标准分别认定，
具体看环境政策中体现为行政主体职能的行政要素，涉及具体环
境行政事项本身的环境政策按政府信息公共处理；对于环境行政
属性弱而大量涉及党的建设、党的领导、组织思想、战略指引工
作的环境政策，按党务信息处理。由此才能为政治系统与环境法
系统互动过程中的"角色转换"打下基础，实现依法执政和依法
治国的高度统一。

　　（2）及时将环境政策法律化。我国环境政策与环境法律的协
调互动进入常态化模式，要使环境法律免于政治要素的盲目侵扰，
就必须在权力信息进入环境法律系统后，以"权利/权力—义务"
模式规范和监督权力，保障权利的行使和义务的履行。

---

❶　张力：《党政联合发文的信息公开困境与规则重塑：基于司法裁判的分析》，《中
　　国法学》2020 年第 1 期。
❷　山东省淄博市中级人民法院（2018）鲁 03 行初 55 号一审行政判决书。
❸　吉林省四平市中级人民法院（2015）四行终二审行政判决书。

从法律对政治在事实上的依赖关系来看，环境政策选择，如党和国家在宏观层面制定的能源政策、资源利用政策、污染治理政策等，直接对环境法在逻辑上产生了决定性的影响。环境政策不能仅停留在弹性层面，而需要将党规和国法以各种形态在行政领域深度融合。❶ 如以专项制度、专门法律的形式将其具体化，或将可法律化的环境政策及时转化为法律，以法治的刚性切实推进国家环境治理现代化的发展，严守"国法高于党规，党规严于国法"的内在机理，❷ 促进环境政策对环境法律的积极影响，完成环境法律兼具渐进性和非渐进性的自我更新的任务。环境法的调整职能和保护职能需要以环境政策的演进来促进环境社会关系决策结构的发展，在涉及环境权利和义务变动时，环境政策必须以法律形式实现规范转化，法律化后的环境政策才能以国家强制力为保障对环境治理作出创新性诠释。

（3）加强环境权力监督。权力监督必须以法治化的体系和能够体现人民权益的法为逻辑前提，要保障环境法系统的独立性，权力监督必须沿着制度化路径行进，不能简化、弱化。环境行政权和司法权的行使有赖于国家公务人员，尤其是党政领导干部，必须以法治思维、创新思维、系统思维、底线思维强化党的领导能力和执政能力，建立权责明确的政府环境权力义务体系，以刚性的法治监督和柔性的民主监督消弭碎片化的异化倾向，遏制权力滥用现象、贪污腐败现象、权力失范现象，为环境法治扫清障碍。从加强法律实施人员对法律的认知和环境保护理念开始，提升他们的法律素养和环境执法、司法的现代化能力与现代化水平，

---

❶ 林鸿潮：《党政机构融合与行政法的回应》，《当代法学》2019 年第 4 期。
❷ 张海涛：《政治与法律的耦合结构：党内法规的社会系统论分析》，《交大法学》2018 年第 1 期。

增强环境道德感、责任感，树立正确的是非观，发挥敬业精神，杜绝以权抗法、以权谋私的行为。

（4）保留环境政策的"自留地"，避免过度法律化。环境政策毕竟无法同环境法律一样对环境权利/权力和义务作出安排，"角色转换"并不意味着所有环境政策规定都要照搬法律系统的结构，政治系统如果丧失其独立性，环境政策的功能将难以发挥。环境法律的适应性很大程度上取决于环境政策的灵活变通，必须使环境政策供给与国家发展政策高度一致，避免环境政策的差等演化，保证环境政策对环境法律的积极效应。在环境政策的扩散方面保证全景式的理性，打通纵向的层级扩散和横向的区际扩散、部门扩散，综合自下而上的政策采纳和自上而下的政策推广方式，在尊重区域发展、部门职权的位势差异的基础上，推动其他地区、部门向先进地区、部门学习和跟进的政策扩散模式，使环境政策的推广更符合中国的政治实践，为"角色转换"提供真正有益的信息。

《中国共产党党内法规制定条例》第十四条明确规定，配套党内法规应当明确具体，具有可操作性。❶ 过于抽象的环境政策可能造成政策梗阻，缺少可执行性的泛化政策不免流于形式，但是制定过于具体的环境政策将挤占环境法律空间，阻碍政策变通。因此环境政策只需要适度细化，在降低环境政策模糊性的同时消除执行障碍，保证环境政策在行政、司法上的可执行性即可。

---

❶ 2019 年《中国共产党党内法规制定条例》第 14 条规定：上位党内法规明确要求制定配套党内法规的，应当及时制定；没有要求的，一般不再制定。制定配套党内法规，不得超出上位党内法规规定的范围，作出的规定应当明确、具体，具有针对性、可操作性。除非必要情况，对上位党内法规已经明确规定的内容不作重复性规定。

二、行政执行机制中的合作：府际环境协议的规范化

行政法中的行政协议又称行政合同、行政契约，为与民法合同相区分，在《行政诉讼法》中称"行政协议"，专指行政机关与行政相对人之间签订的、以行政法律关系变动为目的合作而成的协议。❶ 环境行政协议如节能自愿协议，在内容上具有磋商性、可选择性，有利于环境管理目标的达成。广义的行政协议还包括行政机关之间签订的合作协议，这是互不隶属的行政主体为了提高行政效率、充分发挥国家治理职能，通过表意一致达成协议的行政行为，❷ 有学者称其为"行政协助的协议化"，❸ 为避免理论上的歧义，本书将行政机关之间形成的、涉及生态环境保护的跨区域合作协议称为"府际环境协议"。

环境污染跨界问题越发严重，加大了环境治理难度，在整体性思维的指导下，综合系统的环境治理要求将府际合作由经济贸易领域扩大到生态环境领域，政府间以对话协商的形式开展的实质性环境合作越来越多。得益于经济一体化区域紧密的经贸关系和成熟的行政合作模式，府际环境协议在京津冀、长三角、珠三角发展最快，近年来逐渐向中西部地区城市圈、城市群扩散，❹

---

❶ 徐键：《功能主义视域下的行政协议》，《法学研究》2020 年第 6 期。

❷ 何渊：《论行政协议》，《行政法学研究》2006 年第 3 期。

❸ 徐键：《论行政协助的协议化——跨区域行政执法的视角》，《浙江社会科学》2008 年第 9 期。

❹ 据不完全统计，京津冀地区府际环境协议如：《天津市人民政府　河北省人民政府加强生态环境建设合作框架协议》(2015)、《京津冀区域环境保护率先突破合作框架协议》(2015)、《京津冀污染防治强化措施实施方案》(2016)、《京津冀及周边地区大气污染防治方案》(2017)。长三角地区府际环境协议如：《江苏盛泽和浙江王江泾边界水域水污染联合防治方案》(2002)、《嘉兴市人民政府、苏州市人民政府边境水污染防治联席会议纪要》(2002)、《长江三角洲地区环境保

成为突破地方保护主义和市场壁垒、协调区域间环境利益的新型治理方式。府际环境协议以书面协议的形式确定环境行政合作，为综合联动的环境执法提供了依据，有助于弥补实践短板；以达

（接上页）护工作合作协议》（2008）、10城环保局签署的《"绿色青奥"区域大气环境保障合作协议》（2012）、上海市嘉定区生态环境局与安徽省安庆市生态环境局签订的《生态环境保护战略合作框架协议》（2021）。珠三角地区府际环境协议如：《泛珠江三角区域环境保护合作协议》（2005）、《泛珠江三角区域环境保护合作专项规划》（2005）、《珠中江环境保护区域合作协议》（2009）、《广佛肇经济圈生态环境保护合作协议》（2009）、《粤港政府改善珠三角空气质素合作框架》（2009）、《广州市、佛山市同城化建设环境保护合作协议》（2009）、《深圳市东莞市惠州市界河及跨界河综合治理工作协议》（2010）、《深莞惠机动车排气污染联防联治工作协议》（2011）、《深圳市东莞市惠州市饮用水源与跨界河流水质监测工作一体化协议》（2012）、《泛珠三角区域环境保护产业合作协议》（2013）、《广州河源环境友好合作协议》（2013）、《珠澳环境保护合作协议》（2013）、《深圳市东莞市惠州市大气污染防治合作协议》（2013）、《粤港澳区域大气污染联防联治合作协议》（2014）、《中山珠海两市跨界区域防洪及河涌水污染综合整治合作协议》（2015）、《深圳市东莞市惠州市环境保护与生态建设合作协议》（2015）、《佛山市与中山市共同推进区域协调发展战略合作框架协议》（2015）、《深莞两市加大茅洲河流域污染源环保执法力度框架协议》（2015）、《深港船舶空气污染防治合作协议》（2015）、《深莞两市加大茅洲河流域污染源环保执法力度框架协议》（2015）。其他地区的府际环境协议如：《关于预防与处置跨省界水污染纠纷的指导意见》（环发〔2008〕64号）、《成都经济区区域环境保护合作协议》（2010）、（湘、黔、渝）《"锰三角"区域环境联合治理合作框架协议》（2011）、《半岛流域行政区域边界地区环境执法联动协议》（2014）、《黄河三角洲高效生态经济区行政区域边界地区环境执法联动协议》（2014）、《青岛市行政区域边界地区环境执法联动协议》（2014）、山东《省会城市群行政边界地区环境执法联动协议》（2014）、《长江流域环境联防联治合作协议》（2014）、《烟台、威海行政区域边界地区环境执法联动协议》（2015）、《石嘴山、乌海两市区域环境污染联防联控合作协议》（2015）、《宁蒙环境保护联合执法合作协议》（2015）、《克拉玛依市、塔城地区跨区域环境污染防联控协议》（2015）、《川滇黔三省交界区域环境联合执法协议》（2015）、《粤闽两省跨界河流水污染联防联控协作框架协议》（2015）、《湘赣两省跨界环境污染纠纷处置协议》（2015）、《三水、南海跨界区域环境污染防控合作协议》（2016）、《宁陕加强环境与生态保护合作协议》（2016）、《宁甘加强环境与生态保护合作协议》（2016）。

成合意的方式固定环境利益，避免权力冲突，能够充分保障市场效能和环境治理效果；通过自愿履行的方式约束当事人，避免合作受阻，是地方智慧在环境治理实践中的体现。

从主体来看，府际环境协议的主体应当是具有法定环境保护职权且互不隶属的行政机关，包括政府和环境保护职能部门。因此，可以类型化为横向主体之间的府际环境协议和纵向主体之间的府际环境协议，横向主体又可以区分为地方政府之间签订的环境协议，如天津市人民政府和河北省人民政府签订的《加强生态环境建设合作框架协议》，以及环境保护职能部门之间签订的环境协议，如上海市嘉定区生态环境局与安徽省安庆市生态环境局签订的《生态环境保护战略合作框架协议》。而纵向主体既然不能相互隶属，那么只能由政府与其他地区的环境保护职能部门签订环境协议，但有学者指出，"各职能部门在本级政府与外地政府缔结协议以前，原则上不宜与辖区外行政机关缔结合作协议，如缔结协议的，应经本级政府批准"。❶

这里还涉及两个重要问题：中央政府能否作为环境协议的主体？党组织能否作为环境协议的主体？

从区域政府合作协议的前提条件来看，"互不隶属"排除了中央政府。但在实践中，中央政府及其职能部门存在参与区域性协议的缔结过程的现象，❷ 如环境保护部与山东省人民政府签署《环境保护战略合作框架协议》。❸ 中央政府本身不能与地方政府签订对等性的环境协议，即便参与，也理应将参与限度限缩于中央政

---

❶ 叶必丰等：《行政协议——区域政府间合作机制研究》，法律出版社，2010，第9页。

❷ 何渊：《区域性行政协议研究》，法律出版社，2009，第41页。

❸ 中央政府门户网站：《环境保护部与山东签署环境保护战略合作框架协议》，2011年6月17日，http://www.gov.cn/gzdt/2011-06/17/content_1886547.htm。

府作为上级机关在程序上的确认、审批和备案。但结合现代合作行政的发展趋势，而且从生态环境损害赔偿诉讼中的磋商来看，行政机关与行政相对人虽然是管理与被管理的关系，却可以通过平等协商的方式达成协议，央地合作、政企合作日益频繁。同样地，虽然在党政分离的要求下，大多数学者认为党不能与行政机关签订环境协议，❶ 但当下党组织在环境治理中的作用凸显，党政同责等类似制度举措取得了极大成效。

在性质上，虽然府际环境协议"既区别于民事合同、行政合同，又区别于具体行政行为"，❷ 但其本质是行使行政权的特别方式，因此府际环境协议的缔结必须在法律框架内进行，符合职权法定原则和法律优先原则，不得违反法定的职权内容、不得违反法律。根据法律保留原则，府际环境协议并无法律规定或法律授权。在积极行政、给付行政和服务型政府大力发展的背景下，传统的法律保留原则早已受到挑战。鉴于府际环境协议是在缺乏跨区域协调机构的前提下，以私法上的合意契约融入高权行政来缓解科层制弊端，促进区域环境保护一体化的补充性治理创新，伴随着我国环境治理任务的现代转变，府际环境协议在事实上为国家所鼓励并认可，作为区域合作协议，它是"一种新的公法治理规范"。❸

在效力上，府际环境协议的对等性、合意性和非强制性决定了它区别于压力体制下羁束性行政规范的效力。首先，府际环境协议能对协议当事人产生效果，效力基础可以是行政机关必须遵

❶　叶必丰：《我国区域经济一体化背景下的行政协议——以长三角区域为样本》，《法学研究》2006 年第 2 期。
❷　叶必丰：《区域合作协议的法律效力》，《法学家》2014 年第 6 期。
❸　陈光：《区域合作协议：一种新的公法治理规范》，《哈尔滨工业大学学报（社会科学版)》2017 年第 2 期。

循的诚实守信原则。其次，宪法、环境法律、环境行政法规和地方性环境法规的效力等级高于府际环境协议；地方政府间环境协议的效力高于地方政府规章及其他规范性文件；地方政府与环境职能部门间、环境职能部门彼此间的环境协议的效力低于地方政府规章及其他规范性文件；环境职能部门间环境协议的效力高于自己制定的规范性文件。❶ 府际环境协议是为更好地履行职权而签订的，必然具有对外性，那么它能否突破合同的相对性，约束公众？

涉及第三人利益的合同可以突破相对性，而府际环境协议涉及环境公共利益，如果可以参照适用合同法原理，府际环境协议可以约束公众。因此"涉及公众权利义务的区域合作协议，经立法程序或有利害关系的公众同意，具有直接规制力；经组织机构实施或通过行为法机制，对公众具有间接规制力"。❷ 为保证府际环境协议不损害环境公共利益，符合为他人设定义务须征得同意的要求，必须以信息公开和公众参与的方式监督府际环境协议的形成过程。

府际环境协议的缔结目的是整合行政资源，降低环境行政成本，简化跨区域行政协助的程序，提高行政效率，内容以专项污染防治和综合性环境保护为主。但在实际效果上并不理想，究其原因，在于规范性不强、缺乏责任条款约束、公众参与度不高，这些因素制约了协议履约。

首先，府际环境协议的依据多为政府规划纲要、国家行动计划和战略政策，且在职权关系、合作条件、执行措施、费用负担、履约保障方式、信息公开与公众参与的规定上并不统一，具有临

---

❶ 王菁：《区域政府合作协议研究》，博士学位论文，苏州大学，2015，第124页。
❷ 叶必丰：《区域合作协议的法律效力》，《法学家》2014年第6期。

时性和随意性。❶ 其次，府际环境协议的协商谈判是行政机关之间的斡旋过程，利益博弈往往需要在兼顾本地（部门）利益的基础上作出让步，当地方（部门）利益发生冲突而各利益方难以作出让步时，行政机关很可能会婉拒行政合作，因此，府际环境协议必须对拒绝情形明确加以规定，才能保证拒绝事由的合法性和正当性，增强可预测性和合作义务的适法性，从而以约定义务代替法定义务。此外，除了环境补偿协议之外，大多府际环境协议都不涉及责任和救济条款，这无疑会制约履约效果，无论是交由共同上级处理，还是通过联席会议制度解决，❷ 府际环境协议都需要对此予以明确。最后，府际环境协议不仅涉及不同环境利益的协调，还关涉整体环境利益的增进，需要被纳入信息公开事项范围接受监督，并通过公众参与保障环境公共利益、监督行政权的合法合理行使。

三、司法适用机制中的识别：环境案件的分流与整合

环境案件涉及多种诉讼形态，传统审判庭与环境法庭或环境法院在处理环境纠纷时常具有交叉性，对案件性质和内容的理解不同，使有些地方的环境法庭无案可审，而有些地方的环境法庭却堆案如山。许多地方虽然在大力推行"三审合一""四审合一"的审判模式，但仅在形式上实现了混合，并未真正按照环境案件的特点进行整合。要摆脱规范适用机制中环境司法的内生困境，必须有效识别环境案件并对其进行分流和整合，让环境诉讼进入

---

❶ 如《天津市人民政府、河北省人民政府加强生态环境建设合作框架协议》《三水、南海跨界区域环境污染防控合作协议》缺乏合作原则、合作目的条款，《粤港澳区域大气污染联防联治合作协议》未规定合作机制，等等。
❷ 如《"锰三角"区域环境联合治理合作框架协议》规定，发生纠纷时，召开联席会议协商处置。

环境法庭的过程回归理性。

涉及环境要素的案件可以统称为环境案件，包括环境私益案件和环境公益案件。由于环境侵害是通过环境污染和生态破坏的中介行为对人身和财产造成的间接侵害，对生态环境的损害是直接的，对人身权和财产权的侵害是附加的，识别环境案件是发现环境案件根本特质的过程，可以通过在环境纠纷中体现出的事实集成和利益集成进行。

"集成"是系统性概念，也叫"系统集成"，最早出现于计算机领域，因计算机联网和信息处理的需要而产生，国内外对此尚无一个统一的定义。❶ 有学者认为集成就是把一个非常复杂的事物的各个方面综合起来，集其大成。❷ 集成的本质就是将一些孤立的事物或元素通过某种方式改变原有的分散状态，集中在一起，加强各元素之间的联系，从而聚合形成一个集约度较高的有机整体。环境事实或环境利益就是一个集合体，但并非无个性的同类集合，而是按照一定的目的或要求，将相互独立但又存在关联的各部分聚合到统一协调的环境法系统中，形成在单元基础上结构化的综合体。

（一）通过环境事实集成的案件识别

以化约后的结构进行分析，足以说明现代社会环境事实的集成性问题。根据图 4.2，环境法直接评价和规范的对象主要是行为人 A 作出的环境事实行为①，但并非所有的环境事实都能够被评价为法律事实而将其纳入环境法的现代调整机制，只有当行为人的环境行为对其他环境事实有潜在影响或影响的可能性的时候，

---

❶ 左晋佺：《系统集成概念范畴研究》，《现代情报》2012 年第 3 期。
❷ 戴汝为主编《智能系统的综合集成》，浙江科技出版社，1995，第 22 页。

人与生态环境的自然关系才有可能转化为人与人之间的社会关系。由于人的生产、生活总是离不开生态环境，法律允许行为人 A 在适当限度内的需求得到满足，即人 A 的行为作用于生态环境，生态环境反作用于人 A 的过程，为了控制事实行为①作用于生态环境对其他环境事实可能产生的潜在影响，行为人 A 需要在法律规定的范围内行为，环境行政主管机关为实施法律，通过环境法行政调整方法与行为人 A 之间存在管理与被管理的环境法律关系，典型例证如总量控制、合理的资源开发等。

此时环境司法的介入只可能存在于对行政机关进行法律监督的情形中，行政机关在环境管理过程中的不作为或乱作为会受到环境司法的法律评价，但是我们还暂时无法确定符合上述行为模式的环境诉讼是普通的行政诉讼还是环境行政公益诉讼。

当事实行为①对生态环境的影响超过一定限度（不是违法意义上的限度）时，受影响的生态环境就无法正常发挥环境功能，导致事实行为①直接影响行为人 B 需求的满足，即人 A 的行为作用于生态环境，但生态环境反作用于人 B 的过程；或事实行为①间接影响行为人 B 需求的满足，即人 B 的行为作用于生态环境，生态环境反作用于 B 的过程由于人 A 的行为而受到影响。此时会出现三种情形：（1）行为人 B 的需求得到满足；（2）行为人 B 的需求无法被完全满足；（3）行为人 B 的需求得不到满足。虽然在第二个环境事实中，B 的需求能够被满足或被部分满足，但生态环境受到的影响会在接下来环境事实的累积过程中逐渐叠加，生态自然的承载能力和修复能力是有限的，许多自然资源具有稀缺性和不可再生性，许多生态破坏具有不可逆性，环境事实的累积是连续的，环境需求的满足却无法永远保障，可持续发展将事实累积扩展至后代人的环境需求，环境法就是对人们满足其需求能力的重要保证。当个人的环境需求到了无法被满足的程度时，环境功能衰退的问题就已经上升为集体利益或国家利益甚至人类利益的层次，生态环境的四种功能并不止对某一个人产生作用，个人与生态环境的关系就转化为人与生态环境的整体关系。

因此，各环境诉讼在性质上的分类变得清晰：（1）从保护环境公共利益的角度出发，行政机关的环境管理被赋予保障生态环境功能的意义，对于行为人 A 的事实行为①，行政机关不合法、不合理的管理行为可能会对环境公共利益造成损害。检察机关根据监督职能，对这种环境案件以行政机关为被告提起的环境诉讼就是环境行政公益诉讼。（2）在行为人 A 的行为作用于生态环境，而生态环境反作用于人 B，并损害人 B 的生命、健康、财产的联系链中，环境事实的累积过程朝着行为人 B 的利益遭到严重损害的方向发展，最终结果是最显化的，此时行为人 A 的环境事实行为①就被评价为环境侵权行为，由民法调整，针对该行为提起的诉讼为环境民事诉讼。（3）当行为人 A 的各种条件符合犯罪构成要件时，由刑法调整，这种环境诉讼为环境刑事诉讼。

由于环境民事公益诉讼与环境私益诉讼中的案件事实十分相近，环境民事公益诉讼的案件识别无法根据事实集成得出结论，只能通过可以将二者进行根本性区分的要素展开分析，即环境利益。

（二）通过环境利益集成的案件识别

环境利益集成是指个人环境利益与公共环境利益，即私益和公益的集成。多元环境主体决定了环境利益具有多面性，但不能认为环境利益的公共性意味着公共环境利益可以简单还原为个人环境利益，也不能认为环境公益就是环境私益的简单相加。环境私益往往与个人环境权利的行使或环境义务的承担相互关联，环境公益本身属于社会公共利益的范畴，个人环境行为必须以不损害社会公共利益为限，对环境公益的维护也必须限定在法律规定的范围之内。

权利和利益虽然紧密相关，但二者绝不能简单等同。利益法学派的一些学者如耶林、赫克等将权利视为利益，在某些情况下，权利和利益具有一致性，但利益的价值特征使其具有极大的不确定性，而权利本质是体现自由意志的选择活动，这种选择常常会涉及权利人的利益，可以选择实现也可以选择放弃，权利有它自己的正当性演化过程，不以功利的结果为基础。公民权利不可能与国家、社会、集体权利相冲突，但可能与国家、社会、集体利益相冲突。[1] 权利人的行为和义务人的行为都可能指向权利人的利益，换言之，义务人为维护权利人利益实施的行为绝不等于行使权利。

根据图4.2和图6.4，积极型环境法律关系中权利人的环境利益②是由义务人作用于环境的行为①实现的，权利人的行为只起辅助作用，义务人为了满足权利人利益的活动和消极型环境法律关系的权利人为满足自身利益②的积极行为①，不得损害他人作用于环境的行为③及其利益④，也不得损害他人的人身、财产权利⑤。当④聚合而成普遍性利益的时候，就形成了多数人的环境利益。因此，环境利益④既有私益的内容也有公益的内容，从这个层面看，保障环境私益符合维护环境公益的要求，具有最终的社会意义。环境民事公益诉讼虽然是为了保护社会公共利益而设立的诉讼制度，但其本质上也隐含了保护环境私益的内容，而环境私益诉讼也能在一定程度上起到间接保护环境的作用。

---

[1] 马岭：《利益不是权利——从我国〈宪法〉第51条说起》，《法律科学（西北政法大学学报）》2009年第5期。

环境民事公益诉讼是对社会公共利益的保护，那么它在功能上是否能够涵盖私益诉讼？答案是否定的。边沁认为，共同体由个人组成，共同体的利益就是组成共同体的各成员利益之总和。❶德国学者纽曼将利益分为"主观的利益"和"客观的利益"，分别指团体内成员间直接的利益和超越个人利益的目标，进而认为"公共利益"是"不特定多数人的利益"❷。"不特定多数人"既是确定的概念也是非确定的概念，确定性在于指向的人群集体是确定的，国家可以受益者数量来确定公共利益，从而将个人利益的保护与维护公共利益相结合。不确定在于范围的不确定性，这将直接导致"公共"的概念模糊，使国家所维护的公共利益成为一种抽象的社会秩序。从"公共利益"的经典定义中可以看出，对环境公益的维护并不必然是对环境私益的保护，当公共利益指代现代社会秩序时，维护环境公共利益就无法将具体的私益内容纳入其中。因此，针对同一环境案件中的相同环境违法事实，环境民事公益诉讼与环境民事私益诉讼是可以同时分别提起的。广义的"公共利益"包括国家利益、社会利益，狭义的"公共利益"仅指社会利益。将国家利益简单等同于社会公共利益的观点，实质上是忽视了权利和利益的区别，国家保护社会公共利益是国家的职责所在，不能认为社会公共利益是国家利益而可以放弃。1982年《宪法》中的"国家的、社会的、集体的利益"是中国式的权利但书，它是改革开放初期的时代产物，2004年修宪时的"公共利益"具有与时俱进的某些特征。❸ 环境民事公益诉讼由符合特

---

❶ [英] 边沁：《道德与立法原理导论》，时殷弘译，商务印书馆，2000，第58页。

❷ 陈新民：《德国公法学基础理论（上册）》，山东人民出版社，2001，第185—186页。

❸ 马岭：《利益不是权利——从我国〈宪法〉第51条说起》，《法律科学（西北政法大学学报）》2009年第5期。

定条件的社会组织和检察机关提起，再经法院严格的裁判程序判定环境私益是否需要让步于环境公益，环境民事公益诉讼实际上是要求法院在原告所代表的公益与被告所代表的私益之间作出权衡。

《中华人民共和国宪法》第 51 条❶揭示了个人权利与公共利益、其他个人权利之间的关系：一方面，社会没有具体的对应物，但往往代表了不特定多数人的利益，社会利益既是每个社会成员的个人利益，也是社会整体的秩序性利益，公民作为个体成员在行使权利的时候不能侵害他人私益和共同体整体的公益。另一方面，整体利益高于个人利益也有其限度，社会整体利益优于个人利益时，指的是个人利益性的权利，不是个人自由性的权利，是法律意义上的社会利益，不是道德意义上的社会利益。❷ 在环境民事公益诉讼中，当法院以公正原则经合法程序，认定违法行为人因作用于生态环境的环境行为而侵害了社会公共利益时，被告利益性的权利就会被限制，法律意义上的环境社会利益得到维护，但在单个权利作出让步的同时不能剥夺其他权利，被告的上诉权、申请回避权等其他合法权利仍然受到保护。

综上，当行为人的环境行为污染、破坏了生态环境，同时造成了人身、财产损害时，审判机关的选择取决于环境案件的不同性质和当事人的诉讼请求。符合条件的诉讼主体若提起的是环境民事私益诉讼，则由民庭审理；若提起的是环境民事公益诉讼，则由环境法庭或环境法院审理，提起环境刑事诉讼的由刑庭审理，包括刑事附带民事公益诉讼也由刑庭审理。当行为人的环境行为

---

❶ 《中华人民共和国宪法》第 51 条。
❷ 马岭：《利益不是权利——从我国〈宪法〉第 51 条说起》，《法律科学（西北政法大学学报）》2009 年第 5 期。

污染、破坏了生态环境，尚未造成人身、财产损害，但对不特定
其他人的环境事实的形成产生了直接或间接影响时，一律由环境
法庭或环境法院审理，包括环保组织提起的环境民事公益诉讼和
检察机关提起的检察环境公益诉讼。环境行政公益诉讼都由行庭
审理。生态环境损害赔偿诉讼适用判定环境民事公益诉讼的审判
原理，污染、破坏了生态环境，尚未造成人身、财产损害，但对
不特定其他人的环境事实形成产生了直接或间接影响，由环境法
庭或环境法院审理。

四、监督保障机制中的反馈：环境法律信息的正负效应

"反馈"作为一个专业术语是控制论的内容，● "信息反馈是
信息论中的重要内容，它是指把系统的输出信息返送回系统的输
入端，并以某种方式改变输入，进而达到对原系统控制的目的"。●
法律信息反馈是法律调整机制中联结各环节的枢纽，● 环境法现代
调整机制的运行是部分与部分、部分与整体之间相互作用的过程，
机制之间的交互影响使法律信息反馈以多向度反哺的形式出现，
各种反馈至环境法律规范创制机制中的法律信息最终将促进创制
机制的自我完善，从而避免环境法现代调整机制的运行僵化，使
其更加适应时代的发展和社会的变迁。从环境法现代调整机制的
运行过程来看，环境法律信息由规范创制机制流向其他机制，最
终又回到规范创制机制当中，形成了一个大的循环回路。如果将
环境法律规范创制机制视为主体，则环境法律信息将始终经历着
不断输出和输入的循环过程。

---

❶ 袁世全、冯涛主编《中国百科大辞典》，华夏出版社，1990，第66页。
❷ 陈沅江等：《安全信息反馈及其实效机制》，《中国安全科学学报》2020年第12期。
❸ 王天木主编《法理学》，中国政法大学出版社，1992，第185页。

（一）环境法律信息的输出和输入

环境法律规范的创制机制作为首要环节，对环境法现代调整机制的运行起基础性作用，环境法律规范的创制机制启动了环境法律信息的流转，不仅与其他机制相互影响，还受到作为有机整体的环境法现代调整机制的影响。环境社会关系受环境法调整后成为环境法律关系，社会信息被环境法律规范的创制机制转译为法律信息，经过环境法律创制机制的整合后，法律信息以环境权利和义务关系为载体进入环境法现代调整机制的下一环节，完成环境法律信息由环境法律规范创制机制向环境法律规范实施机制的输出。

环境法律规范的实施机制通过实施环境法律对法律信息进行加工，使加工后的结果信息继续流向下一环节。这种"输出"并非真正意义上的信息输出，而是将原本附着于环境权利和义务关系之上的法律信息以另一种形式向后传递，因为实施机制对创制机制中流出的环境法律信息进行的处理和贯彻始终在"权利/权力—义务"结构中进行，本身并不生产新的环境法律信息，在正向信息流中，实施机制只是以个别化的调整方式保证环境法律信息的流动进程。

环境法律规范的创制机制以非常特殊的方式向环境法律规范的监督保障机制"输出"法律信息。环境法赋予监督主体环境监督权，最终指向的是环境法现代调整机制的整体或部分环节能够合法运作，所有的环境法律保障内容也只是为了使环境法的现代调整机制能够更高效运转。环境权利和义务关系在监督保障机制中被现实化、稳定化，形成一定的环境法律秩序，环境法律信息被转化为目的信息，环境法律调整的过程终结，法律信息正向流动即告终止。因此，环境法律规范创制机制中的法律信息进入监督保障机制的过程是一种直接的但并不完整的信息流动过程，还需要以一种先行为为参照，检验环境法现代调整机制的运行状况，如果没有现实的创制和实施活动，就不可能存在被监督和保障的对象（见图6.3）。

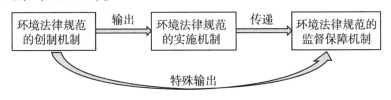

图6.3　正向法律信息流

在环境法律规范的创制机制中，社会信息转化为法律信息的过程，实际上是输入的社会信息经环境法筛选、提取、整合后形成环境法律信息的过程，即环境法律规范创制机制的信息输入过程。而环境法律信息由规范创制机制输出后，跟随环境权利和义务深刻影响着其他机制的运行，其他机制在运行过程中对环境法律信息的转化可能会形成新的法律实践，这种法律实践对应着社会系统中的客观实际，是环境法在系统内部对社会系统的映射，非国家的社会主体通过角色转换在环境法系统内部产生新的环境法律信息，如果新的法律信息与规范创制机制输出的法律信息之间存在信息差，那么这种新的法律信息就会沿着反馈链重新回到环境法律规范的创制机制，以保证系统的稳定，这个过程就是环境法律信息的反馈。

（二）环境法律信息的正负反馈效应

环境行政对规范创制机制的信息反馈往往是负反馈，即阻碍机制运行的环境法律信息，如国家机关滥用权力、怠于行使职权或腐败等现象。但是在我国环境行政领域存在诸多示范、试点的情况下，环境行政执法方式的革新等都会形成新的环境法律信息，以正反馈的形式进入环境法律规范的创制机制。环境司法领域在疑难案件中的讨论空间也会促进环境法律信息的正反馈效应。

环境法律信息反馈是保证环境法兼具稳定性和发展性的特别形式，正反馈和负反馈都是环境法律信息的反馈形式，共同实现环境法律对社会关系的控制，正反馈得以强化环境法律关系，推动正向的信息流动；负反馈则可以抵消无序因素，提升规范创制机制的自我完善速率。无论信息反馈的频率如何、反馈的信息量有多少，信息通道都可以是多元的，但是反馈媒介只能是环境法律关系。如果说环境法律规范的实施机制对规范创制机制的信息反馈是直接的，那么环境监督保障机制对规范创制机制的信息反馈就是间接的（见图6.4）。

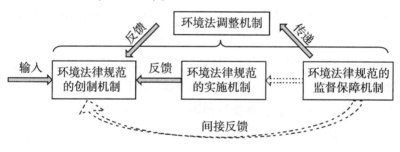

图6.4　法律信息反馈流

（三）监督保障机制中的反馈

假设环境法律规范的监督保障机制与规范创制机制之间可以进行直接的信息反馈，凡是影响法律实现效果的问题就都可以通过立法来解决，就会陷入环境问题无节制地依赖立法的怪圈。直接的信息反馈通道在环境法律信息进入规范监督保障机制前就已经因信息流动结束而关闭，但是由于环境法律规范监督保障机制本身的效能不同，形成于其中的环境法律信息经由作为整体的环境法调整机制反馈至规范创制机制中。因此有学者认为，"法律信息的反馈，是以法律调整的效果为依据控制法律调整进行的过程"。❶ 环境法律规范的监督保障机制所传递的法律信息是使环境法调整机制合目的地运作，从而纠正整体机制的运行偏离，这个矫正偏差的法律信息在环境法律规范监督保障机制中，以环境法律关系的最终现实样态为依据，是在剔除熵增无效信息后自我产生的新的信息，因此结果信息又将作为原因反馈至环境法律规范的创制机制中，在环境法律调整过程结束后，根据既定秩序目标对机制的运行进行监督和完善，完成信息正反馈循环过程。

环境法律信息反馈以往复循环的模式实现环境法现代调整机制的内部进化，是环境法现代调整机制最低成本的自优化方式。多传感的信息反馈手段也是环境法律规范创制机制自我完善的绝佳渠道，这种自我完善过程就体现为环境法律规范创制机制对反馈信息的规范性表达，包括但不限于以下三种方式：

（1）扩充环境法现代调整机制的对象范围。监督保障机制能够通过对环境法现代调整机制的整体运行过程及其运行效果的观察，实现对环境法现代调整机制调整对象范围的扩充。一个现象能否作为社会信息被规范创制机制转译为法律信息，进入环境法现代调整机制，在于它在环境社会关系中占据何种地位以及被转化为环境法律关系的可行性，并不是所有涉及环境要素和环境问题的社会现象都能被纳入其中。监督保障机制的功效不仅在于确定调整对象范围扩充的边界，保证该过程的合法性和合理性，更在于保障信息输入的有效性。环境法调整机制对象范围的扩充要求主要源自社会信息向环境法律规范创制机制的有效输入，有效性不能单凭立法者的主观意志来确定，更无法依靠规范实施机制，

---

❶ 范健主编《法理学——法的历史、理论与运行》，南京大学出版社，1995，第245页。

只能由监督保障机制根据环境法现代调整机制运行状况加以评判，并对立法活动进行监督和保障。环境法现代调整机制的对象是人与人之间的环境社会关系，这是环境法现代调整机制区别于其他法律调整机制最重要的特征。环境法现代调整机制的优势就在于，新情势下的社会信息复杂性累积更容易实现，当一个社会信息累积到一定程度时，社会发展的迫切要求被监督保障机制搜获识别，将该信息传递至环境法律规范创制机制中，再经规范创制机制转译为环境法上新的权利和义务关系，这时我们才能说环境法现代调整机制的调整范围被扩充了。

　　例如，土壤是土地最重要的组成部分，其与水和大气并称为三大环境要素，土壤资源的重要性不容置疑，土壤污染的人为原因长久存在，中国的土壤环境状况也一直不容乐观，绝不能简单地以补缺逻辑看待 2018 年《中华人民共和国土壤污染防治法》的出台。社会信息向法律信息转化并非一蹴而就的过程，包含着大量对权利和义务的具体安排以及与其他环境法律的衔接问题，土壤立法既要保护清洁土壤，改善土壤环境，还要对受到污染的土壤进行风险管控，修复和整治已经受到污染的土壤。我国于 2006 年就启动了土壤立法的起草研究工作，历时 12 年才得以出台，不仅说明了立法实际存在的客观困难，更反映了土壤社会关系向土壤法律关系转化的不易。

　　环境法现代调整机制调整范围的扩充要求虽然主要源于社会信息的输入，经常也会体现对其他反馈通道中信息的考量。如在国家江河战略实施的背景下，以法律手段保护长江、黄河是保障流域健康发展的客观要求，我国多年的管理经验为社会信息积累提供了条件，在现有立法无法满足实际需要的情况下，《中华人民共和国长江保护法》和《中华人民共和国黄河保护法》的出台一方面将有效的社会信息转译为法律信息，另一方面回应了规范适用机制中的负反馈信息，打破了"九龙治水"、各自为政的管理体制。

（2）扩展环境法影响社会关系的方法。监督保障机制还能推动法律影响社会关系的方法的扩展。除了前文提到的方法创新扩展思路之外，还可以在环境权利和义务关系中实现方法上的创新，如从对环境权利人的资格限制和利益限制出发，全面建立环境征信制度。环境征信是对权利的限制，在有关环境义务和责任规定的基础上，可以对环境法律关系的主体（主要是企业和个人）的资源获取资格进行限制，剥夺或控制相关主体基于生态功能获取的物质或非物质利益。

目前我国已经初步建立了由环境监管部门主导的企业环境信用评价制度，企业常被认为是污染环境、破坏生态的主要行为主体，环境信用制度将企业环境信用作为企业环境行政审批、市场准入、资质审核等事项的评价要素，以督促企业进行自我规制。我们往往过于注重企业环境行为对生态环境的破坏，而忽视了公民个人环境行为对生态环境的影响。尽管个人环境行为较企业、环境主管部门的环境行为而言对生态环境的影响微弱，但在庞大的人口基数面前，很多情况下，个人环境行为的叠加效应是不可小觑的。将公民的环境行为纳入环境信用制度，可以使公民的环境行为更符合现代环保要求。因此，需要探索实施针对公民个人的环境信用制度，限制公民以精神性和享受性功能为基础的生态环境利益，如对进入国家公园、风景名胜区的环境失信人员提高票价或增收服务费，又如限制其购买机动车等影响生态环境的行为的资格等，以柔性培育的方式让渡部分个人环境利益。但是此种对权利或环境利益的限制，必须以合法的制度措施明确具体情形和限制边界，并严格适用。

（3）完善环境公益诉讼制度。由于环境法并没有专门的诉讼程序，在涉及环境要素的案件中，国家司法机关在适用法律时对法律的具体应用问题所作的解释，无论是具有普遍约束力的解释还是不具有普遍约束力的解释（包括指导案例❶），并非都是对环境法律信息的处理，有的案件可能并不涉及环境法律关系。面对输入的环境法律信息，司法机关实际上处于无力抉择的境地，凸显出诉讼规则滞后于法治进程的现象。

一方面，在简单案件中，法院可以根据法律演绎和证立过程实现对法律的认识，但往往环境法律规范和环境案件事实的关系并不都是有章可循的，选取的规则不同、对规则的解释不同，同一案件就可能出现完全不同的裁判结果。环境案件事实与环境法律规范的适切程度决定了法官自由裁量权的大小。在复杂案件或疑难案件中，案件事实没有可对应的法律规范或者法律规定模糊、冲突，都会使法律逻辑三段论失效。环境法主体的拓展、对象的延伸和法律关系内容的扩充，加大了司法适用的难度。因此，价值填补是理性发挥作用之地，其既包括客观的法治理性，也包括主观的经验理性，可以帮助法官界定并区分疑难案件，以法治观指引个别化方案的异同界定何为疑难案件，再进一步区分为何种疑难案件。因法律分歧产生的疑难案件就依赖于法官主观能动性的发挥，结合法官的自身经验实现规则的空间延展，法官需要在法律规定不清晰、不同法律规定相冲突、法律尚未规定等不同情形下索引规则，利用法律解释、利益衡量、

---

❶ 最高人民法院、最高人民检察院的有关负责人就最高司法机关发布的《关于案例指导工作的规定》答记者问表示，我国的案例制度是最高司法机关运用案例的形式解释法律规则的准确含义、指导司法机关正确适用法律的工作机制，是总结法律经验而非"造法"机制。刘克毅：《法律解释抑或司法造法——论案例指导制度的法律定位》，《法律科学（西北政法大学学报）》2016年第5期。

法律发现等创制性方法弥补规则与事实的"裂缝",利用经验理性进行司法续造。对这类案件的讨论和处理就会促进信息反馈,将司法机关在实践中累积的信息反馈至规范创制机制,促进环境法的修改,使原本作为环境"疑难案件"的司法活动有法可依,推动环境公益诉讼制度以方兴未艾之势继续发展,带动相关法律的修改。

另一方面,诉讼文书和证据勾勒出的环境事实并不是法律上的真实事实,而是夹杂着当事人对事实主观加工的评价部分,这种事实确认需要法官提前预判规则需要的事实构成,再根据规则指引,利用专业判断对其进行限缩或扩充,进而过滤掉案件事实中无规范意义的因素,通过举证责任和证据客观性、关联性、合法性、证明力等规则进行事实确认,形成甄别后的环境法律事实。

因此,环境公益诉讼中法律认识的问题在一定程度上依赖于监督保障机制,尤其是对司法审判人员的能力保障机制,必须提高审判人员的专业素养,以推动司法水平和司法能力的现代化建设。将由此产生的新的法律信息反馈至环境法律规范创制机制中,就是对环境技术法官制度的探索,类比知识产权技术调查官制度,参照《最高人民法院关于技术调查官参与知识产权案件诉讼活动的若干规定》,出台相关规定,尝试指派环境技术法官参与环境诉讼,进行环境技术事实的查明,以环境技术调查意见作为参考,助力环境审判更加科学、公正。结合人民陪审员制度、专家证人制度、司法鉴定评估制度,建立复合型环境审判团队,逐步实现环境司法人员的专门化。

上述分析中暗含的另一个反馈信息是环境司法对专门审判程序的迫切需要。实践中,还原环境公益诉讼案件事实最困难的部分在于证明阶段，与其他社会事实不同，环境社会事实并不是人与人之间直接的交往关系。在图 4.2 中，行为人的 A 环境事实行为直接作用于生态环境，而不是 B，行为人 B 受到的影响也直接来自生态环境，而不是 A。不同环境事实之间虽然存在联系，可一旦进入司法救济阶段，环境公益诉讼所依附的传统诉讼规则只能以特殊规则的形式处理环境问题，适用举证责任倒置的规则。举证责任倒置的确可以解决环境案件中的一部分问题，可在环境公益诉讼中，实效并不明显。除固定和获取环境公益诉讼案件中的证据十分困难之外，由于环境要素的多样性和自然环境的复杂性，以及环境问题的潜伏性，行为和结果之间的关系其实很难被发现。为了深化新时代环境司法体制改革，有必要建立专门的环境诉讼程序性规则，健全环境司法权力的运行机制，并以此来破除制约环境司法的制度性障碍，提高司法公信力，实现程序正义。

结语：环境法现代调整机制在砥砺中前行

　　环境法现代调整机制是一个体系庞杂、内容繁多、理论艰深的宏大议题。虽然与环境法调整方法相比，环境法调整机制更加综合、系统、全面，但是就整个机制体系而言，环境法调整机制的现代性问题却仍然不够清晰。一切关于环境法现代调整机制的讨论如果无法还原至环境法律关系这个内核上，相关研究将无法继续。为避免陷入单一的认知陷阱，环境法现代调整机制的内容需要被尽可能地铺展开，将它视为各要素和环节的有机统一，使这个巨系统在逻辑上连贯的同时，能围绕环境法的特殊性在事实上有顺承关系。环境法治与环境法各调整机制的对应关系，刚好沟通了理论与实践，与环境法现代调整机制的相关问题才得以远离概念驱使下的僵化。

　　"现代性诱发了环境问题，也孕育了环境转向。"❶ 当环境问题累积到能够被人们重视的程度时，

---

❶ 赵闯：《现代性重拾、环境转向与治理：一个价值共存的视角》，《中国地质大学学报（社会科学版）》2022年第1期。

原本混同的经济效益和环境效益就被社会性区分，环境法的出现将这种二分制度化，风险开始进入人们的视野。环境风险在时间与社会层面是共生共进的关系，法律处理的是"时间维度与社会性维度之间的张力关系"❶，即便在这个问题中引入规范要素，社会中依然装载了过剩的毒害物，现代环境风险无法通过旧的制度化方案予以回应，环境问题在时间、空间上形成的统摄性关联，增加了社会总体的环境威胁，人为确定风险的极限值就成为退路，环境法传统调整方法对于环境问题的协同效应观照不足，对环境风险的现代化挑战望而却步。

随着时代的变迁，社会复杂性急剧增加，根植于工业化的环境问题牵涉着社会的各个领域，一种新的价值在"现代"这个时间节点上孕育而生，经济利益与环境利益又在现代被重新整合。现代社会追求的生态文明形态对传统秩序造成了全方位的冲击，大刀阔斧的改革和亦步亦趋的调适充斥着整个环境法现代调整机制。曾经被认为是私法领域的问题进入公法视野，过去由公法占领的绝对高地也出现了私法的身影，发展势头正猛的环境法将公私调整交错融合，开启了保护生态环境的新纪元，推动环境法治走向新的发展阶段，环境法的现代调整机制表现出与传统方法完全不同的结构，这种空前的变化令人瞠目结舌。

环境法调整机制的现代蜕变使社会与生态在制度上的依存关系加强，基于政策试点的循证逻辑增强了环境法现代调整机制的实践品格，法律制度上的推陈出新成为突破封闭的关键，系统整体思维下的协同合作已成为现代社会的共识。但实现超越绝非易事。

---

❶ ［德］尼克拉斯·卢曼：《风险社会学》，孙一洲译，广西人民出版社，2020，第162页。

现代国家治理任务不断加重，环境治理虽然重要，但也仅为国家治理任务中的一项。环境行政责任的不断强化似有挫败官员积极性的趋势，面对完不成的指标，出现了许多无能为力的问题，因此，文牍主义、形式主义蔓延。在福利国家、给付行政日渐发展的洪流中，国家为施治所依之法得到扩充，不再局限于形式上的国家制定法，行政的主权特性消减，"依法行政"得到修正，摆脱了绝对的、消极的、机械的行政观，积极弹性空间增大，"无法律即无行政"的观念已经不复存在。在行政适法性的要求下，党的环境政策甚至环境协议都已在事实上成为行政合法之判定基准，但各种"法"的规范性堪忧。所谓"法不宜轻立，立则必行"，实践中大多环境治理问题并不完全在于法律依据的不完备，相反，彰显部门利益之争的法会造成执行上的混乱，应急式的政策和法律往往会背离一般性的法学理论与基本原则，不仅无法起到应有的调整作用，还会因规则冗余而阻碍法律信息的正常反馈，扰乱环境法现代调整机制的正常运作。

环境司法专门化为保障环境公共利益作出了卓越贡献，但制度规则尚不够精密细致，各地机构设置、集中审理模式并不统一，专门程序性规则缺位，各种类型的环境案件交织，案件分流指南缺失，出现积案如山和无案可审的两极化现象。实践中，环境审判人员因法学专业素养和科学专业水平难以兼备而处于尴尬境地，导致环境审判过于依赖科学鉴定意见，甚至偶有司法代替环境行政管理的越位、超位和过于能动化的现象。再加上社会环保组织起诉的积极性不足，环境案件执行难以到位……公众殷切期待的司法救济效果差强人意。

近来，土壤污染防治、长江黄河保护、湿地保护、能源法等法律相继问世，生态环境法典也指日可待，环境法现代调整机制正循序而行，但还需要积累大量地方性知识和制度应用场景。所谓"企者不立，跨者不行"，任何事物的革故鼎新本身都非一蹴而就，我们不能冀求环境法现代调整机制以激烈的形式进行变革，环境法始终以反思纠偏为生存样式，未来的发展也将以渐进式的困境纾解和缺陷弥合的方式有序推进，逐渐增加递进强度，调适传统与现代之间的内在张力。

参考文献

一、著作

［1］陈海嵩.中国环境法典编纂的基本理论问题［M］.北京：法律出版社，2021.

［2］习近平.习近平谈治国理政：第一卷［M］.北京：外文出版社，2018.

［3］习近平.习近平谈治国理政：第二卷［M］.北京：外文出版社，2017.

［4］习近平.习近平谈治国理政：第三卷［M］.北京：外文出版社，2020.

［5］泮伟江.法律系统的自我反思——功能分化时代的法理学［M］.北京：商务印书馆，2020.

［6］习近平.论坚持党对一切工作的领导［M］.北京：中央文献出版社，2019.

［7］中共中央宣传部.习近平新时代中国特色社会主义思想学习纲要［M］.北京：学习出版社、人民出版社，2019.

［8］周迪.论中央与地方环境立法事项分配［M］.北京：中国社会科学出版社，2019.

［9］吕世伦、公丕祥.现代理论法学原理［M］.黑龙江：黑龙江美术出版社，2018.

［10］张文显.法理学：第五版［M］.北京：高等教育出版社，2018.

［11］中共中央文献研究室、习近平关于社会主义生态文明建设论述摘编［M］.北京：中央文献出版社，2017.

［12］习近平.习近平主席在出席世界经济论坛2017年年会和访问联合国日内瓦总部时的演讲［M］.北京：人民出版社，2017.

［13］谢晖.法学范畴的矛盾辨思［M］.北京：法律出版社，2017.

［14］韩德培.环境保护法教程［M］.北京：法律出版社，2015.

［15］邓海峰.生态整体主义视域中的法治问题［M］.北京：法律出版社，2015.

［16］沈宗灵.法理学：第四版［M］.北京：北京大学出版社，2014.

［17］杜健勋.环境利益分配法理研究［M］.北京：中国环境出版社，2013.

［18］段治文、邢乐勤、王学川.浙江精神与浙江发展［M］.浙江：浙江大学出版社，2013.

［19］罗荣渠.现代化新论［M］.上海：华东师范大学出版社，2013.

［20］余谋昌.地球哲学：地球人文社会科学研究［M］.北京：社会科学文献出版社，2013.

［21］杜祖贻.社会科学的科学本质［M］.上海：上海辞书出版社，2012.

［22］汪劲.环保法治三十年：我们成功了吗［M］.北京：北京大学出版社，2011.

［23］钭晓东.民本视域下环境法调整机制的变革——温州模式内在动力的新解读［M］.北京：中国社会科学出版社，2010.

［24］叶必丰等.行政协议——区域政府间合作机制研究［M］.北京：法律出版社，2010.

［25］周永坤.法理学——全球视野［M］.北京：法律出版社，2010.

［26］何渊.区域性行政协议研究［M］.北京：法律出版社，2009.

［27］侯佳儒.环境法学与民法学的对话［M］.北京：中国法制出版社，2009.

［28］曹明德.环境与资源保护法［M］.北京：中国人民大学出版社，2008.

［29］钭晓东.论环境法功能之进化［M］.北京：科学出版社，2008.

［30］史学瀛.环境法学［M］.北京：清华大学出版社，2006.

［31］陈嘉明.现代性与后现代性十五讲［M］.北京：北京大学出版社，2006.

［32］李挚萍.环境法的新发展——管制与民主之互动［M］.北京：人民法院出版社，2006.

［33］王彬辉.论环境法的逻辑嬗变——从"义务本位"到"权利本位"［M］.北京：科学出版社，2006.

［34］汪劲.环境法学［M］.北京：北京大学出版社，2006.

［35］蔡守秋.调整论——对主流法理学的反思与补充［M］.北京：高等教育出版社，2003.

［36］常纪文、王宗廷.环境法学［M］.北京：中国方正出版社，2003.

［37］杜群.环境法融合论：环境·资源·生态法律保护一体化［M］.北京：科学出版社，2003.

［38］陈慈阳.环境法总论［M］.北京：中国政法大学出版社，2003.

［39］陈新民.德国公法学基础理论（上册）［M］.山东：山东人民出版社，2001.

［40］王树义.俄罗斯生态法［M］.湖北：武汉大学出版社，2001.

［41］袁方等著.中国社会结构转型［M］.北京：中国社会出版社，1998.

［42］王启富、陶髦.法律辞海［M］.吉林：吉林人民出版社，1998.

［43］陈仁、朴光洙.环境执法基础［M］.北京：法律出版社，1997.

［44］范健等.法理学——法的历史、理论与运行［M］.江苏：南京大学出版社，1995.

［45］戴汝为等.智能系统的综合集成［M］.浙江：浙江科技出版社，1995.

［46］《中国环境保护行政二十年》编委会.中国环境保护行政二十年［M］.北京：中国环境科学出版社，1994.

［47］王天木.法理学［M］.北京：中国政法大学出版社，1992.

［48］罗玉中、姜阳.法律：社会关系的调整器［M］.北京：时事出版社，1985.

二、译著

［49］［德］尼克拉斯·卢曼.风险社会学［M］.孙一洲，译.广西：广西人民出版社，2020.

［50］［美］博登海默.博登海默法理学［M］.潘汉典，译.北京：法律出版社，2015.

［51］［德］乌尔里希·贝克.风险社会——新的现代性之路［M］.张文杰、何博闻，译.江苏：译林出版社，2018.

［52］［美］罗斯科·庞德.通过法律的社会控制［M］.沈宗灵，译.北京：商务印书馆，2010.

［53］［德］尼克拉斯·卢曼.法社会学［M］.宾凯、赵春燕，译.上海：上海世纪出版集团，2013.

［54］［德］马克斯·韦伯.新教伦理与资本主义精神［M］.马奇炎等，译.北京：北京大学出版社，2012.

［55］［美］埃莉诺·奥斯特罗姆.规则、博弈与公共池塘资源［M］.王巧玲等，译.陕西：陕西人民出版社，2011.

［56］［德］彼得·昆兹曼、［德］法兰兹·彼得·布卡特、［德］法兰兹·魏德曼、［德］阿克瑟·维斯.哲学百科［M］.黄添盛，译.北京：人民出版社，2011.

［57］［德］尼克拉斯·卢曼.社会的法律［M］.郑伊倩，译.北京：人民出版社，2009.

［58］［美］罗斯科·庞德.法理学：第一卷［M］.邓正来，译.北京：中国政法大学出版社，2004.

［59］［美］博登海默.法理学：法律哲学与法律方法［M］.邓正来，译.北京：中国政法大学出版社，2004.

［60］［德］贡塔·托依布纳.法律：一个自创生系统［M］.张骐，译.北京：北京大学出版社，2004.

［61］［英］韦恩莫里森.法理学——从古希腊到后现代［M］.李桂林，译.湖北：武汉大学出版社，2003.

［62］［美］史蒂文·塞德曼.后现代转向［M］.吴世雄等，

译.辽宁：辽宁教育出版社，2001.

［63］［英］边沁.道德与立法原理导论［M］.时殷弘，译.北京：商务印书馆，2000.

［64］［英］安东尼·吉登斯.现代性的后果［M］.田禾，译.江苏：译林出版社，2000.

［65］［苏］B. B. 拉扎列夫.法与国家的一般理论［M］.王哲等，译.北京：法律出版社，1999.

［66］［美］皮文睿.论权利与利益及中国权利之旨趣［M］.张明杰，译.北京：法律出版社，1999.

［67］［德］哈贝马斯.现代性的地平线——哈贝马斯访谈录［M］.李安东、段怀清，译.上海：上海人民出版社，1997.

［68］［美］C. E. 布莱克.现代化的动力——一个比较史的研究［M］.景跃进、张静，译.浙江：浙江人民出版社，1989.

［69］［苏］雅维茨.法的一般理论——哲学和社会问题［M］.朱景文，译.辽宁：辽宁人民出版社，1986.

［70］［德］马克思.1844 年经济学哲学手稿［M］.中共中央马克思恩格斯列宁斯大林著作编译局，译.北京：人民出版社，1985.

［71］［苏］C. C. 阿列克谢耶夫.法的一般理论（上册）［M］.黄良平、丁文琪，译.北京：法律出版社，1988.

［72］［苏］C. C. 阿列克谢耶夫.法的一般理论（下册）［M］.黄良平、丁文琪，译.北京：法律出版社，1991.

［73］［法］孟德斯鸠.论法的精神（下）［M］.张雁深，译.北京：商务印书馆，1963.

三、期刊论文

［74］张佳玮.生态环境法典与地方生态环境立法的协同研究

［J］. 法制与社会发展, 2025, 31 (1): 96 – 114.

［75］崔梦溪. 基于《民法典》绿色原则的意定绿色义务［J］. 当代法学, 2025, 39 (1): 97 – 109.

［76］吴贤静. 生态环境法典责任编的预防功能及其规范表达［J］. 法学评论, 2024, 42 (6): 141 – 151.

［77］车东晟. "环境"的规范性解释与体系性展开［J］. 法学论坛, 2024, 39 (6): 41 – 51.

［78］杜群. 自然生态保护规制实践逻辑对生态环境法典编纂的指引［J］. 政治与法律, 2024, (11): 2 – 19.

［79］王成. "人与自然和谐共生的现代化"的三维解读［J］. 东岳论丛, 2024, 45 (10): 5 – 13, 191.

［80］陈海嵩. 国家治理体系中生态环境损害赔偿的公法解释［J］. 法商研究, 2024, 41 (5): 3 – 17.

［81］刘彤彤. 基于"三水统筹"目标的立法体系化构建［J］. 法学评论, 2024, 42 (5): 131 – 145.

［82］丁宝同. 我国"公、私法协动"实现生态环境损害责任的诉讼法进路［J］. 行政法学研究, 2024, (6): 124 – 138.

［83］马腾. 以环境法权范式取代环境权利范式——从环境法现实体系出发［J］. 政治与法律, 2024, (8): 130 – 147.

［84］秦天宝. 人与自然和谐共生的现代化与环境法的转型［J］. 比较法研究, 2024, (3): 19 – 37.

［85］程玉. 在功能主义与规范主义之间: 生态损害责任的体系性控制［J］. 清华法学, 2024, 18 (3): 173 – 190.

［86］吴凯杰. 法典化背景下环境法基本制度的法理反思与体系建构［J］. 法学研究, 2024, 46 (2): 135 – 154.

［87］秦天宝. 双重社会转型下中国环境法的挑战与因应［J］.

中国法学, 2024, (2): 126 – 143.

[88] 丁宝同.专门立法进程下公益诉讼发展进路的系统检视 [J].政治与法律, 2024, (3): 40 – 55

[89] 赵俊.环境行政公益诉讼中行政机关履职的判断标准 [J].法学, 2023, (10): 33 – 45.

[90] 张忠民.中国环境司法的能动协同现象与形成发展逻辑 [J].中国法学, 2023, (5): 149 – 170.

[91] 陈海嵩.生态环境保护督察规范体系及其构造探析 [J].武汉大学学报 (哲学社会科学版), 2023, 76 (5): 150 – 161.

[92] 郭小冬.检察机关提起刑事附带民事公益诉讼的实践争议及理论回应 [J].法律科学 (西北政法大学学报), 2023, 41 (5): 162 – 175.

[93] 林智钦.习近平生态文明思想的科学体系研究 [J].中国软科学, 2023, (7): 193 – 201.

[94] 郇庆治.论习近平生态文明思想的制度维度 [J].行政论坛, 2023, 30 (4): 5 – 14.

[95] 吕忠梅. "人与自然和谐共生" 视野下的环境法价值论 [J].政治与法律, 2023, (7): 2 – 17.

[96] 张璐.促进人与自然和谐共生的中国式法律协同观 [J].法学研究, 2023, 45 (3): 19 – 35.

[97] 熊选国.论全面依法治国的战略地位和作用 [J].中国法学, 2023, (2): 5 – 24.

[98] 徐国栋.民法典整体贯彻绿色理念模式研究 [J].中国法学, 2023, (2): 48 – 70.

[99] 公丕祥.论中国式法治现代化的本质要求 [J].法律科学 (西北政法大学学报), 2023, 41 (3): 3 – 23.

［100］黄文艺.论习近平法治思想的"大法治观"［J］.法治研究，2023，（02）：3－21.

［101］李丹.国家治理体系中预防性环境公益诉讼的规范构造［J］.法学评论，2023，41（2）：177－186.

［102］陈伟.环境法典中的生态环境标准：属性、问题与体例［J］.法学评论，2023，41（1）：164－175.

［103］刘长兴.生态环境修复责任的体系化构造［J］.中国法学，2022，（6）：92－112.

［104］郭武.论中国环境诉讼类型的整合策略［J］.东方法学，2022，（6）：149－161.

［105］黄忠顺.生态环境损害惩罚性赔偿请求权二元配置论［J］.当代法学，2022，36（6）：54－67.

［106］董邦俊.环境保护检察专门化之新时代展开［J］.法学，2022，（11）：135－153.

［107］王慧.环境民事公益诉讼的司法执行功能及其实现［J］.中外法学，2022，34（6）：1503－1522.

［108］杜辉.生态环境法典中公私融合秩序的表达［J］.法学评论，2022，40（6）：142－151.

［109］刘明全.中国环境法预防原则的实质阐释［J］.清华法学，2022，16（5）：163－176.

［110］秦天宝.司法能动主义下环境司法之发展方向［J］.清华法学，2022，16（5）：147－162.

［111］吴卫星.环境权在我国环境法典中的证成与展开［J］.现代法学，2022，44（4）：118－130.

［112］吴凯杰.法典化背景下环境法规范的类型区分与体系归属［J］.法学，2022，（6）：158－174.

［113］秦天宝.论新时代的中国环境权概念［J］.法制与社会发展，2022，28（3）：5－19.

［114］刘卫先.陆海统筹在自然生态保护法中的实现［J］.东方法学，2022，（3）：85－95.

［115］潘佳.生态保护补偿制度的法典化塑造［J］.法学，2022，（4）：163－178.

［116］刘志坚.环境法损害担责原则法理基础的经济与社会论证［J］.法学评论，2022，40（2）：155－160.

［117］巩固.山水林田湖草沙统筹治理的法制需求与法典表达［J］.东方法学，2022，（1）：109－119.

［118］赵闯.现代性重拾、环境转向与治理：一个价值共存的视角［J］.中国地质大学学报（社会科学版），2022，22（1）：63－73.

［119］曹明德，马腾.生态环境损害赔偿诉讼和环境公益诉讼的法理关系探微［J］.海南大学学报（人文社会科学版），2021，39（2）：63－72.

［120］杜辉，杨哲.流域治理的空间转向——大江大河立法的新法理［J］.东南大学学报（哲学社会科学版），2021，23（4）：60－69，151.

［121］封丽霞.党政联合发文的制度逻辑及其规范化问题［J］.法学研究，2021，43（1）：3－19.

［122］郭雳.新时代国际法律风险应对与全球治理推进［J］.中外法学，2021，33（4）：865－887.

［123］贺丹，唐娅华.中国绿色服务政策演进、协同及文本内容分析［J］.中国环境管理，2021，13（3）：92－101.

［124］李戎，刘璐茜.绿色金融与企业绿色创新［J］.武汉大

学学报（哲学社会科学版），2021，74（6）：126-140.

[125] 梁飞琴.习近平生态文明思想在福建的先行探索及其理论和实践价值［J］.福建师范大学学报（哲学社会科学版），2021，（4）：62-73，170.

[126] 娄成武，韩坤.嵌入与重构：中央环保督察对中国环境治理体系的溢出性影响——基于央地关系与政社关系的整体性视角分析［J］.中国地质大学学报（社会科学版），2021，21（5）：58-69.

[127] 吕忠梅.中国环境法典的编纂条件及基本定位［J］.当代法学，2021，35（6）：3-17.

[128] 彭峰.中国环境法法典化的困境与出路［J］.清华法学，2021，15（6）：174-187.

[129] 孙晋坤.重大突发公共事件动因下的修法：逻辑进路与理念重构［J］.治理研究，2021，37（4）：118-128.

[130] 王江伟."全过程人民民主"的实践形态：结构要素与生成机制［J］.求实，2021，（5）：17-30，109-110.

[131] 王秀卫.海洋生态环境损害赔偿制度立法进路研究——以《海洋环境保护法》修改为背景［J］.华东政法大学学报，2021，24（1）：76-86.

[132] 徐嘉祺，佘升翔，刘雯."双碳目标"引领生产生活方式绿色转型研究［J］.理论探讨，2021，（6）：132-137.

[133] 张锋.我国环保约谈功能机制的反思与重构［J］.行政管理改革，2021，（9）：60-67.

[134] 周阳.论黑格尔的"Handlung"与马克思的"Praxis"——"在我的物象-世界中行动"与"在物象-世界中我的行动"［J］.现代哲学，2021，（5）：37-43.

［135］周新.刑事附带民事公益诉讼研究［J］.中国刑事法杂志，2021，（3）：123-140.

［136］丁霖.论环境法典化背景下环境法调整范围的再次厘定——以法律调整机制为视角［J］.中国地质大学学报（社会科学版），2020，20（2）：41-50.

［137］杜辉."设区的市"环境立法的理想类型及其实现——央地互动的视角［J］.法学评论，2020，38（1）：126-135.

［138］贺来，徐国政.从"我思主体"到"类主体"——马克思对主体性观念的变革［J］.学术研究，2020，（1）：23-30.

［139］黄锡生.民法典时代环境权的解释路径——兼论绿色原则的民法功能［J］.现代法学，2020，42（4）：99-112.

［140］姜华，陈胜，杨鹊平，等.生态环境科技进展与"十四五"展望［J］.中国环境管理，2020，12（4）：29-34.

［141］盛明科，李代明.生态政绩考评失灵与环保督察——规制地方政府间"共谋"关系的制度改革逻辑［J］.吉首大学学报（社会科学版），2018，39（4）：48-56.

［142］孙宏亮，巨文慧，杨文杰，等.中国跨省界流域生态补偿实践进展与思考［J］.中国环境管理，2020，12（4）：83-88.

［143］王琳.所有法律适用都涉及法律解释吗？［J］.华东政法大学学报，2020，23（3）：110-125.

［144］徐键.功能主义视域下的行政协议［J］.法学研究，2020，42（6）：98-113.

［145］徐澜波.论宏观调控法的调整方法——从经济法的调整方法切入［J］.法学，2020，（7）：84-99.

［146］张明.毛泽东与卢卡奇阶级意识理论的比较研究［J］.思想教育研究，2020，（8）：49-54.

[147] 赵树坤,张晗.法律规则逻辑结构理论的变迁及反思 [J].法制与社会发展,2020,26(1):62-80.

[148] 张红.让行政的归行政,司法的归司法——行政处罚与刑罚处罚的立法衔接 [J].华东政法大学学报,2020,23(4):57-66.

[149] 张璐.中国环境司法专门化的功能定位与路径选择 [J].中州学刊,2020,(2):38-47.

[150] 张力.党政联合发文的信息公开困境与规则重塑:基于司法裁判的分析 [J].中国法学,2020,(1):67-85.

[151] 张洋,毋爱斌.论预防性环境民事公益诉讼中"重大风险"的司法认定 [J].中国环境管理,2020,12(2):138-144.

[152] 郑少华,王慧.环境法的定位及其法典化 [J].学术月刊,2020,52(8):129-141.

[153] 陈虹.流域法治何以可能:长江流域空间法治化的逻辑与展开 [J].中国人口·资源与环境,2019,29(10):18-23.

[154] 何江.为什么环境法需要法典化——基于法律复杂化理论的证成 [J].法制与社会发展,2019,25(5):54-72.

[155] 蒋春华.法律调整机制的认知分歧与弥合——一个人工系统功能实现视角下的思考 [J].广东社会科学,2019,(5):243-253.

[156] 吴凯,汪劲.论作为领域法的环境法:问题辨识与规范建构 [J].辽宁大学学报(哲学社会科学版),2019,47(1):97-107.

[157] 郭武.层次性重叠,抑或领域性交叉?——环境法与其他部门法关系省思 [J].社会科学,2019,(12):80-90.

[158] 李浩.生态损害赔偿诉讼的本质及相关问题研究——以

环境民事公益诉讼为视角的分析 [J].行政法学研究, 2019, (4):
55 - 66.

[159] 林鸿潮.党政机构融合与行政法的回应 [J].当代法学,
2019, 33 (4): 50 - 59.

[160] 石晓波, 梅傲寒.检察机关提起刑事附带民事公益诉讼
制度的检视与完善 [J].政法论丛, 2019, (6): 27 - 36.

[161] 叶莉娜.论我国环境税收入使用制度之构建 [J].上海
财经大学学报, 2019, 21 (1): 139 - 152.

[162] 习近平.推动我国生态文明建设迈上新台阶 [J].奋斗,
2019, (3): 1 - 16.

[163] 王旭光.论生态环境损害赔偿诉讼的若干基本关系
[J].法律适用, 2019, (21): 11 - 22.

[164] 张志坡.法律适用的二阶构造——概念与类型的和鸣
[J].东南大学学报 (哲学社会科学版), 2019, 21 (2): 74 - 82, 147.

[165] 吕忠梅.环境法回归 路在何方?——关于环境法与传
统部门法关系的再思考 [J].清华法学, 2018, 12 (5): 6 - 23.

[166] 吕忠梅.新时代环境法学研究思考 [J].中国政法大学
学报, 2018, (4): 5 - 14, 206.

[167] 吕忠梅, 窦海阳.民法典"绿色化"与环境法典的调适
[J].中外法学, 2018, 30 (4): 862 - 882.

[168] 秦书生.改革开放以来中国共产党生态文明建设思想的
历史演进 [J].中共中央党校学报, 2018, 22 (2): 33 - 43.

[169] 陶日贵.文化·伦理·资本: 鲍曼技术理性批判思想探析
[J].华南师范大学学报 (社会科学版), 2018, (4): 55 - 61, 190.

[170] 陈金钊.法律如何调整变化的社会——对"持法达变"
思维模式的诠释 [J].清华法学, 2018, 12 (6): 79 - 93.

[171] 汪劲. 论生态环境损害赔偿诉讼与关联诉讼衔接规则的建立——以德司达公司案和生态环境损害赔偿相关判例为鉴 [J]. 环境保护, 2018, 46 (5): 35－40.

[172] 王树义, 李华琪. 论我国生态环境损害赔偿诉讼 [J]. 学习与实践, 2018, (11): 68－75.

[173] 张海涛. 政治与法律的耦合结构: 党内法规的社会系统论分析 [J]. 交大法学, 2018, (1): 76－88.

[174] 张锋. 检察环境公益诉讼之诉前程序研究 [J]. 政治与法律, 2018, (11): 151－160.

[175] 陈海嵩. 环保督察制度法治化: 定位、困境及其出路 [J]. 法学评论, 2017, 35 (3): 176－187.

[176] 郭武. 论环境行政与环境司法联动的中国模式 [J]. 法学评论, 2017, 35 (2): 183－196.

[177] 何劭玥. 党的十八大以来中国环境政策新发展探析 [J]. 思想战线, 2017, 43 (1): 93－100.

[178] 梁文永. 一场静悄悄的革命: 从部门法学到领域法学 [J]. 政法论丛, 2017, (1): 64－76.

[179] 卢佩. "法律适用" 之逻辑结构分析 [J]. 当代法学, 2017, 31 (2): 97－105.

[180] 张旭东. 预防性环境民事公益诉讼程序规则思考 [J]. 法律科学 (西北政法大学学报), 2017, 35 (4): 164－172.

[181] 陈贻健. 论气候变化法的科学基础——社会建构主义的视角 [J]. 江西社会科学, 2016, 36 (10): 160－167.

[182] 刘克毅. 法律解释抑或司法造法？——论案例指导制度的法律定位 [J]. 法律科学 (西北政法大学学报), 2016, 34 (5): 192－200.

［183］史玉成.环境法学核心范畴之重构：环境法的法权结构论［J］.中国法学，2016，(5)：281 - 302.

［184］孙爱真.消费异化回归生态本位的逻辑解读［J］.自然辩证法研究，2016，32 (12)：95 - 99.

［185］成金华，李悦，陈军.中国生态文明发展水平的空间差异与趋同性［J］.中国人口·资源与环境，2015，25 (5)：1 - 9.

［186］谢晖.法律规范的事实还原与司法中法律知识的生成［J］.法律科学（西北政法大学学报），2015，33 (4)：3 - 15.

［187］成协中.行政法平衡理论：功能、挑战与超越［J］.清华法学，2015，9 (1)：37 - 50.

［188］黄锡生，史玉成.中国环境法律体系的架构与完善［J］.当代法学，2014，28 (1)：120 - 128.

［189］刘超.生态空间管制的环境法律表达［J］.法学杂志，2014，35 (5)：22 - 32.

［190］泮伟江.法律全球化的政治效应：国际关系的法律化［J］.求是学刊，2014，41 (3)：94 - 101.

［191］叶必丰.区域合作协议的法律效力［J］.法学家，2014，(6)：1 - 11，176.

［192］张玉林.危机、危机意识与共识——“雾霾”笼罩下的中国环境问题［J］.浙江社会科学，2014，(1)：142 - 145.

［193］张文显.法治与国家治理现代化［J］.中国法学，2014，(4)：5 - 27.

［194］雷磊.法律规则的逻辑结构［J］.法学研究，2013，35 (1)：66 - 86.

［195］漆思.中国梦：现代性文明批判与当代生活理想建构［J］.南京社会科学，2013，(9)：17 - 23.

［196］柳砚涛.论积极行政法的构建——兼及以法律促进行政［J］.山东大学学报（哲学社会科学版），2013，（3）：56－64.

［197］杨朝霞.论环境公益诉讼的权利基础和起诉顺位——兼谈自然资源物权和环境权的理论要点［J］.法学论坛，2013，28（3）：102－112.

［198］周生贤.走向生态文明新时代——学习习近平同志关于生态文明建设的重要论述［J］.求是，2013，（17）：17－19.

［199］郗伟明.当代社会化语境下矿业权法律属性考辨［J］.法学家，2012，（4）：89－102，178.

［200］刘耀辉，龚向和.环境法调整机制变革中之政府环境义务嬗变［J］.法学杂志，2011，32（5）：112－114.

［201］张富强.论税权二元结构及其价值逻辑［J］.法学家，2011，（2）：41－49，177.

［202］关慧.生态本位视域下的社会危害性理论［J］.学术界，2010，（3）：151－155，286－287.

［203］钭晓东.环境法调整机制运行双重失灵的主要症结［J］.河北学刊，2010，30（6）：108－111，119.

［204］汪劲.环境法的法典化：迷思与解迷［J］.中国地质大学学报（社会科学版），2010，10（3）：56－61.

［205］杜健荣.法律与社会的共同演化——基于卢曼的社会系统理论反思转型时期法律与社会的关系［J］.法制与社会发展，2009，15（2）：109－117.

［206］侯佳儒.近代民法的现代性危机及其后现代转向——兼论当代民法使命［J］.中国政法大学学报，2009，（2）：126－134，160.

［207］马岭.利益不是权利——从我国《宪法》第51条说起

[J].法律科学（西北政法大学学报），2009，27（5）：74 - 84.

[208] 刘超.环境法律与环境政策的抵牾与交融——以环境侵权救济为视角 [J].现代法学，2009，（1）：65 - 74.

[209] 张璐.部门法研究范式对环境法的误读 [J].甘肃政法学院学报，2009，（3）：23 - 27.

[210] 郑杭生.改革开放三十年：社会发展理论和社会转型理论 [J].中国社会科学，2009，（2）：10 - 19，204.

[211] 马长山.法治的平衡取向与渐进主义法治道路 [J].法学研究，2008，30（4）：3 - 27.

[212] 夏凌.法国环境法的法典化及其对我国的启示 [J].江西社会科学，2008，（4）：177 - 181.

[213] 徐键.论行政协助的协议化——跨区域行政执法的视角 [J].浙江社会科学，2008，（9）：43 - 49，124 - 125.

[214] 张梓太.论我国环境法法典化的基本路径与模式 [J].现代法学，2008，（4）：27 - 35.

[215] 李传轩.环境法法典化的基本问题研究 [J].华东政法大学学报，2007，（3）：50 - 56.

[216] 曾明生.西方法哲学中的目的论初探 [J].江西社会科学，2007，（2）：174 - 181.

[217] 张梓太.论法典化与环境法的发展 [J].华东政法大学学报，2007，（3）：42 - 49.

[218] 何渊.论行政协议 [J].行政法学研究，2006，（3）：43 - 50，104.

[219] 李晓安，杨宏舟.寻找法律秩序正当性基础——和谐社会的法律供给 [J].政治与法律，2006，（3）：47 - 53.

[220] 鲍琳·韦斯特曼，赵波.法律手段和法律目的 [J].学

习与探索，2006，（3）：106－112.

[221] 成红，张辉.论循环经济法律调整机制［J］.社会科学，2006，（4）：56－61.

[222] 中国环保民间组织发展状况报告［J］.环境保护，2006，（10）：60－69.

[223] 薛晓源，刘国良.全球风险世界：现在与未来——德国著名社会学家、风险社会理论创始人乌尔里希·贝克教授访谈录［J］.马克思主义与现实，2005，（1）：44－55.

[224] 蔡守秋.第三种调整机制——从环境资源保护和环境资源法角度进行研究（上）［J］.中国发展，2004（1）：29－36.

[225] 蔡守秋.第三种调整机制——从环境资源保护和环境资源法角度进行研究（下）［J］.中国发展，2004（2）：26－35.

[226] 胡建淼，邢益精.公共利益概念透析［J］.法学，2004，（10）：3－8.

[227] 孙国华，杨思斌.公私法的划分与法的内在结构［J］.法制与社会发展，2004，（4）：100－109.

[228] 周训芳.对"人与自然关系"进行法律定位的若干思考［J］.华东政法学院学报，2004，（3）：54－60.

[229] 王树义，桑东莉.客观地认识环境法的调整对象［J］.法学评论，2003，（4）：124－131.

[230] 习近平.生态兴则文明兴——推进生态建设 打造"绿色浙江"［J］.求是，2003，（13）：42－44.

[231] 谢晖.论法律秩序［J］.山东大学学报（哲学社会科学版），2001，（4）：88－95.

[232] 曹明德.生态法的理论基础［J］.法学研究，2002，（5）：98－107.

［233］郭红欣.环境保护法能够调整人与自然的关系——兼与李爱年教授商榷［J］.法学评论，2002，(6)：69–74.

［234］李爱年.环境保护法不能直接调整人与自然的关系［J］.法学评论，2002，(3)：74–78.

［235］李艳芳.关于环境法调整对象的新思考——对"人与自然关系法律调整论"的质疑［J］.法学家，2002，(3)：81–87.

［236］李挚萍.试论法对人与自然关系的调整［J］.中山大学学报（社会科学版），2001，(2)：100–108.

［237］谢晖.社会有序：法律调整的正当目的［J］.比较法研究，2000，(4)：381–388.

［238］付子堂.法律的行为激励功能论析［J］.法律科学（西北政法学院学报），1999，(6)：21–28.

［239］宋瑞兰.论法律调整机制［J］.法律科学（西北政法学院学报），1998，(5)：12–17.

［240］俞可平.当代西方社群主义及其公益政治学评析［J］.中国社会科学，1998，(3)：105–121.

［241］公丕祥.法制现代化的概念架构［J］.法律科学（西北政法学院学报），1998，(4)：2–11.

［242］魏清沂.试论法律调整机制［J］.甘肃政法学院学报，1997，(1)：22–25.

［243］李双元，蒋新苗，沈红宇.法律理念的内涵与功能初探［J］.湖南师范大学社会科学学报，1997，(4)：51–56.

［244］黄捷.法律调整行为的内在机制［J］.法商研究（中南政法学院学报），1996，(2)：34–39.

［245］于华江.现代法律秩序的功能评述［J］.法学，1995，(11)：14–16.

［246］公丕祥.中国法制现代化的精神依归［J］.法学，1994，
（12）：12－13.

［247］徐国栋.对民法的调整对象和调整方法的再认识［J］.
法学，1993，（9）：21－22.

［248］公丕祥.论法制现代化的标准［J］.社会学研究，1992，
（3）：80－86.

［249］公丕祥.中国法律文化现代化的概念分析工具论纲
［J］.南京社会科学，1990，（1）：63－68，31.

［250］范健.论法律调整机制［J］.南京大学学报（哲学·人
文科学·社会科学），1987（4）：33－38.

四、报纸文章

［251］蒲晓磊.为编纂环境法典提供建设性思路［N］.法治日
报，2022－01－04（6）.

［252］靳昊等.云南绿孔雀栖息地保护案［N］.光明日报，
2022－01－02（6）.

［253］坚持习近平法治思想——论学习贯彻习近平总书记在
中央全面依法治国工作会议上重要讲话［N］.人民日报，2020－
11－20（1）.

［254］牢固树立绿水青山就是金山银山的理念［N］.人民日
报，2020－05－14（1）.

［255］胡熠、黎元生.习近平生态文明思想在福建的孕育和实
践［N］.学习时报，［2019－01－09］［2020－12－20］.http：//
www.qstheory.cn/zhuanqu/bkjx/2019－01/09/c_1123968439.htm.

［256］孙金龙.深化生态文明体制改革［N］.人民日报，2024－
08－30（9）.

［257］黄发红.走出一条人与自然和谐共生的道路［N］.人民日报，2023 – 09 – 19（3）.

［258］高环.在贯彻落实习近平总书记"绿水青山就是金山银山冰天雪地也是金山银山"重要思想研讨会上的主旨演讲［N］.伊春日报，2017 – 05 – 23（2）.

［259］王逸吟.最高法首发环境资源审判白皮书［N］.光明日报，2016 – 07 – 28（3）.

［260］常纪文.把握好国家立法与党内法规制定的关系［N］.学习时报，2014 – 03 – 03（5）.

［261］吴凡.环资审判：让"生态颜值"和"幸福指数"同步提升［N］.人民法院报，2023 – 03 – 07（5）.

［262］赵凌.梁从诫的十年和"自然之友"的十年［N/OL］.南方周末，［2007 – 11 – 17］［2022 – 11 – 20］.http：//phtv.ifeng.com/hotspot/river/green/200711/1117_2348_301229_3.shtml.

五、会议资料

［263］何艺妮.预防性环境民事公益诉讼的问题和建议——以绿孔雀案为例［C］.环境公益诉讼理论与实践专题研讨会论文集上海，2020.

［264］熊超、张锦辉.生态环境损害赔偿制度与环境民事公益诉讼的协调研究——以生态环境损害赔偿适用范围为切入点［C］.中国环境科学学会2022年科学技术年会论文集，2022.

［265］蔡守秋.论环境资源法所调整的人与自然的关系［C］.探索·创新·发展·收获——2001年环境资源法学国际研讨会论文集，2001.

［266］黄开智.环境法律调整机制初探［C］.适应市场机制的

环境法制建设问题研究——2002 年中国环境资源法学研讨会论文集（上册），2002.

六、学位论文

[267] 沙季超.法律运行中的非理性研究 [D].上海：华东政法大学，2016.

[268] 王菁.区域政府合作协议研究 [D].江苏：苏州大学，2015.

[269] 朱雯.论环境利益 [D].山东：中国海洋大学 2014.

[270] 吴宇.论全球环境法的形成与实现 [D].湖北：武汉大学，2010.

[271] 李俊瑛.对我国环保非政府组织发展的研究 [D].湖南：中南大学，2006.

[272] 梁剑琴.环境法调整方法研究 [D].湖北：武汉大学，2005.

[273] 王小钢.追寻中国环境法律发展之新理论——以反身法、审议民主和风险社会为理论视角 [D].吉林：吉林大学，2008.

后 记

　　本书是笔者在博士论文的基础上修改完成的，从青涩的学术探讨到今日的付梓成书，这段旅程远比想象中漫长。写作过程中常感"机制"一词的深邃与复杂，想把"何为机制""何为调整机制""何为法律调整机制"讲清楚难度极大，将相关概念、原理运用到环境法领域更是不易，再加上"现代和当代""现代性和现代化"等问题，着实不是仅靠几年环境法学习就能把握的论题。环境法作为新兴学科，其勃兴之势与时代脉搏紧密相连。从生态文明入宪到"双碳"目标的提出，从立法、修法实践到制度、政策创新，短短数年间，理论与实务的变革图景既为学术研究提供了丰沃土壤，也对学者的思辨能力提出了更高要求。本书尝试以"传统与现代"为棱镜来剖析环境法调整机制，但是如何抽丝剥茧，构建具有普遍解释力的理论框架？如何将抽象原理与鲜活的环境法实践结合起来？既是智识的跋涉，亦是对心灵的叩问。囿于学识，书中论述或如管窥之见，虽自知学力绵薄，但仍希望以此书为几十载求学光阴做一注脚，若能抛砖引玉，引发读者的一丝丝共鸣或一点点思考，便已足够欣慰。

学问之道，非独行之路。在此，谨向恩师郭武教授、王树义教授、朱谦教授致以最诚挚的谢意。诸位先生的渊博学识与澄明心境，令我在迷惘时得见灯塔；他们的思辨之锐、为人之诚，令我受益终身。同窗挚友不吝赐教，平日的思想碰撞，常激发出柳暗花明的顿悟。出版社编辑老师对书稿提出了诸多中肯建议，其专业审校为本书增色良多。父母数十载含辛茹苦的养育之恩、爱人在无数深夜的默默守候，皆已化为字里行间的温暖底色。

付梓之际，适逢春夏交接之时。凝视窗外生机盎然的景象，忽觉环境法的生命力亦如自然界那样生生不息，需要扎根，也需要生长；柳絮纷扬如雪，恰似学术探索的常态，看似轻盈，实则沉淀着千万次试错的重量。环境法的演进永远面向未来，或许学术研究的意义不在于给出终极答案，而在于不断提出问题；学者的使命或许正在于以理论之犁，耕耘制度创新的原野。书中疏漏之处，恳请学界前辈与读者朋友批评指正；未尽之思，且待未来以更扎实的研究作答。愿此书能成为一粒种子、一棵小苗，助力环境法在中国的沃土中萌发出新的绿意，在法治的森林中与其他树木并肩而立。

借此书出版的机会，最后附上两篇小文，从愿圆满。

乙巳年记于苏州

附一：

日月昭昭，轩轩尧尧，时风华正茂，逢青春年少，寻得律法为标，枉求华服为袍。时性乖刁，气傲心骄，父母疲身心劳，翘盼糊口缥缈，悲文字糙糙，叹学识寥寥，妄自竟天骄。师恩浩，谆谆教导心操，袅袅萦绕，摒搬套，弃虚造，作文酣鏖。

残月如钩，孤灯暗楼，念枕上花瘦，忆梦中白头，追索鉴往成久，执笔才忆思漏。秋寒雨后，誓已沉舟，请息交以绝游，弃庭乐以善候，待修成气候，纵降得奢悠，宏志犹存否？同窗密友，感零常求，解隐忧，弥犹漏；一把红豆，欺扰梦，为谁偷？

求学昔今，当涂薄幸，慷慨赐冷清；年光过尽，及第成名，鬓乱扰恭钦。临坐披襟，欲下笔如蛙落井，复隐隐，阅百籍衡虑困心，仍兢兢，故存虑索因。枕典席经，游荡儒士林，不解何为据而何为凭？口不绝吟，治学如穿井，岂敢浮光掠影！宵分废寝，膳食瓢饮，唇腐齿落毓辛。承蒙尊师点津，未曾行不从径，独妙匠心，如醍醐灌顶，胜片云遮荫。软语素写波粼粼，落笔喋喋雀殷殷，修身而慎行，盈科而后进，馨笔成书草幽馨，指日告罄。

人未歇，出阁竟夜，星引冽，旋生旋灭。瘦雁单飞，不尽落叶清风醉，枯枝孤坠，不剪秋灯寒花碎。日日夙兴夜寐，奈何众说纷纷，交感五内，众言耕而寡执耒，如入棘围。星点思绪犹贵，百转千回奋抶，铢积丝累，废书叹春梅。

有朋二三，昧昧苟安，千杯醋，万樽婪，酒气泛泛，醉骨珊珊，交错觥筹为哪般？不羡灯阑，不恋华昙，榻未温而揖还；不喜言谗，不畏影单，惧其所为拂乱。惟得纶巾羽扇，背心离德尽倒塌，不知醉酒当泉添，登高临远，呵壁问天，他人不解是赴筵。举觞笑谈，中西学贯，径一而周三。

附二：

茬苒几朝暮，三四载恍如反掌，感时扶事，始觉虚度时光。博学之士，如绳断木水穿石，唯困学勉行方得豪荡，然知无际而学无边，冠时仍未央。窗僚各自有短长，亦有群贤众俊，辞调合度玄理藏，低愧耻羞深自枉，徒添愁疾增惋伤。时月由寅及亥，尝形骸放浪，孟春至季冬，只有纱袄盈虚消长，宏愿壮志成茫茫，广才成学皆空望。游目骋怀，古柏从不露文章，大器晚成者亦能尽筋，年岁既成蹉跎，不问鸾凤或汪洋，可待奔逐追补后收之榆桑。

夙夜薄切，莫敢或遑，五更才寝质明起，蚩求金玉章。寤寐难憩，义不旋踵，以书为樽文为池，索径罔得将。叹嗟阻重深，茕茕孑立困潇湘，为乎由来愁因起，寻之所以闵忧袭，积墨见底，聚谈难酿。根浅腹空何以栖，语平意短安可希，相见莫复问，悲之无量。素丝落，忧满腔，唇裂见红面愁黄，问乎何当有尽，星宫不语送夜凉，心寒上，鬓有霜，锦衾难敌风刀强，明烛映照泪行行。斯须闲，苦道不易，竟是炫现眼白张，昊日暗，枕席疑意，言倦满街巷，恻恻饮泣比松常。

父母劬劳，淬心宽谅，牵之困顿、怜之坎壈，每每耿于肠，欲报亲恩赡侍奉养，唯有富学以慰，载誉还乡。顾来径，幸得好儿郎，朝别暮见居城厢，大小碎务执掌，鸠鹊结好胜鸳鸯。家翁婆虚怀若谷，劳神挂念而调畅，贻善贻德室家旺。有散愁而往来者，矜恤相帮，躬行艰辛共鉴，尽数倾囊。蝼蚁照石镜，枯柯弄湖月，虎啸龙吟巡于旁，惙惙不能夷，小慧恐浅难孤航，何论堂奥，尚且貌画意匠。

蒙恩尊师，怀仁宇量，承教数登堂，教导揭诸座右，暗唤燇燇灵光。期冀波澜莫二，不敢负平生，伐鼓助威不能降。妄逐迹，绪线杂绕坠瓦墙，遏决微正兹无穷，共酌商，是汤还是粮？研学长进，委折得衷，精语辄表是朝阳，顿挫已矣，盛颜旷朗，渭乱崩摧而碧漾。神欢体轻意凌风，鸟鸣趑趄绕梁，但见朱衣暗点头，烦消苛散坦荡荡，自筑高墙訇然垮陷，烟树开，仁献凤求凰。可睹浮靡易谢，困萎旋亡，恒以不懈则刚。

涕零惨澹历历，胆慑昏瞑尤新，际夜无尽莫重来，岂敢闲逸与恣狂。千言凝噎，万丈流光，所戴之德难更仆数，于此之机，今兹再作词，为示恭钦尊仰之敬，以表感极恩谢之激。